公司治理研究文丛

徐向艺 主编

职业经理人综合评价体系研究

ZHIYE JINGLIREN
ZONGHE PINGJIA TIXI YANJIU

孙卫敏 著

经济科学出版社
ECONOMIC SCIENCE PRESS

责任编辑：吕　萍　李晓杰
责任校对：徐领弟　张长松
版式设计：代小卫
技术编辑：邱　天

图书在版编目（CIP）数据

职业经理人综合评价体系研究/孙卫敏著．—北京：经济科学出版社，2008.12
（公司治理研究文丛）
ISBN 978 – 7 – 5058 – 7815 – 0

Ⅰ. 职… Ⅱ. 孙… Ⅲ. 企业 – 领导人员 – 评价 – 研究 Ⅳ. F272.92

中国版本图书馆 CIP 数据核字（2008）第 206062 号

职业经理人综合评价体系研究
孙卫敏　著
经济科学出版社出版、发行　新华书店经销
社址：北京市海淀区阜成路甲 28 号　邮编：100142
总编室电话：88191217　发行部电话：88191540
网址：www.esp.com.cn
电子邮件：esp@esp.com.cn
汉德鼎印刷厂印刷
德利装订厂装订
690×990　16 开　19.25 印张　310000 字
2008 年 12 月第 1 版　2008 年 12 月第 1 次印刷
ISBN 978 – 7 – 5058 – 7815 – 0/F·7066　定价：29.00 元
（图书出现印装问题，本社负责调换）
（版权所有　翻印必究）

《公司治理研究文丛》主编

主　编：徐向艺
副主编：陈志军　谢永珍　钟耕深

《公司治理研究文丛》学术委员会委员

李维安　南开大学商学院院长、教授、博士生导师
郑海航　首都经贸大学副校长、教授、博士生导师
徐向艺　山东大学管理学院院长、教授、博士生导师
武常岐　北京大学光华管理学院副院长、教授、博士生导师
何顺文　香港浸会大学工商管理学院院长、教授、博士生导师
李海舰　中国社会科学院《中国工业经济》杂志社社长、教授、博士生导师
李新春　中山大学管理学院院长、教授、博士生导师
高　闯　辽宁大学工商管理学院院长、教授、博士生导师
卢昌崇　东北财经大学工商管理学院院长、教授、博士生导师
刘俊海　中国人民大学法学院教授、博士生导师

总　　序

公司治理是公司价值的源泉，是企业组织基业长青的基石，也是资本市场健康发展的保障。亚洲金融风暴、美国安然事件后，越来越多的人注意到一些公司由于财务信息披露不及时、不充分，使得股东权益受损的现象不断出现，促使投资大众的注意焦点转向公司的治理水平。良好的公司治理能够给公司及股东带来长期收益预期已经成为共识。20多年来，公司治理已经成为各国公司制度改革的一项重要内容，无论是在国内还是国外、理论界还是实务界都给予了公司治理以极大的关注。近年来各国公司治理实务的发展，使得投资者、政府监管部门及上市公司自身都对公司治理产生了浓厚的兴趣。为了满足公司治理实践的需要，我国公司治理理论工作者对公司治理进行了系统而卓有成效的研究，取得了丰富的研究成果。为了展示已经或未来取得的理论成果，我们组织出版了这套《公司治理研究文丛》。

一、公司治理的主要研究成果

国内外关于公司治理的研究成果主要体现在以下几个方面：

一是关于公司治理的基本理论研究。这方面的研究探索，主要围绕公司治理为什么会产生、公司治理是什么、公司治理的目的是什么等问题而展开。国外的学者在公司治理理论研究方面进行了开创性的研究，如科斯（R. H. Coase, 1937）、詹森和麦克林（Jensen and Meckling, 1972）、伯利和米恩斯（Berle and Means, 1968）、约翰·库宾和丹尼斯·里奇（John Cubbin and Dennis Leech, 1983)、哈罗德·德姆塞茨和肯尼斯（Harold Demsetz and Kenneth, 1985）、奥利弗·哈特（Oliver Hart, 1995）、法玛和詹森（Fama and Jensen, 1983）等对所有权与控制权进行了系统研究；詹森（Jensen, 1976）、麦克林（Meckling, 1976）、法玛（Fama, 1980）、威廉姆森（Williamson, 1996）等对代理成本进行了长期的研究。国内方面，李维安、钱颖一、吴敬琏、张维迎等学者对公司治理的涵义及研究对象进行了系统研究与阐述。尤其李维安对于公司治理的理论研究打破了传统的以监督与控制为目的的窠臼，提出了公司治理的核心是建立一套科学的决策机制，制衡只是为了保证决策的有效执行，并指出公司治理要维护利益相关者的利益，而并非仅仅是维护股东利益的新颖观点。

二是关于公司治理模式的研究。围绕这一主题的研究主要是探索何种治理模式更加有效，全球范围内公司治理模式是趋同还是存异等问题。在全球经济一体化的今天，贸易壁垒被打破，公司的竞争力及其业绩更容易按照国际标准衡量，那些具有良好公司治理的国家和公司更容易在全球范围内获得更多的资源与竞争优势，其治理模式容易被效仿，如英美模式与日德模式等。而如果一个国家的公司治理体制不利于本国公司在全球资本市场以及产品市场获取更多的竞争优势，则应该改变其治理体制。公司治理绝非仅仅是公司精英关注的问题，国家决策者也应该给予公司治理以极大的关注，因为国家间或者公司间的竞争也是治理模式的竞争。由于各种治理模式与其治理环境、治理文化、股权结构的高度相关性以及经济改革的路径依赖而存续，但因全球经济一体化的发展，全球治理模式在一定程度上有趋同的趋势。大卫·沙尔尼（David Charny, 1997）、卢西恩·别布丘克和马克·罗伊（Bebchuk, Lucian A. and Mark. J. Roe, 1999）、罗纳德·吉尔森（Ronald. J. Gilson, 2001）、莱因哈特·施密特和斯宾德勒（Schmidt, Reinhard H and Gerald Spindler, 2002）等学者在公司治理模式的研究方面提出了创新性的观点。

三是关于公司治理的应用研究。围绕这一主题,学者们对公司治理的操作层面如股权结构的选择、机构投资者与公司治理、董事会的结构与运作、跨国公司的治理以及公司治理原则等相关问题进行了系统的研究。如德姆塞茨(Demsetz, 1983)、萨登(Thadden, 1998)、帕加诺和瑞尔(Pagano and Rell, 1998)、班尼德森和沃芬森(Bennedsen and Wolfenzon, 2000)、戈麦斯和诺瓦斯(Gomes and Novaes, 2005)等对于股权结构与股权制衡的研究;阿尔钦和德姆塞茨(Armen A. Alchina and Harold Demsetz, 1972)、霍斯基森、希尔和金(Robert E. Hoskisson and Charles W. L. Hill and Hicheon Kim, 1993)等对公司内部治理的研究;法玛(Fama, 1980)、杰里米(Jeremy, 1993)、扎杰克和维斯特弗(Edward J. Zajac and James D. Westphal, 1996);里迪克和塞斯(Kwnneth J. Rediker and Anju Seth, 1995)等对董事会的内部结构及其运作的研究;杜明(John H. Dumming, 1988)、提斯(David J. Teece, 1986)以及巴克利和卡森(Peter J. Buckly and Mark Casson, 1991)等对跨国公司治理进行了较为系统的研究;约翰·庞德(John Pound, 1988)、鲍罗斯(Stephen D. Prowse, 1990)、辉(John C. Coffee, Jr., 1991)、卡特(Hagman T. Carter, 1992)、波森(Pozen Robert C., 1994)以及肖特和卡罗吉斯(Helen Short and Kevin Keasey, 1997)等研究了机构投资者在公司治理中的作用等。在国内方面,李维安对跨国公司治理、网络治理以及企业集团治理进行了系统研究,并制定了第一个中国公司治理原则,为公司治理实务的研究提供了指引;席酉民对集团治理进行了卓有成效的研究,其成果对我国企业集团治理的改善发挥了重要作用。

四是关于公司治理的实证研究。这一方面的研究旨在探索公司治理结构以及公司治理机制与公司绩效间的关系,如股权结构与绩效、治理结构与信息披露以及公司绩效的关系等。詹森和麦克林(Jensen and Meckling, 1976)对内部股东比例与公司价值关系的研究；拉波塔（La Porta, 1999, 2000, 2002）、克拉森斯（Claessens, 2000, 2002）、雷蒙和林斯（Lemmon and Lins, 2003）等对控制权与现金流权分离对公司价值的影响的研究；德姆塞茨（Demsetz, 1983）、康奈尔和塞维斯（McConnell and Servaes, 1990）、徐向艺（2004）等对公司治理结构与公司绩效间关系的研究；菲弗（Pfeffer, 1972）、詹森和法玛（Jensen and Fama, 1983）、詹森（Michael C. Jensen, 1990）、特里科（Tricker, 1995）、巴加特和布莱克（Bhagat and Black, 1999）、尼克斯（Nikos, 1999）、戈亚尔和帕克（Goyal and Park, 2001）、于东智（2001）、沈艺峰（2002）、基尔和尼克森（Geoffrey C. Kiel and Gavin J. Nicholson, 2003）、李维安和李建标（2003）、兰道和简森（Trond Randoy and Jan Inge Jenssen, 2004）等对董事会特征与公司绩效关系的研究；本森（George J. Benson, 1982）、惠廷顿（Geoffrey Whittington, 1993）、福克（John J. Forker, 1992）等对公司治理与信息披露关系的实证研究等。这些研究成果对我国公司治理优化的宏观政策与微观对策的制定具有重要现实意义。

五是公司治理评价的研究。这一领域的研究是基于投资者、政府监管部门以及上市公司对公司治理状况进行评价的客观要求而进行的。20世纪90年代后期至今很多学者以及研究机构将公司治理的研究集中于公司治理的评价。如1998年标准普尔的公司治理服务系统；1999年欧洲戴米诺的公司治理评价系统；2000年里昂证券的公司治理评价系统；此外还有俄罗斯的布朗斯威克（Brunswick Warburg）评价系统；世界银行公司评价系统；泰国公司治理评价系统、韩国公司治理评价系统以及日本公司治理评价系统等。国内南开大学公司治理研究中心李维安等开发的公司治理评价系统是国内在这方面取得的代表性成果。不同的公司治理评价系统，分别基于不同治理环境的需要，设置评价与诊断公司治理状况的指标与方法，为降低投资者的信息不对称、监管部门的有效监管以及上市公司提升公司治理效率等提供了有价值的参考。

二、当前公司治理的热点问题

目前关于上述公司治理五个方面的研究，已经形成了较为完整的体系，并对我国公司治理实践起着重要的指导作用。然而公司治理的研究是无止境的，对于我国上市公司而言，公司治理实践中还存在着诸多问题，如究竟怎样的股权结构是合理的？提升董事会的独立性是否有助于上市公司监督效率的提高，也有助于决策效率的改善？如何衡量上市公司的治理风险并有效规避？为什么上市公司要履行社会责任，我国上市公司社会责任的履行状况如何？中小股东的利益应给予怎样的保护等均为我国公司治理实践中迫切需要解决的问题。

基于目前我国公司治理实践的需要，我们组织出版的这套《公司治理研究文丛》将对公司治理中存在的十大热点问题（不限于）进行系统研究与探索：

1. 信息不对称条件下的委托代理问题的研究。公司委托代理关系是公司治理的核心问题之一，没有委托代理关系，也就没有公司治理问题。公司存在委托代理关系，就必然产生代理成本。对代理成本的研究应全方位展开，要关注代理成本的衡量、代理成本的控制、资本结构对于代理成本的影响、股权制衡对代理成本的影响、董事会特征对于代理成本的影响等。本文丛对于代理成本的研究，则更关注于监事会特征对于代理成本的影响，并发现作为一种监督董事和高层管理人员机构，我国上市公司提高监事会的运作效率、完善监事的激励以及变更监事会主席对于降低代理成本具有显著的作用。因此，我国应关注于监事会这一内部监督机构的完善，短期内不能简单依赖于外部的监督。

2. 对于公司治理中的股东权益尤其是后股权分置改革时代中小股东的权益保护机制的探索。股东利益保护是公司治理的目的之一，对中小股东利益的有效保护更是公司制度公平与效率的前提。对中小股东权益保护制度的建设是衡量一国上市公司治理状况优劣、资本市场完善程度乃至国家竞争优势的标志。关注于中小股东权益保护问题的研究对于提高公司价值、维护资本市场的稳定、有效发挥资本市场资源配置的功能以及提升国家竞争力都具有重要意义。后股权分置时期，随着市场机制的强化和市场运行规则的改变，上市公司原有制衡机制将面临调整，股东之间的主要矛盾将由股权流动性冲突转变为股份优势、资金优势和信息优势冲突，这些变化必然给中小股东权益保护带来新的挑战。如由于全流通后，分类表决制等保护性规则的失效、控股股东由恶意"圈钱"和直接占用等自利行为到利用其控制权便利，从事内幕交易和市场操纵行为，可能会进一步加剧对中小股东利益的侵害、股权激励制度在增强管理层积极性和归属感的同时，也可能出现通过盈余管理、选择性信息披露、内幕交易等手段侵占小股东利益，资本控制权市场的日趋活跃可能出现的虚假或者恶意收购行为对中小股东权益的损害等问题。

3. 母子公司治理、控制与协调问题研究。在企业集团研究中，母子公司治理是理论界和企业界普遍关注、探寻的重要内容。海外母子型企业集团发展史长于中国，但海外学者对其研究时间并不长。国内学者对此研究始于20世纪90年代，总体上看，对母子公司治理与控制理论研究还不深入，实践总结尚不全面。中国企业集团的快速发展迫切需要研究母子公司治理与管理控制理论。对中国母子公司治理模式、治理手段、治理绩效系统研究并探讨对策，从理论上建立起母子公司治理的研究框架，在实践上对母子公司提升治理绩效提供指导建议。

4. 上市公司控制权安排研究。公司控制权是一种依附于公司的独立人格而派生的具有利益内容的经济性权利，公司控制权安排是公司治理制度安排的关键环节。如何合理配置上市公司控制权并有效促使控制权转移是提高公司绩效、保护投资者利益的重要问题。特别是在中国上市公司中，行政干预、内部人控制的现象十分严重，因此控制权安排这一问题就显得更为重要。中国上市公司控制权安排的研究主要集中在以下三个方面，即：控制权初始配置、控制权私有收益和控制权市场转移。中国上市公司控制权安排的变迁是一个由竞争性利益集团推动的周期演变过程，不同利益集团的不同行为方式形成了不同的控制权配置和转移方式。可以说，中国上市公司控制权安排存在的一系列问题，归根到底都是制度问题。对于构建上市公司控制权安排的优化模型而言，恰当的制度体系可以降低复杂系统中绝大多数个体的信息成本和组织的协调成本，抑制机会主义行为。

5. 上市公司关联交易及其治理问题研究。无论在西方国家还是我国，上市公司关联方之间通过资产交易、资金融通、接受或者提供担保以及赊销等方式进行交易引起的利益冲突问题日益严重。如何解决关联交易问题已经成为上市公司、参与投资各方、证券监管机构以及会计规范制定部门不容回避的重要课题。但目前无论是规范关联交易的相关制度还是法律监管均有待完善，如何将关联交易限制在其所涉利益主体之间均衡状态的范围之内成为一个很现实的问题。我们认为，对关联交易的研究应采用规范研究与实证研究的方法，旨在探索如何通过良好的外部法律制度建设以及内部治理结构与治理机制的完善规避由于大股东与上市公司的非公允关联交易而对公司利益相关者造成的利益侵害。

6. 公司治理中的独立董事制度的研究。建立独立董事制度是我国完善法人治理结构、保护中小投资者利益的重大制度创新。各国对于独立董事治理效果的研究由于样本不同、研究方法的不同形成了不同的结论。我们认为，应采用我国上市公司面板数据，从独立董事职能出发，关注于独立董事监督效果的实证研究；采用规范研究方法从独立董事选聘、独立董事激励、独立董事决策与监督、信息保障以及独立董事责任与风险控制等视角探讨独立董事的运作机制。

7. 董事会治理效率与业绩评价机制研究。董事会作为公司治理机制的重要组成部分，对公司的运作负有最终责任，其治理效率直接关系到公司业绩和利益相关者的利益。目前关于董事会的研究大多集中于董事会特征与公司绩效关系的实证研究，本文丛对于董事会部分的研究将深入到决定董事会治理质量因素的研究、董事会治理效率的研究以及董事会治理绩效的评价等方面。

8. 上市公司信息披露及其监管问题由于上市公司的所有权与经营权相分离，公司内部经理人员与其他利益相关者之间存在信息不对称。为了减少信息不对称及其对利益相关者的损害，各国都要求上市公司向其他利益相关者和公众披露公司信息。但是由于一些公司信息披露不及时、不全面、不真实导致公司治理失效。我们应比较分析不同国家信息披露的监管模式，提出建立健全我国上市公司信息披露有效监管机制的对策。

9. 公司治理风险的预警与监控问题研究。目前国内外大量公司治理风险事件的发生或则使得公司破产倒闭，如美国安然、世通以及帕玛拉特等；或则使得投资者的利益严重受损，如国内的原科龙系、德龙系、三九集团等。因此，在公司治理实践中迫切需要建立公司治理风险预警系统，以便对公司治理的风险进行即时的预警与监控，规避风险事件的发生，确保上市公司的稳定发展以及投资者的利益。目前国外已有部分学者或者机构对公司治理的风险进行了研究，如布朗斯威克（Brunswick）、澳洲个人健康保险管理委员会（PHIAC）等，我国大陆学者对风险的研究多数集中于管理风险如财务风险、营销风险等，而没有针对公司治理建立风险预警指标体系与预警模型。因此，极有必要基于公司治理实践的需要，结合我国上市公司的治理环境，采用规范分析与实证分析的方法，建立公司治理风险预警的理论指标体系，促进上市公司通过治理结构以及治理机制的建设与完善规避治理风险。

10. 上市公司社会责任研究。20世纪80年代末以来，掀起了一场广泛的、涉及公司法基本原理的公司管制的大讨论，其主要焦点围绕着公司股东、董事、监事、职工、债权人以及其他利益相关者的利益关系，涉及如何重新认识股东的法律地位、公司经营决策与执行、公司的社会责任等基本问题。目前公司应履行社会责任已经成为共识。对于社会责任的研究包括社会责任的内容、履行社会责任对公司绩效的影响以及企业社会责任评价等，通过这方面的研究，以期引导上市公司有效履行社会责任。

三、《公司治理研究文丛》的组编出发点

《公司治理研究文丛》是由山东省人文社科研究基地——山东大学公司治理研究中心组编，国家985哲学社会科学研究基金项目支持。山东大学公司治理研究始于20世纪90年代初，在国内较早开展现代公司治理与组织管理研究并获得一批在学术界引人注目的成果。山东大学公司治理研究中心2006年被批准为山东省人文社科强化研究基地。中心现已与美国辛辛那提大学管理学院、加拿大阿尔伯塔大学商学院、荷兰阿姆斯特丹大学、芬兰瓦萨大学等开展国际合作研究。近三年来，山东大学公司治理研究中心成员承担国家自然科学基金、国家社会科学基金项目6项、省部级项目21项，承担国际合作项目4项。中心曾为海信集团、山东高速集团、将军集团等十余家大型股份公司或企业集团进行公司治理方案设计。《公司治理研究文丛》组编的首批著作均是该中心成员的研究成果。当然，该文丛是开放式理论研究平台，我们将遴选国内外学者研究公司治理最新成果，反映公司治理理论研究、政策研究的最新成就。一方面我们适应国际经济一体化的潮流，逐步实现现代公司治理研究范式的规范化、国际化；另一方面直面我国改革开放的丰富实践，推动公司治理理论的广泛应用，促进我国公司治理的优化。这就是我们组编这套文丛的出发点。

徐向艺

2008年6月17日

序

　　企业所有权与经营权的分离诞生了职业经理人，企业家职能的分解促成了职业经理人群体的发展。对于成熟的市场经济社会而言，职业经理人已经成为企业家职能主要的社会载体。

　　我国职业经理人的雏形最早可追溯到 20 世纪 80 年代中期。90 年代以后，公司治理结构受到广泛重视，职业经理人也就有了更广阔的舞台。职业经理人也成为了我国市场经济发展中一个重要而特殊的职业阶层。但企业出资人与职业经理人之间是委托—代理关系，他们之间的合作是典型的动态博弈，在这个过程中存在着明显的"信息不对称"，构建信号传递机制是解决可能出现的"逆向选择"和"道德风险"的有效手段。建立起职业经理人综合评价体系可以发挥信号传递的作用。

　　职业经理人在企业发展中发挥着越来越重要的作用，我国未来经济的发展也需要优秀的职业经理人队伍。而目前我国的职业经理人现状却难以满足这种需要。在管理实践中职业经理人与企业家的合作中也发生了很多不愉快的案例。在这种背景下研究职业经理人综合评价体系不仅必要，更具有重要的理论和实践意义。

　　从理论层面来看，目前学术界对职业经理人评价的研究主要侧重于绩效评价，个别研究成果虽然拓展到人力资本评价、社会评价，但仅限于部分评价指标的设计，未进行深入研究。因此，职业经理人的评价还没有形成完整的综合评价体系。而本书按照"利益相关者评价模式"构建起包括胜任素质评价、信用评价、绩效评价三部分内容的综合评价体系，并研究了评价体系的应用，从而补充和完善了现有职业经理人研究及职业经理人评价的研究，因此，本书的研究具有重要的理论意义。

从实践层面来看，构建职业经理人综合评价体系可以发挥推动经理人的职业化、建立职业经理人与企业家之间的信任、提升职业经理人队伍的整体素质等作用。还可以为企业选拔、任用、评价、激励、培训职业经理人提供科学的依据，最终实现"利益相关者满意、职业经理人与企业共同发展"的共赢目标。因此，本书的研究成果具有较重要的实践价值。

本书的特色和重要的创新点主要体现在：

第一，构建了职业经理人综合评价体系研究的框架，建立了职业经理人综合评价模型。本书在构建职业经理人胜任素质评价模型、绩效评价模型和信用评价模型三个子模型的基础上，按照"利益相关者评价模式"研究了职业经理人评价的评价主体、评价内容、评价方法和评价目的，构建了职业经理人综合评价模型。

第二，拓展了职业经理人评价的研究领域，对职业经理人综合评价体系的应用进行了研究。本书将人力资源管理领域的绩效管理理念运用于职业经理人评价的研究，研究了职业经理人综合评价体系在绩效改进与提升、职业经理人招聘与选拔、职业经理人的激励与约束、职业经理人素质提升与能力发展等领域的应用，从而拓展了职业经理人评价的研究领域，并构建起基于职业经理人胜任素质的人力资源管理系统。据此可提高企业对职业经理人管理的科学性、规范性、针对性。

第三，得出了一些颇有参考价值的研究结论。作者运用系统思维模式对职业经理人的角色定位进行研究，提出了职业经理人的"利益相关者评价模式"；通过实证研究构建起了职业经理人胜任素质模型，该模型的"职业操守族"胜任特征是在借鉴前人研究成果的基础上针对职业经理人的职业特点首次提出的；通过实证研究结果提出了职业经理人绩效评价指标体系。这些研究结果可以为相关研究和企业实践提供有价值的理论指导。

本书是作者在其博士学位论文的基础上修改而成的。多年来，孙卫敏博士在山东大学管理学院从事教学和科研工作，具有坚实的理论基础，具备较强的独立研究能力，多年来一直关注职业经理人的研究。自1998年起作者先后为多家企业做过管理咨询和策划工作，并有着多年的帮助企业招聘职业经理人的实践经验，这使得作者对职业经理人选聘和评价有着较深刻的体会。在攻读博士学位期间，作者勤奋好学、刻苦钻研，广泛搜集整理相关研究文献与资料，并深入企业进行大量访谈和调研，在认真思考、深入分析、系统研究、广泛征询意见的基础上完成了博士论文的写作。在对论文修改成书的过程中，作者又对部分内容进行了补充和深入研究。纵观全书，结构严谨、逻辑清晰、文献资料翔实、数据论证充分、研究内容丰富、文笔流畅，有创新性的研究成果和结论。但本书的不足之处是职业经理人信用评价体系的构建缺乏实证研究的支撑，在对调查问卷进行分类分析方面还需进一步深入加强。

　　在本书出版之际，作为作者的博士生导师，我甚感欣慰。"欲穷千里目，更上一层楼"。我也期待作者在其专业领域的研究中取得更多的成就。

徐向艺
2008年11月于山东大学

摘要 ·· 1

第1章　导论 ·· 1
　1.1　问题的提出与研究意义 ··· 1
　1.2　研究的理论基础 ·· 8
　1.3　相关概念的综述与界定 ··· 16
　1.4　研究框架与主要内容 ··· 26
　1.5　研究方法 ·· 28

第2章　职业经理人评价理论综述 ··· 30
　2.1　职业经理人胜任素质评价的理论研究 ··· 30
　2.2　职业经理人绩效评价与管理的理论研究 ······································· 46
　2.3　职业经理人信用评价的理论研究 ·· 59
　2.4　现有文献研究评述 ·· 70
　2.5　本章小结 ·· 71

第3章　职业经理人评价的体系框架 ·· 73
　3.1　职业经理人评价的"利益相关者评价模式" ···································· 73
　3.2　职业经理人评价的主体 ··· 81
　3.3　职业经理人评价的内容 ··· 82
　3.4　职业经理人评价的功能与目标 ·· 84
　3.5　职业经理人评价的体系框架 ·· 88
　3.6　本章小结 ·· 90

第4章　职业经理人胜任素质评价 ··· 91
　4.1　职业经理人胜任素质模型的构建 ·· 91

4.2	基于胜任素质模型的职业经理人素质评价	103
4.3	职业经理人胜任素质评价模型	126
4.4	本章小结	128

第5章 职业经理人绩效评价 …… 129

5.1	职业经理人的个人绩效与企业绩效	129
5.2	职业经理人个人绩效与管理团队绩效	130
5.3	职业经理人绩效评价与管理现状实证研究	136
5.4	职业经理人绩效评价模型	149
5.5	本章小结	162

第6章 职业经理人信用评价 …… 163

6.1	我国职业经理人信用评价现状的研究	163
6.2	职业经理人信用评价模型	177
6.3	本章小结	187

第7章 职业经理人综合评价体系模型及其应用 …… 189

7.1	职业经理人综合评价体系模型及其运行机制	189
7.2	职业经理人综合评价体系的应用	193
7.3	本章小结	236

第8章 研究结论及未来研究展望 …… 237

8.1	研究结论与创新点	237
8.2	研究的不足及未来研究设想	242

附件1 职业经理人绩效管理系统研究调查问卷 …… 244

附件2 胜任素质与绩效之间关系的分类T检验结果 …… 251

附件3 董事长与人力资源经理对本企业绩效优秀职业经理人各项素质评价等级的均值 …… 262

参考文献 …… 263

后记 …… 278

摘　　要

在现代企业中，职业经理人发挥着越来越重要的作用。加入 WTO 以后，企业面对的是竞争日益激烈的国内与国际市场环境，而优秀经理人才的匮乏却严重制约着企业发展和竞争力的提高。因此，加快经理人职业化的步伐、提高职业经理人队伍的整体素质迫在眉睫。但我国目前宏观环境方面还存在着不利于职业经理人成长的制度配置缺位、市场发育不充分、缺乏公正科学的市场评价机制等问题；企业自身存在着阻碍职业经理人发挥作用的企业内部制度不健全、职业经理人的责权利不明确、激励机制不健全、约束机制不到位、企业所有者对职业经理人不信任、有些企业不讲信用等问题；职业经理人自身也存在着职业能力差、缺乏基本的职业道德、定位不准确等问题。在管理实践中职业经理人与企业家的合作中也发生了很多不愉快的案例。如何解决现实与市场经济未来发展对职业经理人需要的矛盾就成了大家普遍关注的问题。本书也是在这样的背景下提出研究职业经理人评价问题。

本书运用规范研究法回顾了与构建职业经理人综合评价体系有关的职业经理人胜任素质评价、绩效评价和信用评价的相关理论研究。通过研究发现：（1）从素质评价的研究来看，有关一般素质评价内容与方法的研究较多，而基于素质模型的素质评价的研究很少，尤其是缺乏基于胜任素质模型的职业经理人素质评价的研究。（2）绩效评价指标体系总的趋势是由财务指标评价向财务与非财务指标评价相结合，但在与职业经理人评价有关的研究中存在着将企业经营绩效评价等同于经营者绩效评价、绩效评价内容缺乏对个人能力素质的评价、绩效评价主体和绩效评价的目的定位不明确等问题。（3）现有职业经理人信用档案的重要性已经越来越引起理论界与实践界的重视，但研究职业经理人信用评价的文献较少，从职业经理人信用评价体系来看，也仅限于信用档案的建立。由此可见，职业经理人评价目前还没有形成完整的综合评价体系。因此，本书的研究不仅可以拓展现有职业经理人评价的研究范畴,该评价体系的建立还可以为企业选择职业经理人提供一个有效的评价工具,对企业家与职业经理人之间信任的建立与积累、推动经理人职业化的进程、约束职业经理人的行为、提升职业经理人队伍的整体素质等都具有重要的意义。

本书以系统思维模式,研究职业经理人在社会分工和企业内部角色分工中的七种角色,提出按照"利益相关者评价模式"构建由素质评价、绩效评价和信用评价三部分内容构成的职业经理人综合评价体系框架。按照该模式构建职业经理人评价体系的意义在于建立职业经理人评价的新的逻辑思路:企业要从满足利益相关者的需要出发制定战略目标,利益相关者根据对职业经理人满足他们需要程度的评价决定其对企业的贡献度,利益相关者的贡献度则影响到企业目标的实现。

根据"利益相关者评价模式"提出的职业经理人评价体系框架,本书首先对职业经理人胜任素质评价、绩效评价和信用评价进行探讨:第一,通过实证研究构建了包括15项胜任特征的通用职业经理人胜任素质模型,并分别根据实证研究结果构建了总经理、营销副总经理和人事行政副总经理的胜任素质模型。在分别研究基于素质的职业经理人专业胜任素质、心理胜任素质、行为胜任素质、职业操守素质的评价内容、评价方法和评价主体的基础上构建了职业经理人胜任素质评价模型;第二,在对职业经理人绩效管理现状进行实证研究的基础上分别设计了六类职业经理人的绩效评价指标体系,研究了职业经理人绩效评价主体和评价方法,设计了职业经理人绩效评价模型;第三,对我国目前职业经理人信用评价现状进行研究,分析了目前存在的问题,提出我国构建职业经理人信用评价体系的设想,构建了职业经理人信用评价模型。然后构建了由三个子评价模型整合而成的职业经理人综合评价模型并研究了其运行机制。上述四个评价模型的建立不仅为评价职业经理人提供了一个完整的理论框架,还给职业经理人评价实践提供了操作性的评价体系。

职业经理人评价是为管理实践服务的。因此,随后本书研究了职业经理人评价体系的应用问题。该部分首先对职业经理人绩效评价结果的应用情况进行实证研究,发现目前职业经理人绩效评价结果主要用于结果反馈与绩效改进、薪酬分配、奖惩等方面,而在职业经理人培训与职业发展方面运用很少。本书主要研究了职业经理人绩效评价结果在相关人力资源管理领域的应用:(1)根据人力资源管理的绩效管理理念,提出了绩效信息沟通反馈贯穿于职业经理人绩效管理的全过程,设计了绩效改进计划制定与实施过程的流程图。最终目的是通过绩效沟通反馈，制定绩效改进计划达到改进个人和企业绩效的目标。(2) 将职业经理人综合评价体系中的信用评价和素质评价与职业经理人的招聘选拔结合起来，提出了基于职业经理人胜任素质的招聘选拔的观点，设计了基于胜任素质的职业经理人招聘选拔流程。(3) 将职业经理人绩效评价结果作为绩效薪酬发放的依据，提出了薪酬机制、控制权机制、声誉机制、职业生涯机制、市场机制等五个激励约束机制，并设计了职业经理人激励约束的市场化模型。(4) 将绩效评价结果应用于职业经理人素质提升与职业发展，分别研究了社会、企业和职业经理人个人在提升能力与素质方面的作用，并提出了基于职业经理人胜任素质的素质提升与职业发展的观点。对职业经理人态度与理念的转变提出引入有效适用的体验式培训方式。根据相关文献研究结果提出通过引入企业教练的方式培训职业经理人，职业经理人素质提升的发展方向是成为21世纪的"教练型领导"。该部分研究的意义在于将职业经理人评价体系与人力资源管理其他子系统衔接起来，以充分发挥其在人力资源管理中的核心作用。

本书研究的创新点主要体现在以下三方面。

1. 构建了职业经理人综合评价模型。运用系统思维方式研究企业系统中的职业经理人评价问题，本书提出了职业经理人评价的"利益相关者评价模式"：利益相关者对企业都有相应的要求，企业满足他们的需要，他们满意，就会为企业做出贡献。因此，职业经理人评价的主体是企业的内部和外部利益相关者，从他们对职业经理人要求的角度研究职业经理人综合评价体系的框架应包括素质评价、绩效评价和信用评价三部分，评价的目的是使利益相关者满意。按照系统框架的思路，本书通过实证研究构建了基于胜任素质模型的职业经理人素质评价模型。根据实证研究结果和管理理论与实践的要求分别构建了总经理、生产副总经理等六类职业经理人的绩效评价指标体系，设计了职业经理人绩效评价模型。在对我国职业经理人信用评价现状进行研究的基础上提出了职业经理人信用评价的设想并构建了信用评价模型。各模型中反映了评价主体、评价内容、评价方法与评价目的等内容。在上述三个职业经理人评价子模型的基础上，构建了职业经理人综合评价体系模型。

2. 研究职业经理人综合评价体系的应用，拓展了职业经理人评价的研究领域。职业经理人评价的最终目的是为了使企业内外利益相关者满意、实现企业目标、提升企业绩效、提高个人满意度、促进个人职业发展、提升个人职业能力等，必须将其与其他人力资源管理子系统衔接起来。因此，本书研究了职业经理人综合评价体系在绩效改进与提升、职业经理人招聘与选拔、职业经理人的激励与约束、职业经理人素质提升与能力发展等领域的应用，从而将人力资源管理与绩效管理的理念运用于职业经理人评价的研究，拓展了职业经理人评价的研究领域。

3. 构建了基于职业经理人胜任素质的人力资源管理系统。本书通过问卷调查实证研究方法对职业经理人具备的基本能力与素质等级和企业绩效之间的关系进行了统计分析，通过T检验结果区分出与高绩效有关的职业经理人能力与素质特征，构建了职业经理人胜任素质模型并将其应用于职业经理人的招聘选拔、素质评价等环节。提出了基于胜任素质的职业经理人招聘选拔、素质评价、绩效评价和素质提升与职业发展等观点，构建起了基于胜任素质的人力资源管理系统，据此可提高职业经理人管理的科学性、规范性、实用性。

第 1 章
导　论

1.1　问题的提出与研究意义

1.1.1　问题的提出

1. 职业经理人的产生

美国企业史研究权威小艾尔弗雷德·D·钱德勒在其《看得见的手——美国企业的管理革命》一书中提出：亚当·斯密的看不见的手对市场的调节作用，以及随着市场的扩大将促进劳动分工的深化这一命题只适用于1840年以前。铁路和电报所创造的新型物流和信息流通方式几乎立即改变了与之联系最为密切的商业形态。独立的批发商取代了实行佣金制的代理商，百货公司、邮购商和连锁店等零售商蚕食了传统商店的市场份额，进而又侵蚀着批发商的势力范围。新兴商业形态的优势在于所售商品的低价格，而低价格则来自商品库存的快速周转，大规模分配由此兴起。与此同时，蒸汽动力在生产中的采用，加快了在制品在生产过程中的"通过量"。而科学管理运动在工厂管理中的推广，使技术带来的"速度经济性"得以发挥，大规模生产得以实现。

大规模生产与大规模分配的结合出现了囊括生产、运输、销售等多种商业活动的一体化企业。这种一体化的企业必须设置相应的管理层，并且对职能活动加以协调。这些分管各种职能工作的管理人员基本上是职业经理人，他们不拥有或只拥有公司的极少股票。起初，他们主要负责中层管理或职能管理，即在日常运营方面发挥其协调作用，高层管理仍由企业主或创始人把持，因此此时的企业属于企业家型或企业主式企业。但在一些合并而形成的企业中，投资银行家加入到大股东行列，并因此造成股权的分散，而筹划合并者、他们的亲密合伙人和他们的家族都无法提供经营合并企业所需的经理人才。当公司的早期领导者退休以后，他们的职务就由支薪的职业经理所取代①。这些企业逐渐变成了经理式企业。经过近半个世纪的发展，到20世纪中叶，以管理作为其终身职业的支薪经理已成为负责经营大型多单位企业的人，这些企业支配着美国经济的关键部门。独立的职业经理阶层也逐渐形成了。经理式企业较为普遍，经理式企业与业主式企业的区别之处在于：前者的高层管理和中层管理全由专职的支薪经理所掌握②。

这样，企业的所有权与经营权就分离开来。职业经理凭借自己的经营管理才能取得了企业的经营控制权，即发生了所谓的"经理革命"。"经理革命"的实质不是革了资本所有者的"命"，只是改变了企业经营的控制者，使得职业经理走向前台，成为推动企业发展和技术进步的生力军。这时，企业所有者和职业经理之间就形成了委托—代理关系。因此，企业所有权与经营权的分离诞生了职业经理人，企业家职能的分解促成了职业经理人群体的发展。对于成熟的市场经济社会而言，职业经理人已经成为企业家职能主要的社会载体。从图1-1职业经理人发展的历史脉络可以看出，职业经理人群体的主体构成是企业管理层级中的各类管理人员。当发展到一定阶段后，还应包括一些衍生的职业经理人，如管理顾问、注册会计师等为企业提供专业服务的职业群体。

我国职业经理人的雏形最早可追溯到20世纪80年代中期，乡镇企业高薪从国有企业挖人才充当其销售、技术和管理骨干。90年代以后，以所有权和经营权分离为特征的现代企业制度开始建立，公司治理结构受到

---

① [美]小艾尔弗雷德·D·钱德勒著，重武译：《看得见的手——美国企业的管理革命》，商务印书馆1987年版，第531页。
② [美]小艾尔弗雷德·D·钱德勒著，重武译：《看得见的手——美国企业的管理革命》，商务印书馆1987年版，第487页。

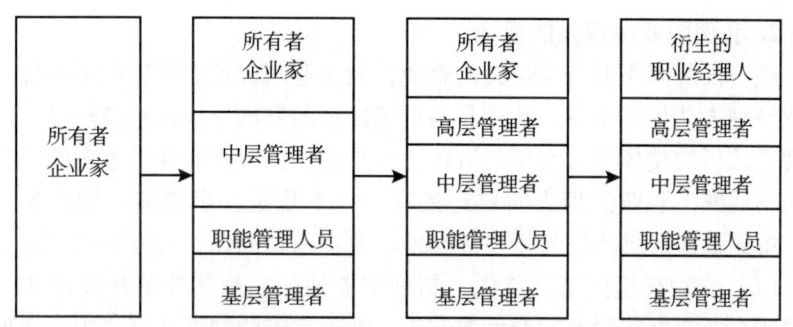

图 1-1　企业家职能的分解与职业经理人群体的发展

资料来源：黄昱方、赵曙明：《经理人职能与职业化发展研究》，载于《南开管理评论》，2006年第3期，第35页。

广泛重视，职业经理人也就有了更广阔的舞台。职业经理人是我国市场经济发展中一个重要而特殊的职业阶层。从经济发展的历史来看，科学家、工程师、职业经理这三位一体是科学进步的加速机制[①]：首先是获得更多物质利益的职业经理提出技术变革需要；其次，职业经理以独特的历史眼光来认识科学技术的价值，然后通过冒险而又合理的行动，将科技成果转化为商品生产。科学家从事基础研究或应用研究，工程师从事技术开发，职业经理或企业家将产品投放到市场，由此不断创造出来的社会需求又推动新的科学发明与发现。在这个机制里，职业经理或企业家是轴心，是科学发展的发动机。对我国市场经济的发展来讲，职业经理人的重要性在于：他们具备较高的学历和专业知识水平，是社会最稀缺的人力资源，支配着大量的经济资源[②]，是追求自身价值与社会价值相统一的精英群体；他们是社会财富的创造者；是促使市场均衡的中间商；是企业的经营决策者、组织者、领导者、管理（控制）者和经营者，其工作直接关系一个企业的成败兴衰[③]。北京大学光华管理学院张维迎教授认为，未来中国企业能否发展壮大，在很大程度上取决于职业经理人队伍的建设，职业经理人队伍的建设将是中国企业继产权改革之后又一重大难题。而职业经理人评价体系的构建则是职业经理人队伍建设中很重要的研究课题。

---

① 毛为：《经理革命——中国经理职业化趋势》，中国城市出版社1999年版，第7页。
② [美]小艾尔弗雷德·D·钱德勒著，重武译：《看得见的手——美国企业的管理革命》，商务印书馆1987年版，第530页。经理们执行现代工商企业两项基本功能——协调并监督当前货品的生产与分配，以及为未来的生产和分配配置资源。
③ 李笑天：《国际职业经理人培训教程》，中央编译出版社2006年版，第25~32页。

2. 我国职业经理人的现状

经济发展离不开有竞争力的企业，而企业的成长壮大则离不开优秀的职业经理人队伍。但是，我国目前市场经济的发展还处在初级阶段，经营管理者队伍的整体素质水平还有待进一步提高，我国职业经理人的成长环境还不成熟，职业经理人阶层还处在一个不规范并亟待整治的状态。总之，中国职业经理人还处于发展初期，存在一些问题，具体表现在：

（1）宏观环境问题。首先，制度配置缺位。虽然改革开放已30年，但现代企业制度仍没有完全完善起来。缺乏完善的制度环境，职业经理人就缺少一个施展才华的舞台，经理的职业化进程也就无法完成。其次，市场发育不充分。在市场经济中，企业经营管理是科学性、专业性极强的社会职业，具有专业化的职业体系、行为规范与职业标准。职业经理人在执行经营管理活动中，其权责利要在这一体系中形成标准化。同时，经理职业化同样需要一定的社会环境，一套完善的规范制约机制和社会的认可与公信。但就中国目前的职业经理人市场环境而言，还存在诸多不利因素：一是职业经理人的职业行为缺乏有效的保障和制约机制；二是还没有能合理流动的职业经理人交换市场；三是职业经理人对企业经营管理的不良后果主要由企业来承担。政府鼓励开放经理人市场，但在缺乏约束机制的情况下，一方面，优秀的职业经理人在一个僵化的企业环境中起不到多大作用，结果是经理人被解聘，企业买单；另一方面，企业在市场中招聘到不合格（当前招聘经理人员的工作基本上还是由企业单独操作）的职业经理人，在进行了昂贵的人力资本投资后并没有达到预期的企业绩效，于是经理人可以无所愧疚地另谋高就，而其行为后果自然又是由企业来买单。最后，缺乏公正科学的市场评价机制，导致职业经理人的非正常竞争和流动。

（2）企业自身的问题。企业内部制度不健全，职业经理人的责权利不明确，或者制度不透明，在企业内存在特权阶层，制度因缺乏监督机制和考核机制而形同虚设；激励机制不健全，薪酬体系设计不合理，使得职业经理人缺乏行动的动力，也造成职业经理人队伍不稳定；约束机制不到位，易使经理人滋生"低风险、高回报"的侥幸心理；企业所有者对职业经理人既重用又不信任，致使权力不到位，使得有些被聘用的职业经理人有职无权而难以发挥作用；有些企业聘用职业经理人的动机不纯；有些企业不讲信用，不能兑现承诺的年薪。

（3）职业经理人自身的问题。职业化程度低，一些职业经理人职业能力较差，真正合格的职业经理人十分稀缺；有些职业经理人缺乏基本的职业道德，不能按照合同的要求履行自己的职责，稍不顺心就"跳槽"，"跳槽"后不能客观评价原就职的企业，给企业声誉造成损害；有些职业经理人定位不准确，过高估计自己的能力或夸大自己在企业中的作用，不能恰当地处理与企业所有者之间的关系；还存在着有些职业经理人通过形象包装提高身价的现象，导致企业高薪聘用却不能胜任。

此外，近几年企业与职业经理人之间合作失败的案例中也反映出以下问题：

（1）缺乏科学的选拔手段与流程，企业与职业经理人之间仓促合作。用友董事长兼总裁王文京与何经华[①]一见钟情式的合作经历说明了职业经理人选拔中的随意性[②]。目前中国企业选聘职业经理人时缺乏具体的评价标准，缺乏独立有公信力的中介机构，主要是企业和职业经理人双方找感觉，随意性太大。而一些国际公司寻找职业经理人的做法就成熟得多，在流程上比较完备。

（2）企业家与职业经理人之间的信任危机。在企业家与经理人之间无互信关系，经理人无法得到实权和信任，才能无法得以充分发挥。

（3）"空降兵"与企业文化的冲突。国际化"空降兵"的到来，在某种程度上会对原有的员工和既得利益者有所冲击。但企业对新人总是心存戒备，很难对他们稍有出格或不同于企业旧有规章的举动有所包容，知识的碰撞、人格的冲突始终是彼此无法回避的问题。

综上所述，职业经理人产生于经营权与所有权的分离。职业经理人与企业之间属于委托—代理关系，他们之间的合作是典型的动态博弈，在这个过程中存在着明显的"信息不对称"，构建信号传递机制是解决"逆向选择"与"道德风险"的有效手段，而构建职业经理人综合评价体系可以发挥信号传递的作用。此外，职业经理人对我国未来经济的发展至关重要，而目前我国的职业经理人现状却难以满足这种需要，在这种背景下研究职业经理人综合评价体系不仅有必要性，还具有一定的理论和实践意义。

---

① 何经华：1956年5月出生；1979年获台湾大学政治学学士学位；1997～2000年任甲骨文台湾总经理；2000～2002年3月任宏道公司亚太及日本区总裁；2002年4月担任用友总裁，2004年11月2日任期未满便从用友离职；2005年7月加盟希柏系统软件（Siebel System）大中华区兼东亚区总裁，但2006年2月甲骨文以58.6亿美元收购该公司，何经华又随即离职；2007年1月1日起出任金蝶集团CEO。

② 刘晓午：《"何经华难题"：中国企业发展面临的一道坎》，载于《人才资源开发》，2005年第5期，第58页。

1.1.2 研究的意义

1. 研究的理论意义

（1）对现有职业经理人研究的补充与完善。目前职业经理人研究的重点在于职业经理人应具备的素质、职业经理人成长机制、职业经理人的薪酬与激励等内容，对于这些研究的基础——职业经理人评价的相关研究较少，因此本书试图在该领域进行尝试性的研究。

（2）对目前职业经理人评价研究的补充与完善。目前有限的职业经理人评价研究主要集中于绩效评价研究，并且主要是探讨绩效评价的指标体系，没有形成综合的评价体系，本书通过研究构建一个职业经理人综合评价体系，完善了现有职业经理人评价的理论研究。

（3）对现有职业经理人评价研究的拓展。经济学主要从委托—代理理论的角度来探讨合理评价经理人的绩效从而降低监督成本、减少职业经理人的机会主义行为，降低道德风险。从人力资源管理的角度来讲，职业经理人评价的目的是为了满足利益相关者的需要、完善职业经理人的招聘与选拔、改进与提高组织绩效、完善职业经理人激励与约束机制等，从而更有效地实现"利益相关者满意、职业经理人与企业共同发展"的共赢目标。因此，本书将职业经理人综合评价体系研究拓展到评价应用的研究，将人力资源管理领域的"绩效管理"理念运用于本书的研究中，将职业经理人评价与人力资源管理各子系统衔接起来，形成一个以评价为核心的完整的管理系统。

2. 研究的实践意义

（1）促进职业经理人市场的完善，推动经理人职业化。目前我国的职业经理人市场尚未建立起来，未能发挥企业与职业经理人合作的中介与桥梁作用。本书构建的职业经理人综合评价体系包括信用评价体系，信用评价的主体主要是职业经理人协会，职业经理人协会作用的发挥依赖于职业经理人市场的完善。因此，职业经理人评价体系的构建有利于促进职业经理人市场的完善，在企业与职业经理人之间架起沟通与合作的桥梁，对经理人的职业化有一定的推动作用。

（2）为企业选择职业经理人提供一个系统的评价工具。从近几年频繁发生的企业所有者与职业经理人之间合作失败的案例来看，其中一部分是因为在双向选择的过程中企业缺乏有效的评价工具与科学的选拔程序、职业经理人未对企业进行深入的考察所致。构建职业经理人综合评价体系可以为企业提供一个系统的评价职业经理人的工具，从而在一定程度上避免委托—代理关系中由于信息不对称而产生的"逆向选择"问题。

(3) 建立职业经理人与企业家之间的信任，在一定程度上缓解职业经理人与委托人之间的矛盾与冲突。从近几年公开的职业经理人与受雇企业之间合作失败的案例来看，虽说原因很复杂，但因为企业绩效不佳职业经理人被解聘的在其中占有很大的比重。但是，影响企业绩效的因素很多，高层管理者能力欠佳或努力不够只是其中之一。因此，如何客观公正地评价职业经理人的绩效及其对企业的价值与贡献对于处理职业经理人与委托人之间的关系至关重要，也有利于在一定程度上缓解双方的矛盾与冲突。

(4) 促进职业经理人队伍整体素质的提高。职业经理人评价体系的构建将有助于职业经理人市场选拔与淘汰机制的形成，这必将推动职业经理人主动学习，不断提高自身素质。从企业的角度来讲，根据绩效评价的结果可以发现职业经理人工作中的不足及能力缺陷，从而制定行之有效的培训与开发计划，达到提高其能力与素质的目的。

(5) 构建有效的职业经理人综合评价体系，有利于实现"利益相关者满意、职业经理人与企业共同发展"的共赢目标。从图1-2可以看出，职业经理人综合评价体系不仅有助于职业经理人的选拔与市场配置、绩效改进与提高、素质提升与职业发展，还可以据此对职业经理人进行激励与约束。因此，在企业与职业经理人的互动过程中一方面能够实现企业的满足利益相关者需要的目标，另一方面能够实现职业经理人个人的能力素质提升和职业发展目标，最终实现双方的共赢。

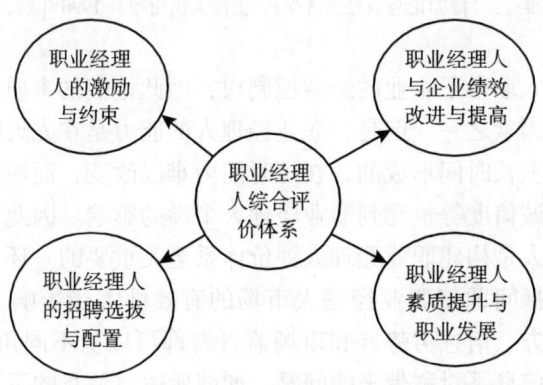

图1-2 职业经理人综合评价体系作用示意图

1.2 研究的理论基础

1.2.1 信息经济学

信息经济学研究的是非对称信息结构下的博弈及其最优的交易契约（合同），故又称为契约理论，或机制设计理论。信息的非对称性可以从两个角度划分：一是非对称发生的时间，二是非对称信息的内容。从时间看，非对称可能发生在当事人签约之前，也可能发生在签约之后，分别称为事前非对称和事后非对称，对应的模型分别为逆向选择模型（adverse selection）和道德风险模型（moral hazard）。从内容看，非对称信息可能指某些参与人的行动（actions），也可能指某些参与人的知识（knowledge），对应的模型分别为隐藏行动模型（hidden action）和隐藏知识模型（hidden knowledge）或隐藏信息模型（hidden information），见表1-1。

表1-1　　　　　　　　信息不对称现象的基本分类

	隐藏行动	隐藏信息
事前		逆向选择模型 ①信号传递模型 ②信息甄别模型
事后	隐藏行动的道德风险模型	隐藏信息的道德风险模型

资料来源：张维迎：《博弈论与信息经济学》，上海人民出版社1996年版，第399页。

职业经理人取得了企业的经营控制权，因此他们的素质已成为影响企业绩效的关键因素之一。但是，职业经理人的能力是在先天因素和后天教育培养的基础上长时间形成的，在短时间内难以改变，而职业经理人的工作努力程度和诚信度等也受到职业经理人个性的影响。因此，招聘到高素质的职业经理人是构建职业经理人评价体系至关重要的一环。信息不对称导致的逆向选择问题使职业经理人市场的有效性大受影响。要解决此问题，信息优势方、信息劣势方和市场监管者都可以从不同角度采取措施，减轻甚至解决信息不对称带来的问题。如前所述，信息的不对称性会衍生出两类代理问题：逆向选择（Adverse Selection）和道德风险（Moral Hazard)。西方经济学者研究代理人绝大部分都是设法解决或缓解这两类基本代理问题,其中信号传递主要是解决逆向选择问题。斯宾塞(Spence,1973)指出,解决信息不对称的一个重要方法是信息显示。在信息不对称的市场上,市场的参与者可以调整自己的信息发布。即拥有更多信息的一方为了得到更好的交易结果,会采取令人可信的方式将信息发布给缺乏信息的一方,这种方式被称为"发出信号"。

因此,在企业所有者与职业经理人合作决策的过程中双方的信号传递对双方做出正确的选择都是至关重要的。除了双方的共同努力以外,作为可以成为双方合作桥梁的职业经理人协会也可以通过建立职业经理人信用档案充当信息发布者的角色,以提高企业选择时的信息透明度。同时,协会也可以为职业经理人提供企业的相关信息以供职业经理人参考。

1.2.2 委托—代理理论

委托—代理理论[1]是契约理论最重要的发展之一。它的中心任务是研究在利益相冲突和信息不对称的环境下,委托人如何设计最优契约激励代理人[2]。戴维斯(Davis)等人认为,代理理论往往被描述成为一种关系,这种关系就是委托人和代理人双方都在追求以尽可能少的付出获得尽可能多的回报[3]。委托—代理理论有两个假设前提:第一,委托人和代理人之间利益相互冲突。委托人和代理人都是经济人,行为目标都是为了实现自身效用最大化。委托人的收益直接取决于代理人的成本(付出的努力),而代理人的收益就是委托人的成本(支付的薪酬)。因而,委托人与代理人相互之间的利益是不一致的,甚至是相互冲突的。由于利益的相互冲突,代理人便可能利用委托人委托的资源决策权谋取自己的利益,即可能产生代理问题。因而,委托人与代理人之间需要建立某种机制(契约)以协调两者之间相互冲突的利益。第二,委托人和代理人之间信息不对称。即在委托—代理关系中,委托人并不能直接观察到代理人的工作努力程度,即使能够观察到,也不可能被第三方证实,而代理人自己却很清楚付出的努力水平。由于委托人无法知道代理人的努力水平,代理人便可能

---

[1] 刘有贵、蒋年云:《委托代理理论述评》,载于《学术界》,2006年第1期,第69~78页。
[2] Sappington. 1991. Incentives in Principal-Agent Relationships. Journal of Economic Perspectives 5: 45-66.
[3] Davis, J. H., Schoorman, F. D., & Donaldson, L. (1997). Toward a stewardship theory of management. The Academy of Management Review, 22: 20-47.

利用自己拥有的信息优势，谋取自身效用最大化，从而可能产生代理问题。因此，委托人必须设计某种契约或机制，诱使代理人选择适合委托人利益的最优努力水平。委托—代理理论主要研究委托代理收益问题、委托代理成本问题、激励与约束机制问题等内容。

委托—代理理论作为企业理论的分支是伴随着现代公司制企业的诞生与发展而逐渐形成的。公司制企业的出现实现了企业所有权与经营决策权的分离，资产所有者不直接经营企业，但是享有对企业经营的剩余索取权以及对代理人的监督权。尤其是股份有限公司是由众多股东出资组成的企业，股东代表大会选举产生董事会，董事会聘请总经理管理企业，由总经理全权负责对企业资产进行经营管理。这样，就产生了典型的委托代理关系。由此可见，职业经理人是伴随着现代公司制的出现而诞生的一个职业阶层，他们跟企业所有者之间就形成了委托代理关系。

在委托人（企业所有者）与代理人（职业经理人）信息不对称的情况下如何选拔合适的职业经理人来经营和管理企业、如何对职业经理人进行客观的评价、如何构建有效的激励约束机制规避职业经理人的机会主义行为与道德风险就成为企业所有者关注的问题。

1.2.3 博弈论

博弈论（Game Theory），又叫对策论、游戏论。它是一门研究相互影响着的参与人进行策略选择时的行为规律的科学。它所研究的是这样一种情景：存在若干参与人（即博弈的参与者）；每一参与人有一系列可选择的策略（行动方案）；博弈结果取决于参与人策略的组合。可以根据不同的基准进行博弈分类[①]：

一般认为，博弈主要可以分为合作博弈和非合作博弈。合作博弈亦称为正和博弈，是指博弈双方的利益都有所增加，或者至少是一方的利益增加，而另一方的利益不受损害，因而整个社会的利益有所增加。合作博弈研究人们达成合作时如何分配合作得到的收益，即收益分配问题。合作博弈采取的是一种合作的方式。非合作博弈是指一种参与者不可能达成具有约束力的协议的博弈类型，这是一种具有互不兼容的情形。非合作博弈研究人们在利益相互影响的局势中如何选择决策使自己的收益最大，即策略

---

① MBA 智库百科，http://wiki.mbalib.com/wiki。

选择问题。

从行为的时间序列性,博弈论进一步分为静态博弈和动态博弈。静态博弈是指在博弈中,参与人同时选择或虽非同时选择但后行动者并不知道先行动者采取了什么具体行动,如"囚徒困境";动态博弈是指在博弈中,参与人的行动有先后顺序,且后行动者能够观察到先行动者所选择的行动,如棋牌游戏。

按照参与人对其他参与人的了解程度分为完全信息博弈和不完全信息博弈。完全信息博弈是指在博弈过程中,每一位参与人对其他参与人的特征、策略空间及收益函数有准确的信息。不完全信息博弈是指如果参与人对其他参与人的特征、策略空间及收益函数信息了解得不够准确,或者不是对所有参与人的特征、策略空间及收益函数都有准确的信息,在这种情况下进行的博弈就是不完全信息博弈。

目前经济学家们所谈的博弈论一般是指非合作博弈,由于合作博弈论比非合作博弈论复杂,在理论上的成熟度远远不如非合作博弈论。非合作博弈又分为:完全信息静态博弈、完全信息动态博弈、不完全信息静态博弈、不完全信息动态博弈。与上述四种博弈相对应的均衡概念为:纳什均衡(Nash Equilibrium),子博弈精炼纳什均衡(Subgame Perfect Nash Equilibrium),贝叶斯纳什均衡(Bayesian Nash Equilibrium),精炼贝叶斯纳什均衡(Perfect Bayesian Nash Equilibrium)。

在职业经理人招聘选拔过程中,企业和职业经理人之间的信息是不对称的。一方面,企业对职业经理人的信息知之甚少,职业经理人有可能通过欺骗、夸大自己的能力等来获取企业的信任,从而得到应聘的职位;另一方面,企业的信息职业经理人也不一定完全了解。因此,职业经理人的招聘选拔过程其实就是双方在信息不对称情况下的动态博弈过程。

1.2.4 声誉理论

自亚当·斯密开始,经济学中一直把声誉作为保证契约诚实执行的重要机制。丧失未来收益的威胁使双方缔结的合同自动实施,即使每一方都意识到另一方是狭隘自利的,出于声誉的考虑,包含潜在机会主义行为的交易也会持续下去(Telser,1980)。在重复交易中,一方或者双方都能够获得关于别人能力和偏好的有价值的信息,卡森(Casson,1991)指出,这种关于声誉的信息具有公共产品的特征,能提供正的外部性,使很多相关者同时受益。新制度经济学认为,重视个人声誉是一种良好的意识形态资本,这种资本可以减少社会经济生活中的道德风险,起到对人的行为的激励作用。克瑞普斯等人(Kreps、Milgrom、Roberts and Wilson,1982),克瑞普斯和威尔逊(Kreps and Wilson, 1982),米尔格龙和罗伯茨(Milgrom and Roberts, 1982)运用博弈模型研究了不完全信息条件下有限次重复博弈中的合作均衡生成机制,第一次在经济学中建立了标准的声誉模型。

1. 标准的声誉理论

经济学中标准的声誉模型旨在解决"连锁店悖论"(Seltcn, 1978),并对有限重复博弈中的合作行为作出解释。"连锁店悖论"告诉我们,完全信息条件下的有限次重复博弈不可能导致参与人的合作行为。在这种情况下,不存在对于声誉的解释,因为参与人都没有积极性建立良好的声誉。克瑞普斯和威尔逊(Kreps and Wilson, 1982)指出,"在多阶段博弈中,参与人试图在早期获得一种声誉,要么是'坏人',要么是'好人',或者是其他类型,但是这种现象并没有被一些正式的有限博弈理论所分析"。艾克斯罗德(Axelrod, 1981)的实验结果也表明,即使在有限次重复博弈中,合作行为也频繁出现。通过将不完全信息引入有限次重复博弈,克瑞普斯等人建立了标准的声誉模型(Reputation Model),从而解决了"连锁店悖论"。

2. 声誉交易理论

声誉交易理论的前提是将经济主体的声誉看成一种资产。在产业组织文献中,这种思想可以追溯到麦考利(Macaulay, 1963)以及克莱因和莱弗勒(Klein and Leffler, 1981),他们认识到在企业与顾客的重复交易中声誉的重要性。如果企业未能履行合约,企业就可能丧失一部分顾客,这样企业声誉的价值就等于未来交易的损失减去违背合约所得到的短期收益。这种观点已被正式化,成为无限次重复博弈的触动策略(Trigger Strategy)均衡。在这种均衡中,参与人声誉的价值就是与触发战略相联系的支付总和与一次性博弈占优战略支付之差。这正是无名氏定理(Folk Theorem)所揭示的,如果博弈重复无限次并且每个人有足够的耐心(贴现因子足够大),帕累托最优的合作就可以成为每一次博弈的均衡结果。那么,从获得长期利益的角度出发,参与人都有积极性为自己建立一个乐于合作的声誉,同时也有积极性惩罚对方的机会主义行为。

3. 声誉信息理论

经济学家们（Kreps and Wilson，1982）早已认识到声誉信息的广泛传播能够提高市场运作的效率，但是直到最近几年他们才开始研究声誉的传送机制，这就是有关声誉信息的理论，它将声誉看成是反映行为人历史记录与特征（效用函数）的信息。声誉信息在各个利益相关者之间的交换、传播，形成声誉信息流（Reputation Flow）、声誉信息系统（Reputation System）以及声誉信息网络（Reputation Network），成为信息的显示机制，有效限制了信息扭曲，增加了交易的透明度，降低了交易成本。

声誉是在社会网络中建立起来的，而社会网络是通过人与人之间的交流产生的。申克尔和尤什特曼（Shenkar and Yuchtmann-Yaar，1997）总结出，声誉是社会机制的运作结果，在这种社会机制中各利益群体"可以看成是网络中的成员，他们之间以不同的社会距离相互联系"。科尔和基欧（Cole and Kehoe，1996）研究了声誉网络的"溢出"效应，声誉的效果常常会超越交易范围而对范围之外的个体产生影响，而声誉的价值极大地依赖于负面的交流发生场所的范围以及在这个场所中与交易伙伴之间的可能的交易数量。

4. 声誉与激励

霍姆斯特姆（Holmstrom，1982）提供了一个原创性的分析。他的代理人市场声誉模型是对法玛（Fama，1980）思想的模型化表述，用以说明市场上的声誉可以作为显性激励契约的替代物。因为代理人现期的努力通过对产出的影响改进了市场对代理人经营管理能力的判断，因此越是年轻的经理工作可能越卖劲，越是接近退休年龄，声誉效应也越小。霍姆斯特姆（Holmstrom，1999）进一步证明，法玛的结论在严格的假设条件下是正确的。但是风险规避以及贴现的存在使得市场有效处理激励问题的能力十分有限。更有趣的是，即使是对于风险中性和不存在贴现情况的经理而言，临时学习效应以及技术的非线性变化，都会导致市场的无效。威廉（Wilhelm，2001）研究了团队设置中的声誉性考虑怎样实现团队中的激励相容问题。特雷德里斯（Tradelis，2001）用一个包含道德风险与逆向选择的动态一般均衡模型研究了声誉市场对企业主实施努力的生命周期激励的影响，认为在声誉市场上，激励与年龄无关，并且在均衡中更有能力的代理人不能比相对无能的代理人的要价更高。

在经理人市场上，职业经理人的声誉既是其长期成功经营企业的结果，又是其拥有的创新、开拓、经营管理能力的一种重要证明①。职业经理人的声誉是个人信用的基础。企业在招聘选拔职业经理人的过程中，需要对职业经理人的信用进行考察与评价。因此，职业经理人应注意和重视良好职业声誉的建立。同时，声誉的累积效应也对职业经理人的职业行为起到激励与约束的作用。声誉理论的研究为本书职业经理人信用评价奠定了重要的理论基础。

1.2.5 现代激励双赢策略理论

在两权分离的情况下，由于委托人和代理人之间的信息不对称和企业经营面对的不确定性，可能会存在偷懒行为、道德风险和败德行为。由于信息不对称，职业经理人可能会利用比企业所有者掌握更多的生产经营信息的优势去逃避委托人的监督和控制。因此企业所有者往往会设计各种激励机制去激励职业经理人。哈维茨（Hurwiez）创立的机制设计理论提出②：在市场经济中，每个理性经济人都会有自利的一面，其个人行为会按自利的规则采取行动。而往往个体理性难以达到整体理性的结果，这样就会使企业所有者和职业经理人不但难以获得最大的收益，而且只能获得更少的收益。如果能有一种制度安排，使行为人追求个人利益的行为，正好与企业实现集体价值最大化的目标相吻合，这一制度安排就是"激励兼容"，即激励双赢。现代经济学理论与实践表明，贯彻"激励兼容"原则，能够有效地解决个人利益与集体利益之间的矛盾冲突，使行为人的行为方式、结果符合集体价值最大化的目标，让每个职业经理人在为企业多做贡献中成就自己的事业，即个人价值与集体价值的两个目标函数实现一致化。

"双赢"（Win-Win）早在20世纪80年代西方发达国家兴起的第五波兼并浪潮时就出现了，其特征是同业间超大规模的企业合并，如波音与麦道的联合，它改变了以往"大鱼吃小鱼"的兼并模式而代之以一种被专家称为符合双方利益需要，能创造出1+1>2效应的双赢整合。这种基于双方利益增长的双赢理念迅速被世人认可并广为宣扬。由此可见，双赢策

---

① CEO的声誉：CEO在日常活动中，由于其自身的能力、品质、与利益相关者良好的关系以及职业道德等因素从而获得的评价。王乐：《CEO声誉定量评价研究》，浙江大学硕士学位论文，2005年。

② 金领人力资源网，http://www.goldhr.com.cn/HRmanage/goad/20060929/11734.html。

略是指在合作过程中各参与方对各种相互联系又相互制约的利益冲突，在各自原则立场的基础上，兼顾其他参与方的利益，做出各方都能接受的选择，完成最佳利益分配的冲突管理策略。

本书以激励双赢理论为基础，提出了"利益相关者满意、职业经理人与企业共同发展"的理念，以此来指导职业经理人综合评价体系的研究，形成了本书的研究体系。

1.2.6 系统管理理论

系统管理理论[①]，即把一般系统理论应用于组织管理之中，运用系统研究的方法，兼收并蓄各学派的优点，融为一体，建立通用的模式，以寻求普遍适用的模式和原则。它是运用一般系统论和控制论的理论与方法，考察组织结构与管理职能，以系统解决管理问题的理论体系。系统管理理论的主要观点有：

（1）组织是一个由许多子系统组成的，组织作为一个开放的社会技术系统，是由五个不同的子系统构成的整体，这五个子系统包括目标与价值子系统、技术子系统、社会心理子系统、组织结构子系统、管理子系统。这五个子系统之间既相互独立又相互作用，从而构成一个整体。这些系统还可以继续分为更小的子系统。

（2）企业是由人、物资、机器和其他资源在一定的目标下组成的一体化系统，它的成长和发展同时受到这些组成要素的影响，在这些要素的相互关系中，人是主体，其他要素则是被动的。管理人员需力求保持各部分之间的动态平衡、相对稳定、一定的连续性，以便适应情况的变化，达到预期目标。同时，企业还是社会这个大系统中的一个子系统，企业预定目标的实现，不仅取决于内部条件，还取决于企业外部条件，如资源、市场、社会技术水平、法律制度等，它只有在与外部条件的相互影响中才能达到动态平衡。

（3）如果运用系统观点来考察管理的基本职能，可以把企业看成是一个投入—产出系统，投入的是物资、人力资源和各种信息，产出的是各种产品（或服务）。运用系统观点使管理人员不至于只重视某些与自己有关的特殊职能而忽视了大目标，也不至于忽视自己在组织中的地位与作用，

---

① MBA智库百科，http://wiki.mbalib.com/wiki/。

可以提高组织的整体效率。

根据系统管理理论，首先，本书在研究职业经理人评价体系时并没有仅从企业自身的角度去研究，而是把企业放在市场经济的大背景下，从职业经理人职业化的角度去研究职业经理人综合评价体系，并且通过研究企业内绩效评价体系与外部职业经理人市场信用评价体系之间的信息交换来实现对职业经理人的动态评价。其次，将职业经理人绩效评价体系纳入职业经理人绩效管理系统中，研究绩效评价结果对推动企业绩效的改进与提高、提升职业经理人个人能力与素质方面作用的发挥。最后，将职业经理人综合评价体系纳入整个企业的人力资源管理系统中，研究职业经理人综合评价体系的应用。

综上所述，企业所有者和职业经理人之间是委托—代理关系，职业经理人与企业之间的合作是典型的动态博弈过程，在这个过程中存在着明显的信息不对称现象。所以，建立信号传递机制是解决逆向选择与道德风险的有效手段。本书按照系统管理思想构建的职业经理人综合评价体系通过发挥其信号显示功能将会提高职业经理人与企业之间合作成功的概率，达到激励双赢的目标。

1.3 相关概念的综述与界定

1.3.1 企业家、企业所有者与职业经理人概念的界定

在界定职业经理人的概念之前，有必要对在管理实践中相关的容易混淆的概念进行辨析，从而便于更清晰地界定本书的研究范畴。

1. 企业家

企业家，英文 Entrepreneur，译意有创业者、主办者、经理、提倡者、促进者、承包者、商人、冒险家、雇主、业主以及某项事业的实施者等。"企业家"一词最早发源于法国，用来指领导军事远征的指挥者。后来进一步扩展到那些从事其他种类冒险活动的人，如替政府修造道路、桥梁、要塞以及其他修筑业的承包人[①]。

---

① 吕有晨：《工业企业管理新编》，吉林大学出版社 1997 年版，第 90 页。

企业家的概念理论探讨比较成熟,代表性的观点有技术结构阶层说、企业家判断说、创新功能说、企业家精神说、经营职能说、能力与财产两因素决定说①等。

(1) 制度经济学派的技术结构阶层说②。制度经济学派从"技术决定论"出发,认为最重要的生产要素决定社会权力转移和社会制度演进。现代资本主义社会最重要的生产力要素是专门知识以及与之相适应的组织形式,理论知识成为社会核心,成为决策的依靠,这时权力也从资本家转向技术阶层(指科技人员、管理阶层),钱德勒称其为"经理革命"。1973年美国经济学家道格拉斯·诺斯在研究西方经济史(公元900~1700年)的基础上提出了制度的产生源于交易成本的节约,因此,企业制度的设计成为经济学界的焦点。同一时期科斯的著作《企业的性质》使人们从产权决定角度研究企业和企业家。根据产权理论,经营权与所有权的分离产生委托—代理关系,企业家的角色就是资产的代理人,拥有企业法人财产经营权。该学派的代表观点主要有:法国经济学家坎迪龙(Cantillon, E., 1775)最早把企业家引入经济学和管理学理论,他将企业家的创业精神定义为承担不确定性,将企业家解释为经济的一个组成部分,早期的企业家与风险资本家是密切联系的;法国经济学家让·巴蒂斯特·萨伊(1903,1815)提出企业家是"将一切生产手段——劳动、各种形态的资本或土地等组合起来的经济行为者,是在作为生产手段的结果——产品的价值中,能够发现有可供使用于扩大总资本,并可用于支付工资、利息或地租以及归属自己的利润的人",是能"把经济资源由较低生产率转为较高水平的人,从而能生产更多的东西"③;钱德勒认为,由个人拥有和经营的传统企业的企业主属于传统企业家,而在多层级、多单位为特征的现代工商企业中以经营管理能力取得控制权和支薪阶层中的中、高层经营者形成一个完全新的企业家阶层;日本学者池本正纯提出④,所谓企业家就是统筹、调整市场交易中已经发挥作用的领域和尚未发挥作用的领域之间的关系,企业家就是通常所说的"市场调节人";英国经济学家马歇尔认为,企业家是一种人力资本,企业家的实质是获得知识和利用知识,企业家们属于敢于冒险和承担风险的有高度技能的职业阶层;我国学者丁

---

① 有关企业家概念的分类是由本书作者归纳的。
② 金波:《职业经理概论》,高等教育出版社2004年版,第7页。
③ [法]萨伊:《政治经济学概论》,商务印书馆1963年版,第354~372页。
④ [日]池本正纯:《企业家的秘密》,辽宁人民出版社1985年版,第4~5页。

栋虹认为企业家是拥有异质型人力资本的人①；王泽彩认为，企业家是以经营管理企业为终身职业，以使企业获得巨大的经济效益和社会效益为目标，以自己的人力资源为资本获得个人收益，并已取得一定业绩的人②。

（2）熊彼特的创新功能说。熊彼特（Schumpeter J.，1950）、沃克等人认为，企业家是组织创新的组织者。熊彼特认为企业家活动的核心是创新，企业家创新包括引进新产品、引进新技术、使用新的生产方法、开辟新市场、发现新材料和采用新型的企业组织形式五个方面。沃克认为资本家是提供资本同时取得利息的人，而企业家则是进行创新、获得利润的人。

（3）卡森等人的企业家判断说。哈耶克、西蒙、卡森等人认为，企业家是企业的决策者。卡森认为企业家是指专门就稀缺资源的配置做出判断性决策的人。

（4）德鲁克的企业家精神说。彼得·德鲁克认为③，企业家精神一词起源于经济领域，但不限于该领域，企业家精神适用于人类的一切活动。企业家精神是个人或机构的特性，不是个性特征。企业家的责任第一是取得经济效益，但不是越多越好，是合理利润；第二是使工具具有生产性并使员工有成就感；第三是承担企业的社会影响和社会责任。丁栋虹则认为，企业家精神是指企业家在所处的社会、经济体制下，从事工商业经营管理的过程中，在激烈的市场竞争中和优胜劣败的无情压力下养成的心理状态、价值观念、思维方式和精神素质。企业家精神通过企业家的行为表现出来，体现在企业家的商品生产和经营活动中，而且是企业家共同的基本特征④。

（5）万成广司（Hiroshi Mannari）等的经营职能说。日本学者万成广司等人认为，企业家不是个体的特征（实体概念），而是一个职能的概念。企业家是企业经营职能的人格化，经营不等于管理，企业有很多管理者管理具体事务，只有企业家才经营着整个企业。

（6）张维迎的能力与财产双因素决定说。张维迎认为，企业家与资本家基本等同，企业家是拥有一定资本的所有者，认为应以财富作为衡量

---

① 丁栋虹：《企业家理论研究的历史回顾与世纪发展》，载于《南京大学学报》（哲学·人文科学·社会科学），2001年第6期，第143~150页。
② 王泽彩：《企业家职业化》，经济科学出版社1999年版，第79页。
③ ［美］彼得·德鲁克：《创新和企业家精神》，海南出版社2000年版，第6、10页。
④ 丁栋虹：《西部大开发中企业家精神激活的路径分析》，载于《经济界》，2005年第3期。

企业家的必要条件。并且从能力与财产两个维度论述了企业家的特征。见图1-3所示。

个人资产		经营能力	
		高	低
个人资产	富有	企业家（E类）	资本家（C类）
	贫穷	管理者（M类）	工人（Z类）

图1-3 个体特征分类示意图

资料来源：张维迎：《企业的企业家——契约理论》，上海人民出版社2003年版，第8页。

既富有又善经营的E类人成为企业家，从事经营活动，监督生产工人并索取剩余价值；善经营但不富有的M类人成为管理者，从事经营活动，监督生产工人，但接受C类人监督并与C类人分担部分风险；富有但不善经营的C类人成为纯粹的资本所有者，挑选并监督管理者以及承担风险，C、M两类人一道成为"联体企业家"；既不富有又不善经营的Z类人成为工人，专门从事生产活动，挣取固定收入。

学者们从不同的角度论述了企业家的含义。本书认为，企业家应该是具有企业家精神、冒险精神及具有经营能力、承担企业经营风险并且经营业绩优秀的人。

2. 职业经理人

职业经理人起源于20世纪50年代西方国家，英文直译是Professional Manager，而西方一般用Management Position, Corporate Executives或Manager，即管理者。但职业经理的概念在西方文献中并不多见。管理学之父彼得·德鲁克在《管理实践》（1954年）一书中正式叙述职业经理人的角色与管理方法。学者们界定职业经理人的角度不同，主要有变革说、责任说、职业性企业家说[①]等观点。

（1）变革说。美国哈佛大学教授约翰·波特认为，现代职业经理的基本特征是发起变革、设计变革和组织实施变革。应把创新精神与冒险精神与职业经理联系起来。实际上该概念与企业家的概念重叠。

（2）责任说。彼得·德鲁克认为，在管理的早期历史中，经理人被定义为"对其他人的工作负有责任的人"[②]。经理人是企业中最昂贵的资

---

① 有关职业经理人概念的分类是由本书作者归纳的。
② [美]彼得·德鲁克：《管理实践》，机械工业出版社2006年版。

源，而且也是折旧最快、最需要经常补充的一种资源。杨大跃则从对利益相关者责任的角度阐述职业经理人的含义[1]：职业经理人是一个训练有素、具有职业道德和身怀管理绝技的群体（企业经营者）。他们在企业或组织中通过利用企业内部和外部的有效资源（人力、资本、技术或其他），并使用其自身所特有的各种领导艺术、管理技巧和激励技能，为本企业或组织的利益相关者（股东、客户、员工、供货商、政府、社会等）的利益而从事经营企业的活动，并在特定的时期内完成股东赋予的特定使命和目标。

（3）职业性企业家说。钱德勒认为，以管理作为其终生职业并已经成为负责经营大型多单位企业的人就是职业经理。张维迎的"联体企业家"已经体现了企业家职能的分解，职业经理人承担了一部分企业家职能。厉以宁认为，企业家的社会载体已经历经三代的变迁[2]：第一代是最早富于首创精神、敢于冒险的创业者；第二代是最早进行大规模经营、庞大经济王国的缔造者；第三代就是以管理为己任的职业化经理。李新春则提出[3]："职业经理人是一种职业性的企业家，他在市场上出售自己的企业家能力或在经营中实现自己的企业家精神，但他自己并不直接作为创业者而建造自己的组织。"

我国学者金波[4]提出，职业经理人是指在一个所有权、法人财产权和经营权分离的企业中承担法人财产的保值增值责任，全面负责企业经营管理，对法人财产拥有绝对经营权和管理权，由企业在职业经理人市场（包括社会职业经理人市场和企业内部职业经理人市场）中聘任，而其自身以受薪、股票期权等为获得薪酬主要方式的职业化企业经营管理专家。该概念有三个要点：第一，职业经理人是"职业+经理人"。经营企业是一种科学性、专业性、技巧性极强，对经理人的综合素质要求极高的社会职业，企业经营本身有其专门化的职业体系、行为规范等；职业经理人将其所从事的工作视为生命的重点，有相应的社会角色标准与压力约束，在市场机制的约束下，不仅仅追求物质利益的满足，更重要的是愿意为企业的发展而奋斗终生；职业经理人拥有系统全面的技术与专业技能，能够满足现代企业运行与市场竞争的需要。第二，职业经理人不是自封的，而是

---

[1] 杨大跃：《职业经理人：企业领袖与管理精英》，中国发展出版社2003年版，第8页。
[2] 米加宁、高德想：《企业家阶层的社会学含义》，载于《社会学研究》，1997年第4期。
[3] 李新春：《经理人市场失灵与家族企业治理》，载于《管理世界》，2003年第4期。
[4] 金波：《职业经理概论》，高等教育出版社2004年版，第5页。

由市场来选择评价的。第三，横向看，职业经理人分为不同的职能类型，如营销、财会等，纵向看，有高级、中级与初级职业经理人。

借鉴上述概念，本书作者认为职业经理人是指以企业经营管理为职业，深谙企业经营管理之道，能熟练运用企业内外各项资源，为实现企业经营目标，担任一定管理职务的受薪人员①。其包括两层含义：一是经理人的职业化；二是具有经营者职业资格的人员，将其工作视为职业生命，有相应的社会角色标准与压力约束，在社会选择机制作用下不仅仅追求物质利益的满足，更重要的是体现一种职业文化与职业精神，并以此激发经营者的创造智慧与献身精神。

人事部全国人才流动中心与职业经理研究中心制定的《职业经理国家标准》中将职业经理人划分为高级、中级和初级三个等级②。高级职业经理人界定为：具有经营管理知识，丰富的管理经验，良好的职业道德，受聘于企业，对法人财产拥有经营权和管理权并承担保值和增值责任，以经营管理企业为职业的人员。将中级职业经理人界定为：具有经营管理知识，一定的实践经验，从事一般管理工作，以经营管理为职业，受聘于企业的人员。

3. 企业所有者

企业所有者就是企业的出资人，享有企业资产的所有权和剩余索取权，在西方资本主义经济中，企业的所有者就是资本家，而在现代股份制企业中企业所有者就是股东。

1.3.2 相关概念之间关系的界定

职业经理人与企业所有者、企业家三个概念之间的关系可通过图 1-4 来表示。

1. 企业家与企业所有者

企业家（E）与企业所有者（O）重叠的部分（A+D），说明企业所有者自主经营企业，同时企业所有者具备良好的企业家精神，富有经营能力，企业经营业绩良好，这类企业家属于业主型企业家。

---

① 孙卫敏、夏咏冰：《职业经理人的界定及其人力资本类型分析》，载于《山东经济》，2005 年第 4 期，第 60 页。

② 中国职业经理培训认证网，http://www.zyjl-china.com/tixi/tx5a.htm。

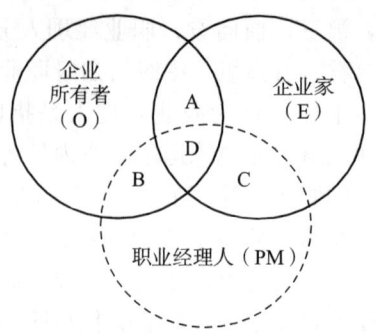

图 1-4　职业经理人与企业所有者、企业家之间的关系示意图

注：图中的 O 代表"企业所有者"，范围是左上角的圆圈。E 代表"企业家"，范围是右上角的圆圈。PM 代表"职业经理人"，范围是下方的圆圈。

2. 职业经理人与企业家

职业经理人在某种程度上与企业家是相似的，甚至可以说具有相同的性质与身份，站在企业所有者的角度来讲他们都是企业所有者或者股东的资产代理人，都受到企业所有者的委托。但二者的使命不同，对其能力与素质的要求也不一样。企业家要有从零开始、坚韧不拔的创业精神，有强烈的冒险精神，有危机感与竞争意识，但不一定有高水平的专业技能，特别是管理水平。而职业经理人则要求有高水平的经营管理技能，但不一定有冒险精神。职业经理人（PM）与企业家（E）的交叉（C+D）说明企业家的职业化，可以将这部分人称为职业企业家。有些学者将职业企业家等同于职业经理人。

3. 职业经理人与企业所有者

企业所有者的职能是提供资本，职业经理人的职能是运营资本。职业经理人的出现是因为企业的发展需要更多的专业化管理人才，而企业所有者要么因为种种原因不再适合管理职位，要么是自己难以承担所有的管理职能而聘请职业经理人经营自己的企业。双方可能会发生能力、利益、道德与信念等方面的冲突①。图 1-4 中职业经理人（PM）与企业所有者（O）交叉的部分（B+D），从静态的角度可以将其解释为拥有企业股份的经理人，即有些企业股东（所有者）不仅通过股权获取剩余收益，还参与企业的生产经营，从事某一领域的管理活动，通过自己的劳动领取薪水；从动态的角度来看，企业所有者和职业经理人双方身份可能互相转

---

① 宋学宝：《职业经理人的游戏规则》，载于《IT 经理世界》，2001 年第 8 期，第 83 页。

化——企业所有者可能会通过企业的转让使自己成为主要靠自己的管理能力赚钱的职业经理人，职业经理人也可能通过获取股票期权或 MBO 等形式成为企业的所有者。

从我国目前企业的现状来看，不同行业、不同规模、不同所有制性质的企业对职业经理人的认同度差异很大，因而在职业经理人的选拔与任用、激励与约束、考核与评价、培训与开发等方面都存在着很大差异。本书选择企业的高层职业经理人作为研究对象。借鉴前文的相关概念，本书将所研究的高层职业经理人界定为：具有丰富的经营管理知识与管理经验，具备良好的职业道德，受聘于企业，对法人财产拥有经营管理权并承担保值增值责任，满足企业利益相关者的需要，以经营管理企业为职业的受薪人员。从企业实践来看，主要包括总经理、副总经理、总监等企业高层职业经理人。根据这个概念，本书的研究范畴包括图 1-4 的 B、C、D 和 PM 四部分中符合上述条件的职业经理人。

1.3.3 职业经理人的特征

对职业经理人特征的研究有"八特征[①]"说、"四特征[②]"说。本书借鉴相关研究成果，将职业经理人的特征归纳为专业技术性、职业化、受薪阶层、契约化、市场化和品牌化六个方面。

1. 专业技术性

就像其他需要专门技术的管理阶层一样，经理人的选拔与晋升变得越来越依赖于培训、经验和表现，这些企业对经理的培训时间越来越长，培训越来越正式化，支薪经理这一职业变得越来越技术性[③]。职业经理人的工作涉及面很广，尤其是高层职业经理人面对的是不可控的动态复杂的外部环境。恰当履行岗位职责，职业经理人需要掌握丰富的企业管理知识、具备现代经营管理理念、掌握现代管理技能与技巧、拥有特定行业的专业

---

① 八大特征：具有良好的职业道德、按游戏规则出牌、具有成熟的职业心态和良好的心理素质、拥有职业优势、拥有专业优势、属于受薪阶层、具有可流动性、拥有自己的职业生涯规划、有良好的经营管理实战能力。参见李笑天：《国际职业经理人培训教程》，中央编译出版社 2006 年版，第 11~14 页。

② 四大特征：扎实的管理基础知识和优秀的经营理念、具备良好的职业道德与心态、具备职业的管理技能、具备动态的终身学习观念。参见金波：《职业经理概论》，高等教育出版社 2004 年版，第 20~35 页。

③ [美] 小艾尔弗雷德·D·钱德勒著，重武译：《看得见的手——美国企业的管理革命》，商务印书馆 1987 年版，第 9 页。

知识和专业管理经验等。因此，工作中他们在专业技术方面拥有一定的优势。

2. 职业化

不同企业从事相同类型活动的经理人员通常都接受相同类型的训练，就读于相同类型的学校，阅读相同的书刊，参加相同的协会，支薪经理这一职业变得越来越职业化，现代管理学院的成立和职业管理顾问的出现对支薪经理的职业化具有非常重要的意义①。因此，职业经理人具有良好的职业道德、职业素养和职业心态，注重规划自己的职业生涯，重视自己的职业声誉。他们在决策时宁愿选择能促使公司长期稳定和成长的政策，而不贪图眼前的最大利润，因为公司的持续存在对其职业发展至关重要②。对个人来讲职业经理人以经营管理企业为职业，对整个社会来讲职业经理人则是一个职业阶层。

3. 受薪阶层

钱德勒在其著作《看得见的手——美国企业的管理革命》中多次运用"支薪经理"、"专职的支薪经理"、"支薪高级职员"等术语③，说明了职业经理人是受薪阶层这一特点。从付出劳动的特点来看，职业经理人的劳动不同于一般的劳动，不能作为一般的劳动要素来对待，而应归属于人力资本范畴，而现代公司治理结构已经从货币资本单边治理模式逐渐向人力资本与货币资本共同治理的双边治理模式转变④。因此，职业经理人的薪酬制度不同于一般劳动者的工资制度，应从资本的角度进行设计，需要协调人力资本与货币资本的关系⑤。协调两种资本之间的关系从制度角度来讲需要构建人力资本激励机制与约束机制。激励机制的设计主要是经济利益激励、权利和地位激励等。

4. 契约化

技术的创新、人口的迅速增长和扩散以及人均收入的增加，使生产和分配过程更为复杂，同时也增加了经此两过程的物质流动的速度和数量，

---

① [美]小艾尔弗雷德·D·钱德勒著，重武译：《看得见的手——美国企业的管理革命》，商务印书馆1987年版，第9、550页。
② [美]小艾尔弗雷德·D·钱德勒著，重武译：《看得见的手——美国企业的管理革命》，商务印书馆1987年版，第10页。
③ [美]小艾尔弗雷德·D·钱德勒著，重武译：《看得见的手——美国企业的管理革命》，商务印书馆1987年版，第8、494、508、529页等。
④ 魏杰：《中国企业到底需要怎样的治理结构》，引自《企业裂变——魏杰教授演讲集》，中国经济出版社2005年版，第228~233页。
⑤ 魏杰：《企业创新与核心竞争力》，引自《企业裂变——魏杰教授演讲集》，中国经济出版社2005年版，第104~110页。

现有的市场机制通常已不再能有效地协调这些流量，因此，新技术和扩大中的市场首次显现了管理协调的必要性。为了执行这一功能，企业家建立了多单位工商企业，雇佣了管理他们所需要的经理人员①。"契约"是职业经理人与企业之间关系的纽带，也是职业经理人进入企业后开展工作的依据——企业内部交往关系的"契约"使职业经理人从上司那里获取权力，并使权力对下属有效力。这里的契约不仅仅指传统的契约，更重要的是"心理契约②"。因此，职业经理人的行为受双契约的激励与约束。

5. 市场化

人力资本不是机构认定的，而是市场评价的结果③。职业经理人人力资本的价值只有在市场竞争中才能够真正体现出来。没有职业经理人的市场化也就没有经理人的职业化，经理人作为管理劳动要素的拥有者必须通过经理人市场进行交易。要实行经理人的职业化落脚点就是要建立完善的职业经理人市场④。这样才能实现职业经理人在市场流动中寻求适合自己的位置。也只有实现职业经理人选聘与配置的市场化，才能提高职业经理人队伍的整体素质，满足社会经济发展的需要。

6. 品牌化

职业经理人的市场化特征决定了其应该走品牌化之路。从整个社会来看，需要塑造职业经理人队伍的品牌。而对每一位职业经理人来讲，要注重塑造自己个性化的品牌，这样才能在市场竞争中脱颖而出。职业经理人可以通过明确自己的品牌定位、打造品牌知名度、创造品牌美誉度⑤等途径塑造和维护自己的品牌。如被称为"打工皇帝"和"中国第一职经

---

① [美]小艾尔弗雷德·D·钱德勒著，重武译：《看得见的手——美国企业的管理革命》，商务印书馆1987年版，第571页。

② 心理契约是指交往双方彼此间对于对方抱有的一系列微妙而含蓄的期望。"期望"就是预料和期待对方将会满足自己的某些需要，也是想要对方表现出自己盼望对方所显示出的某些行为；"微妙而含蓄"是指这些期望不但未形成文字和记录在案，甚至都没有在口头上表露过，只不过默默地埋藏在自己心间，留待双方去细心观察、琢磨、估测和领悟。对方若未能领悟己方的意图，甚至完全忽略了这种期望，未能体会己方的要求，没有满足自己的要求，就是违约。心理契约是双向的。孙卫敏：《组织行为学》，山东人民出版社2006年版，第148页。

③ 魏杰：《中国企业到底需要怎样的治理结构》，引自《企业裂变——魏杰教授演讲集》，中国经济出版社2005年版，第232页。

④ 胡宏峻：《成为职业经理人》，上海交通大学出版社2004年版，第56页。

⑤ 胡宏峻：《成为职业经理人》，上海交通大学出版社2004年版，第47页。

理人"的唐骏①在自己的职业生涯中一直都非常注重自己职业经理人品牌的塑造,并致力于成为"中国的金牌职业经理人"。从微软中国总裁到盛大网络总裁,再到新华都总裁兼 CEO,他的身价直线飙升也体现了其品牌价值。

1.4 研究框架与主要内容

1.4.1 研究思路与框架

本书的研究思路与框架见图 1-5。从图 1-5 可以看出本书的研究思路为:首先,对本书研究的背景与意义进行论述,阐述了本书研究的主要理论基础,界定了研究的基本概念与对象,对职业经理人信用评价、素质评价、绩效评价的相关理论研究进行了回顾与评述,探讨了职业经理人综合评价体系的框架。其次,进行职业经理人绩效管理现状的实证研究,根据实证研究结果构建了职业经理人胜任素质模型和绩效评价指标体系,并为职业经理人绩效评价结果在素质提升方面的应用提供了研究的依据。在研究职业经理人胜任素质评价、绩效评价和信用评价的基础上分别构建了相应的评价模型。再其次,对职业经理人评价进行整合研究,提出了职业经理人综合评价体系模型,并研究了职业经理人综合评价体系的运行机制,探讨了职业经理人评价在人力资源管理领域中的应用。最后,总结了本书的研究结论与创新点,提出了未来研究的设想。

---

① 唐骏:1962 年出生于江苏常州;1980 年考入北京邮电学院(北京邮电大学前身),后留学于日本、美国,分获物理学学士、电子工程学硕士和计算机学博士学位;1994 年加入微软公司,历任微软总部 Windows NT 开发部门高级经理,微软全球技术中心总经理,微软中国公司总裁,2004 年 2 月 8 日,由微软公司退休,被公司授予"名誉总裁"称号;2004 年 2 月 9 日—2008 年 4 月 3 日,盛大网络公司任总裁;2008 年 4 月 16 日,以 10 亿元的"转会费"加盟福建新华都集团,担任集团的 CEO。

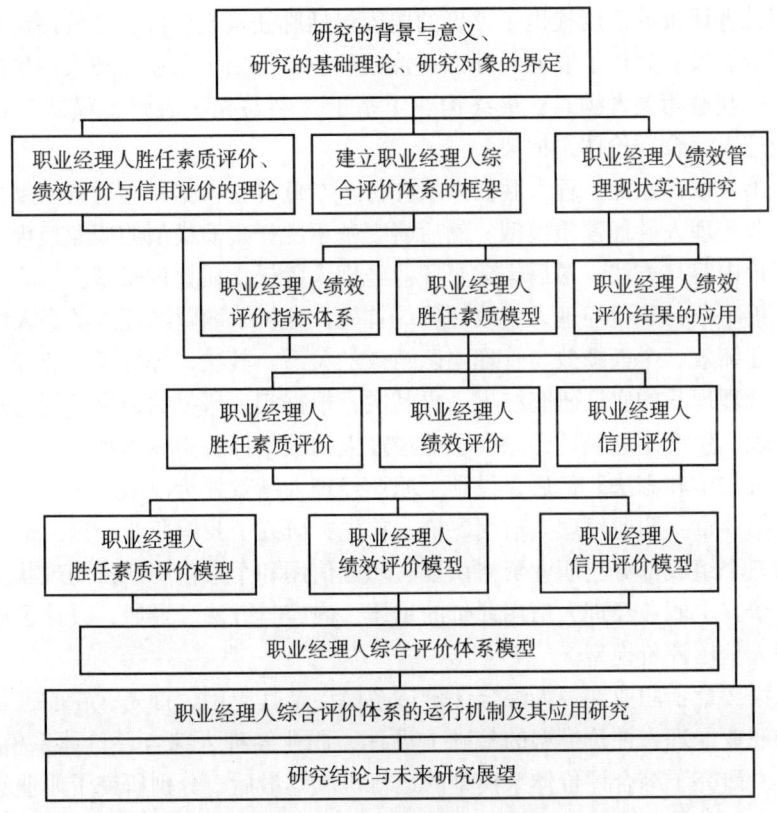

图1-5 研究思路与框架示意图

1.4.2 研究的主要内容

根据本书的研究思路与框架，各章节的具体内容安排如下：

第1章：导论。主要对本书研究的背景和意义、研究思路和主要内容、研究方法等进行论述。同时界定了本书的研究对象和相关概念，阐述了本书研究的理论基础。

第2章：职业经理人评价理论综述。分别回顾了职业经理人胜任素质评价、绩效评价、信用评价的相关理论研究，并对以往的研究进行了评述。

第3章：职业经理人评价的体系框架。首先在对职业经理人角色定位进行研究的基础上提出了职业经理人评价的"利益相关者评价模式"。其次研究了职业经理人评价的主体——企业内外利益相关者。再其次从各利益相关者评价的角度提出了评价的内容包括胜任素质评价、绩效评价和信用评价。最后分析了职业经理人评价的功能，提出了职业经理人评价的目标——利益相关者满意，最终构建了基于"利益相关者评价模式"的职业经理人综合评价体系框架。

第4章：职业经理人胜任素质评价。本章首先根据问卷调查结果构建了职业经理人胜任素质模型。然后研究基于胜任素质模型的职业经理人素质评价内容与方法。最后构建了职业经理人胜任素质评价模型。

第5章：职业经理人绩效评价。首先，分析了职业经理人的个人绩效与企业绩效、个人绩效与管理团队绩效的关系。其次，分析了职业经理人绩效管理现状的实证研究结果。再其次，根据实证研究的结果分别构建了总经理、生产副总经理等六类职业经理人的绩效评价指标体系，探讨了绩效评价主体和方法。最后，设计了职业经理人绩效评价模型。

第6章：职业经理人信用评价。首先，研究了我国职业经理人信用评价的三个组成部分：职业资格认证、职业信用和个人信用评价的现状。其次，研究了职业经理人信用评价的主体、内容与方法。最后，设计了职业经理人信用评价模型。

第7章：职业经理人综合评价体系模型及其应用。首先，在前三章构建的职业经理人评价模型的基础上设计了职业经理人综合评价体系模型。其次，研究了综合评价体系模型的运行机制。最后，分别研究了职业经理人综合评价体系在绩效反馈与绩效改进、职业经理人招聘与选拔、职业经理人激励与约束、职业经理人素质的提升与职业发展四大人力资源管理领域的应用。

第8章：研究结论与未来研究展望。本章归纳了本书的研究结论和创新点，提出了未来的研究设想。

1.5 研究方法

本书运用心理学、管理学、经济学、统计学等跨学科知识，主要运用规范研究、实证研究等研究方法，对职业经理人评价问题进行研究。

1. 规范研究法

本书通过规范分析进行了研究对象的界定、对职业经理人评价的各部分内容进行理论研究综述并提出了职业经理人综合评价体系的框架。如在界定研究对象时，在分别界定相关的企业家、企业所有者等概念的基础上，将本书研究的职业经理人概念与之进行比较，从而准确定义本书的研究范畴，并对职业经理人的特征进行了探讨。在研究职业经理人综合评价体系的框架时通过对职业经理人角色定位的研究提出了职业经理人评价的"利益相关者评价模式"，从职业经理人评价主体——企业内外利益相关者的角度研究职业经理人的评价内容，提出对职业经理人的综合评价体系包括胜任素质评价、绩效评价、信用评价三部分内容。

2. 实证研究法

职业经理人综合评价体系研究具有很重要的实用价值，为了使本研究更贴近企业管理实践，本书主要运用了问卷调查和建模分析实证研究方法。

（1）本书运用了问卷调查实证研究方法。通过文献研究、企业实地访谈、电话访谈等方法，本书设计了一个内容完整的问卷对目前企业职业经理人绩效管理的现状进行调查，内容包括绩效评价指标体系设计现状、公司近两年绩效状况、绩效评价结果的运用等七部分。问卷设计完成后首先进行了试测，然后根据试测结果对问卷进行调整后进行正式的问卷调查。在对收回问卷运用 SPSS 统计软件进行分析的基础上，构建了职业经理人胜任素质模型、设计了不同类型职业经理人绩效评价指标体系、设计了职业经理人素质提升的思路与途径。

（2）本书运用了建模分析实证研究方法。在分别研究构建了职业经理人胜任素质评价模型、职业经理人绩效评价模型、职业经理人信用评价模型的基础上，本书构建了职业经理人综合评价体系模型、综合评价体系运行机制模型及职业经理人综合评价体系应用模型。

第 2 章

职业经理人评价理论综述

本书构建的职业经理人综合评价体系模型包括胜任素质评价、绩效评价、信用评价三部分内容。因此，本章主要就这三个方面相关的理论研究成果进行总结及评述。

2.1 职业经理人胜任素质评价的理论研究

胜任素质是影响绩效的重要因素，此处所用的"胜任素质"一词来源于英文"Competency"，很多学者将其译为"胜任特征"、"胜任能力"，本书采纳中国人民大学彭剑峰等人的观点，将其译为"胜任素质"或"素质"[1]。在了解胜任素质评价理论研究成果之前有必要了解与之相关的胜任素质和胜任素质模型的研究成果。

2.1.1 胜任素质的含义

《美国同源》大辞典对胜任素质的定义是"具有或者完全具有某种资

---

[1] 彭剑峰、荆小娟：《员工素质模型设计》，中国人民大学出版社2003年版，第12页。

格的状态或者品质①"。韦伯斯特的定义是"机能上足够（Functionally Adequate）或者具有完成某一特定任务足够的知识、判断、技能或实力的品质或状态"②。有关胜任素质的研究最早可追溯到管理科学之父泰勒（Taylor）对科学管理的研究，称之为"管理素质运动（Management Competencies Movement）"。泰勒认为，完全可以按照物理学原理对管理进行科学研究，他所进行的时间—动作研究就是对胜任素质进行的分析和探索。1973 年，哈佛大学的著名心理学家 David McClelland 发表了"测量胜任素质而不是智力（Testing for Competency Rather Than Intelligence）"的文章，对以往的智力和能力性向测验进行了批评，他提出，采用智力测验的方式预测未来工作的成败是不可靠的，智力测验的结果与工作的成功之间并没有太大的联系，它们之间的关系要视具体情况而定③。即传统的性向测验与知识测验并不能预测职位候选人在工作中一定会取得成功。他倡导用胜任素质模型设计取代智力测验作为预测未来工作绩效的方法，由此学术界掀起了胜任素质研究的高潮。人们使用 Competency（Competencies）时，又有三种不同的观点：胜任素质是潜在的、持久的个人特征（Personal Attributes）——人是什么；胜任素质是个体的相关行为的类别（Clusters of Related Behaviors）——人做什么；行为不是胜任素质，但我们可以从行为表现中识别胜任素质。下面分别介绍前两种观点。

1. 胜任素质是个体的潜在特征

胜任素质是个体的潜在特征（Underlying Characteristic），它与一定工作或情景中的、效标参照的（Criterion-referenced）、有效或优异的绩效有因果关系（Causally Related）。根据这种观点，胜任素质可以分为五个种类或层次，由低到高分别为：动机（个体想要的东西）、特质（个体的生理特征和对情景或信息的一致的反应）、自我概念（个体的态度、价值观或自我形象）、知识（个体所拥有的特定领域的信息、发现信息的能力、是否能用知识指导自己的行为）和技能（完成特定生理或心理任务的能力）。其中，知识和技能素质是可以看见的、相对较为表层的个人特征，而自我概念、特质和动机素质则是个性较为隐蔽、深层和中心的部分。该观点认为，所有的个体特征，不管是生理的还是心理的，也不管是潜在的

---

① ［美］安托尼特·D·露西亚、理查兹·莱普辛格著，郭玉广译：《胜任——员工胜任能力模型应用手册》，北京大学出版社 2004 年版，第 7 页。
② Webster's Third New International Dictionary, Meriam-Webster, Chicago, IL, 1981: 63.
③ McClelland, D. C. Testing for competence rather than for intelligence, American Psychologist, 1973, 28 (1): 1–14.

还是外显的，只要能将绩效优异者和绩效一般者区分开，都可以界定为素质。基于该观点的胜任素质定义主要有：胜任素质是指与工作或工作绩效或生活中其他重要成果直接相似或相联系的知识、技能、能力、特质或动机[1]（McClelland, 1973）；胜任素质是指一个人所拥有的导致在一个工作岗位上取得出色业绩的潜在的特征[2]（Yeung, 1996），不同的行为导致不同的结果，特性与能力使人做出恰当的行为[3]（Boyatzes, 1982）；斯宾塞认为胜任素质是指能将某一工作（或组织、文化）中有卓越成就者与表现平平者区别开来的个人的深层次特征，它可以是动机、特质、自我形象、态度或价值观、某领域知识、认知或行为技能——任何可以被可靠测量或计数的并且能显著区分优秀与一般绩效的个体特征，并且只有当这种特征能够在现实中带来可衡量的成果时，才能称作胜任素质（Lyle. M. Spencer, 1993），并提出了"胜任素质结构冰山模型[4]"（见图2-1），我国学者时勘[5]等的研究也采纳了此观点；理查德认为胜任素质是与工作的高绩效相联系的知识、技能、能力或特征[6]（Richard, 1997）；美国管理协会认为胜任素质是在一项工作中，与达成优良绩效相关的知识、动机、特征、自我形象、社会角色与技能[7]（Hays, 1979）。

彭剑锋等人认为，胜任素质是驱动一个人产生优秀工作绩效的各种个性特征的集合，它反映的是可以通过不同方式表现出来的个人的知识、技能、个性与内驱力等。胜任素质是判断一个人能否胜任某项工作的起点，是决定并区别绩效差异的个人特征。如图2-2所示，胜任素质可以分为通用素质、可迁移素质与专业素质三个层次。

---

[1] McClelland, D. C., Testing for competence rather than for intelligence, American Psychologist, 1973, 28, 1: 1-14.
[2] Yeung, A. Competencies for HR professionals: An interview with Richard B. Boyatzis, Human Resource Management, 1996, 35 (1): 119-131.
[3] Boyatzis, A. R. The Competent Manager: A Model for Effective Performance, New York: J. Wiley, 1982: 20-29.
[4] Lyle M. Spencer, Jr. and Signe M. Spencer. Competence at work: Models for superior performance. New York: John Wiley & Sons, nc, 1993.
[5] 时勘、王继承、李超平：《企业高层管理者胜任特征模型评价的研究》，载于《心理学报》，2002年第34（3）期，第306~311页。
[6] Mirabile, Richard J. Everything you wanted to know about competency modeling, Training & Development, 1997, Vol. 51 Issue 8: 73-78.
[7] Hays. J. A new look at managerial competence: The AMA model for worthy performance, Management Review, 1979, 59: 2-3.

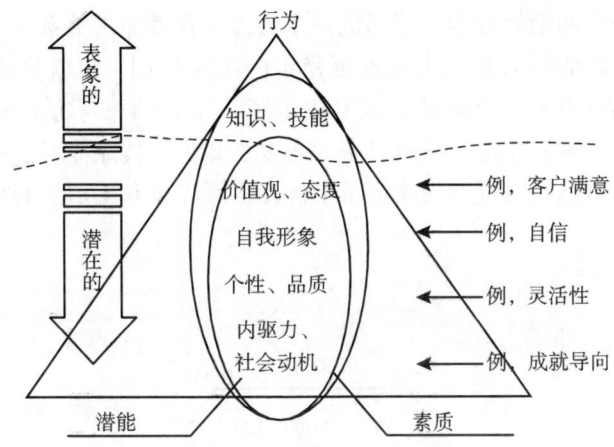

图 2-1 胜任素质结构冰山模型示意图

资料来源：Lyle M. Spencer, Jr. and Signe M. Spencer. Competence at work : Models for superior performance. New York：John Wiley & Sons, Inc, 1993.

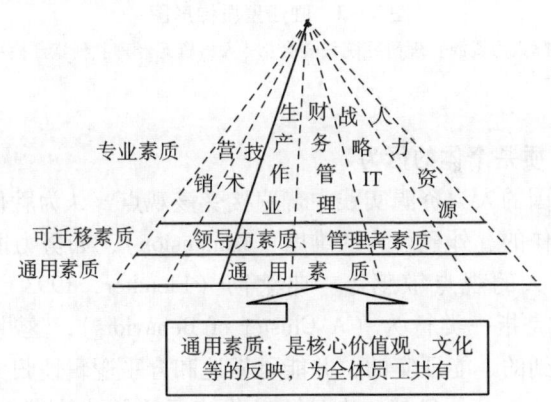

图 2-2 胜任素质分类示意图

资料来源：彭剑锋：《人力资源管理概论》，复旦大学出版社 2003 年版，第 232 页。

国际人力资源管理研究院何志工等人认为，胜任素质是指个体所具备的、能够以之在某个或者某些具体职位上取得优秀绩效表现的内在的稳定特征或特点，包括技能、知识与态度，思考方式与思维定式，内驱力、社会动机与自我意识等的具体组合。可用图 2-3 所示的胜任素质梯形来描述。图 2-3 中有四个层级，图形最上端的为"绩效行为"，也就是个体在具体职位上的工作绩效表现。"绩效行为"下面的三个层级共同决定了个体在工作中的绩效行为。下面的三个层级存在着递进关系,最底层的因素在决定个体的行为表现上起着更稳定的决定作用。也就是说,是"自我意识—内驱力—社会动机"因素决定了一个人的思考方式和思维定式等个体特质,然后才是个体所具备的态度、知识和技能等因素发挥具体的作用,最后由这些因素共同决定了个体在实际工作和生活上的行为表现。

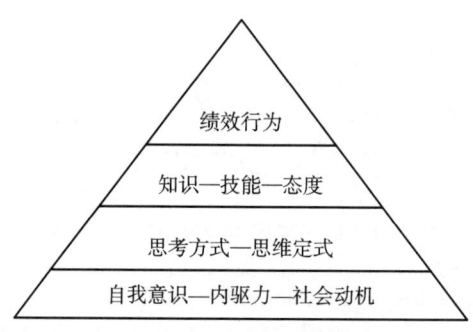

图 2-3　胜任素质梯形图

资料来源:国际人力资源管理研究院编委会:《人力资源经理胜任素质模型》,机械工业出版社 2005 年版,第 12 页。

2. 胜任素质是个体的行为

目前,英国的人力资源实践中普遍接受该观点,认为胜任素质是保证一个人胜任工作的、外显行为的维度(Dimension),如努力取得结果、深刻理解和对他人的观点敏感等。弗莱彻(Fletcher, 1993)认为,维度(Dimensions)是指一类行为(A Cluster of Behaviors),这些行为是具体的、可以观察到的、能证实的,并能可靠地和合乎逻辑地归为一类,比如敏感、主动、分析等。显然,在这里,维度是指用来完成工作任务的行为,胜任素质仅仅是维度的替代物或同义词。

2.1.2　胜任素质模型的研究

由于人们对胜任素质的界定不同,构成胜任素质模型的要素不同,得到的胜任素质模型也差别较大。对胜任素质模型的定义主要有:胜任素质模型(Competency Model)描述了有效地完成特定组织的工作所需要的知识、技能和特征的独特结合(Richard S. Williams, 1998);胜任素质模型是一组相关的知识、态度和技能,它们影响一个人工作的主要部分、与工作绩效相关、能够用可靠标准测量和能够通过培训和开发而改善（David. C. McClelland，1973）；胜任素质模型描绘了能够鉴别绩效优异者与绩效一般者的动机、特质、技能和能力，以及特定工作岗位或层级所要求的一组行为特征（Guiford，1997）等；胜任素质模型包括完成工作需要的关键知识、技能与个性特征以及对于工作绩效与获得工作成功具有最直接影响的行为[1]（Sanchez，2000）；担任某一特定的任务角色所需要具备的胜任素质的总和[2]（时勘，2002）；胜任素质模型就是为了完成某项工作，达成某一绩效目标，要求任职者具备的一系列不同胜任素质的组合，其中包括不同的动机表现、个性和品质要求、自我形象与社会角色特征以及知识与技能水平等[3]（彭剑锋，2003）。

1. 国外的研究

麦克利兰（McClelland）等运用工作分析、关键事件访谈、成对关键事件访谈的系统方法，经过多年的研究和实践，提出了21种胜任素质，如获取信息的技能、分析思考的技能、概念思考的技能、策略思考的技能、人际理解和判断的技能、帮助/服务导向的技能、影响他人的技能、知觉组织的技能、发展下属的技能、指挥技能、小组工作和协作技能、小组领导技能等。斯宾瑟（1993年）通过研究列出了能预测大部分行业工作成功的最常用的20项胜任素质，主要分为六大类[4]：成就特征、助人/服务特征、影响特征、管理特征、认知特征和个人特征，并将20项胜任素质划分为6个基本的胜任素质族，再依据每个胜任素质族对行为与绩效差异产生影响的显著性程度划分2~5项具体的胜任素质，而相对于每一项具体的胜任素质都有一个具体的释义与至少1~5级的分级说明，并辅以典型的行为表现或示例。这样就构成了图2-4所示的胜任素质词典。

---

[1] Sanchez. The art and science of competency models (book review), Personnel Psychology. Summer 2000, Vol. 53 Issue2：509-512.

[2] 时勘、王继承、李超平：《企业高层管理者胜任特征模型评价的研究》，载于《心理学报》，2002年第3（43）期，第306~311页。

[3] 彭剑锋：《人力资源管理概论》，复旦大学出版社2003年版，第215页。

[4] Lyle M. Spencer and Signe M. Spencer. Competence at work: Models for superior performance. New York: John Wiley & Sons, Inc, 1993.

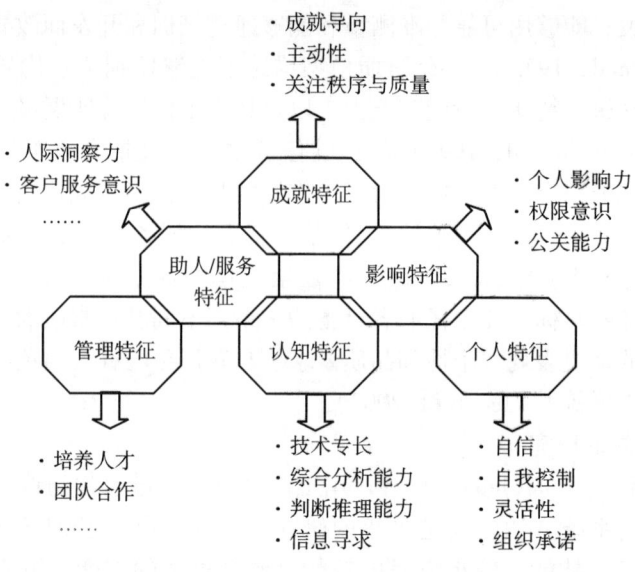

图 2-4 斯宾瑟的管理者胜任素质词典

资料来源：Lyle M. Spencer and Signe M. Spencer, Competence at work: Models for superior performance, New York: John Wiley & Sons, Inc, 1993.

斯宾瑟提出了专业技术人员、销售人员、社区服务人员、管理人员和企业家五个通用胜任素质模型，每一个模型都由多个不同的素质组成。其中的经理人员胜任素质模型如表2-1所示。

表 2-1　　　　　　　　经理人员通用胜任素质模型

权重	素　质
6	影响力、成就欲
4	团队协作、分析性思维、主动性
3	发展他人
2	自信、指挥、信息需求、团队领导、概念性思维
阈限	权限意识、公关、技术专长

资料来源：Lyle M. Spencer and Signe M. Spencer. Competence at work: Models for superior performance. New York: John Wiley & Sons, Inc, 1993.

美国知名人力资源咨询企业 DDI 公司（美国智睿咨询有限公司）经过 30 多年的研究，提出高级职业经理人必须掌握的七项基本技能（领导力要素）：辅导发展员工、带动绩效提升、促进忠诚信任、有效管理企业、提倡合作精神、发挥个人影响、选拔优秀人才①。

2. 我国学者的研究

（1）时勘、王继承等人对我国通信业管理干部胜任素质的实证研究。时勘、王继承等（1999年）运用事件访谈（BEI）技术，对我国通信业管理干部的胜任素质进行了实证研究，结果表明：我国通信业管理干部的胜任素质模型包括②影响力、组织承诺、信息寻求、成就欲、团队领导、人际洞察能力、主动性、客户服务意识、自信和发展他人等10项胜任素质。这与西方研究所揭示的高层管理者的胜任素质模型（影响力、成就欲、团队协作、分析思维、主动性、发展他人、自信、指挥、信息寻求、团队领导和概括性思维）是一致的。

（2）仲理峰、时勘的家族企业高层管理者胜任素质模型。仲理峰、时勘（2002年）采用BEI方法对家族企业高层管理者胜任素质模型进行了研究，表明我国家族企业高层管理者的胜任素质模型包括威权导向、主动性、捕捉机遇、信息寻求、组织意识、指挥、仁慈关怀、自我控制、自信、自主学习、影响他人等11项胜任素质③。其中，与国外企业高层管理者的通用胜任素质模型中的9项相一致，与国有企业高层管理者的通用胜任素质模型的5项相一致。而威权导向、仁慈关怀是我国家族企业高层管理者独有的素质。

（3）王重鸣等人的正副职管理者胜任素质研究。王重鸣等（2002年）对正副职管理者胜任素质进行了分析，结果表明④：管理者胜任素质由管理素质和管理技能两个维度构成，但在具体的要素上，不同层次的管理者具有不同的结构要素。正职的价值倾向、诚信正直、责任意识、权力取向等构成了管理素质维度，而协调监控能力、战略决策能力、激励指挥能力和开拓创新能力则构成了管理技能维度。对于副职来说，管理素质维度由价值倾向、责任意识、权力取向等3项素质构成，管理技能维度由经营监控能力、战略决策能力、激励指挥能力等3项素质构成。正副职层次

---

① 胡宏峻：《成为职业经理人》，上海交通大学出版社2004年版，第126页。
② 时勘、王继承、李超平：《企业高层管理者胜任特征模型评价的研究》，载于《心理学报》，2002年第34（3）期，第306～311页。
③ 仲理峰、时勘：《家族企业高层管理者胜任特征模型》，载于《心理学报》2004年第36（1）期，第110～115页。
④ 王重鸣、陈民科：《管理胜任力特征分析：结构方程模型检验》，载于《心理科学》，2002年第5期。

职位在管理素质上形成差异结构:正职的战略决策能力更为关键,而副职的责任意识更为重要,同时,正职岗位在诚信、正直和开拓创新能力两项素质上有更高的要求。

(4) 姚翔、王垒、陈建红等人的项目管理者胜任素质模型。姚翔、王垒、陈建红等人对某外资企业中国研发中心的 322 名项目经理和项目小组成员进行问卷调查,研究发现,IT 业项目经理的素质包括个性魅力、应变能力、大局观、人际关系处理能力和品格等五个方面①。

(5) 中国人民大学彭剑峰等人的通用胜任素质模型研究。中国人民大学彭剑峰等人通过研究提出了企业通用胜任素质模型。认为建立通用胜任素质模型可以区别并找出导致同一职位绩优人员与一般人员差异的因素。管理类通用胜任素质模型②如图 2-5 所示。

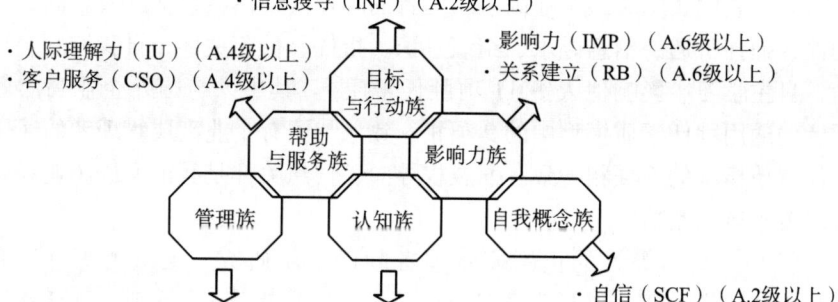

图 2-5　管理类通用胜任素质模型

资料来源:彭剑锋:《人力资源管理概论》,复旦大学出版社 2003 年版,第 248 页。

在管理咨询实践中,为了便于企业人力资源实践者的理解与操作,并便于对管理者进行素质评价与能力发展,彭剑锋等人又提出了 FPEB 胜任

---

① 姚翔、王垒、陈建红:《项目管理者胜任力模型》,载于《心理科学》,2004 年第 6 期,第 1497~1499 页。

② 彭剑锋:《人力资源管理概论》,复旦大学出版社 2003 年版,第 248 页。管理类是指对企业经营与管理系统的高效运行与各项经营管理决策的正确性承担直接责任。

素质模型，见图 2-6。

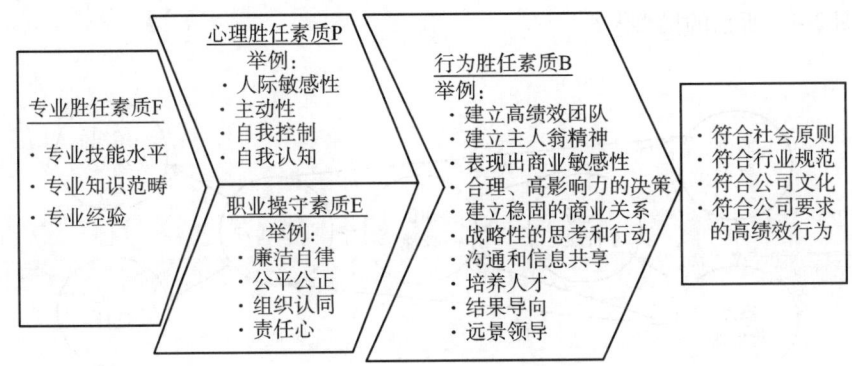

图 2-6　FPEB 管理者胜任素质模型架构

资料来源：彭剑锋、刘军、张成露：《管理者能力评价与发展》，中国人民大学出版社 2005 年版，第 58 页。

图 2-6 中的专业胜任素质包括知识与技能，体现了岗位任职资格的要求，在管理者素质评价或选拔中的作用在于提供"门槛"标准。因此，对专业胜任素质的评价是一个初选的过程，目的在于剔除那些不合格候选人。心理胜任素质一般不能直接反映当前的工作业绩，而主要决定个人职业发展的潜力。

职业操守素质体现为个体在履行本职工作过程中所表现出来的善、恶、好、坏的道德倾向。反映管理者在实践管理行为时既要受到特定的社会道德规范、行业准则的约束，还要遵守组织特定的价值观要求。职业操守测试意义重大：职业操守是成熟商业环境中职业经理人的必备素质，对其进行定义和考核将有助于更快地在组织内部建立成熟的商业文化氛围，树立公司良好的公众形象；可以给管理者一定的震慑力，约束管理者的职务行为；可以净化人员队伍，防范道德风险，在系统内对存在问题的管理者和损害公司利益的行为及早发现、及早处理，降低损失；可以在管理者的选拔和培养、在管理者的成长过程中建立起强有力的导向，对违规违纪的行为防微杜渐。鉴于本书所研究的高层职业经理人的职业特点与职位定位，职业操守评价更具有其现实意义。

行为胜任素质主要体现了管理职位对任职者业务管理以及人员管理方面的能力要求。行为胜任素质与当前的工作有着最直接的联系。

（6）于永达等人的领导人才胜任力模型研究。于永达等人认为，领导人才胜任力测评,是建立在胜任力理论、管理学、心理学、测量学、行为科学、计算机技术等基础上的一种综合测评体系。并通过研究提出了如图 2-7 所示的模型①。

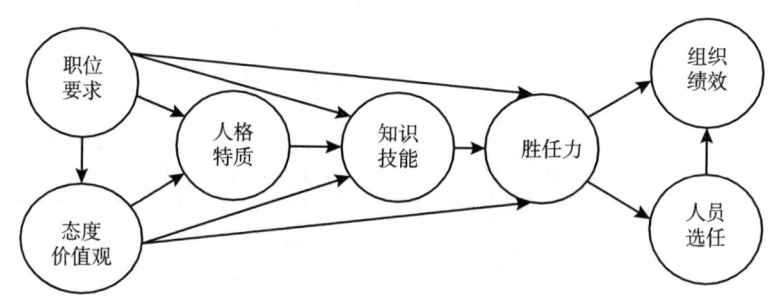

图 2-7 领导人才胜任力结构模型

资料来源:于永达、林向峰、张远东:《基于 PLS 的领导人才胜任力测评方法研究》,载于《改革》,2005 年第 1 期,第 103 页。

(7) 王立斌、徐芳的管理人员通用核心素质模型研究。王立斌等人通过问卷调查和关键行为事件访谈(BEI)等方法对多家企业进行跟踪研究,发现优秀的企业管理者一般都具备四大通用核心素质:思考能力、有效领导能力、自我管理能力和社会交往能力②,具体见表 2-2。

表 2-2 优秀的企业管理者通用核心素质模型

通用核心素质	通用核心素质的定义	具体的素质要求
思考能力	思考能力是与问题的解决、资源管理中的规划等有关的行为	资源管理能力 问题解决和决策能力
有效领导能力	与领导团队、开发团队成员有关的行为	建立信任;团队领导 关注秩序和质量
自我管理能力	了解自己的能力和偏好并有效加以利用	灵活性、主动性 坚韧性
社会交往能力	与和他人沟通交流的有效性有关的行为	影响力、倾听理解和反馈、组织意识和关系的战略运用

---

① 于永达、林向峰、张远东:《基于 PLS 的领导人才胜任力测评方法研究》,载于《改革》,2005 年第 1 期,第 103 页。

② 王立斌、徐芳:《企业管理者通用核心素质模型的构建》,载于《中国劳动》,2004 年第 3 期,第 34~35 页。

(8) 企业对高级职业经理人胜任素质的研究。中国四达上海测评咨询中心运用文献分析、专家访谈、问卷调查等研究方法提出职业经理人的胜任素质应该由基本潜能、个性特征和核心能力三部分组成①：基本潜能是指基本的认知能力，包括语言能力、数字运算能力、逻辑推理能力、资料分析能力等六项能力；个性特征主要包括自信心、责任心、自律性、进取性、合群性、灵活性、自主性、支配性、客观性、倾向性、情绪性、宽容性、坚韧性、成就性、内外控等十五项胜任素质；核心能力包括沟通能力、创新能力、合作能力、学习能力、信息处理能力、问题解决能力等六个方面。百安居（上海）管理系统有限公司人力资源部通过跟有关部门讨论了解职业经理人岗位要求、部门要求、领导要求、学历背景要求以及大量的案例分析，得出了职业经理人应具备胜任素质的模型，并提出模型的应用必须与企业实际相结合。该模型包括自我管理能力、领导和激励团队的能力、流程管理能力、以销售和利润为导向、顾客至上、领导力等六个方面②。具体见图2-8。

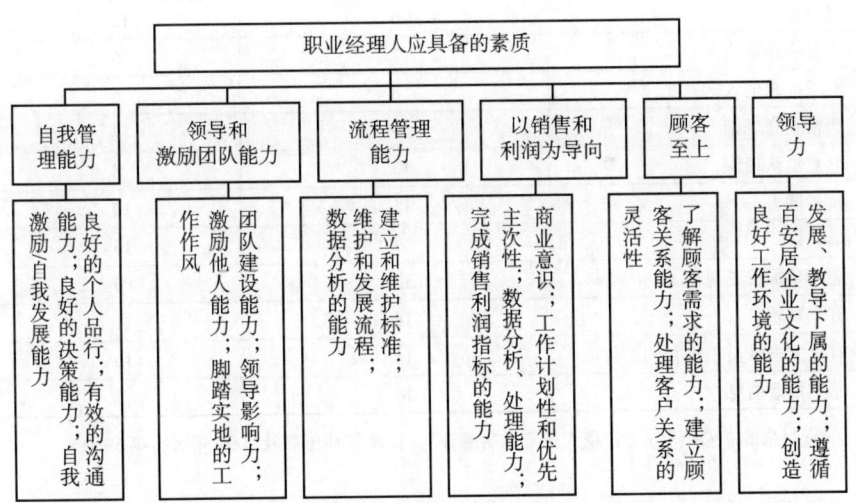

图2-8 百安居（上海）管理系统有限公司职业经理人胜任素质模型

资料来源：胡宏峻：《成为职业经理人》，上海交通大学出版社2004年版，第56页。

(9) 企业经营者最需要具备的素质或技能的中美比较研究。如表2-

---

① 胡宏峻：《成为职业经理人》，上海交通大学出版社2004年版，第34~39页。
② 胡宏峻：《成为职业经理人》，上海交通大学出版社2004年版，第56页。

3 所示，国外管理学者提出的职业经理人应具备的素质技能，我国企业经理人和美国经理人对他们的排序不同。我国企业经营者首先重视领导的创新类技能（表 1~4 项），其次是人际沟通类技能（表 5~8 项），第三是个人行为、能力与修养方面的素质（表 9~16 项）。而美国经理人的排序则差异较大，尤其是理解他人的能力、统筹能力、严格遵循规则、愿意传播信息等几项素质。

表 2-3　　企业经营者最需要具备的素质或技能（中美比较）

国外管理者提出的职业经理人应具备的素质技能内容	2003 年中国企业经理人的排序	美国经理人的排序
果断决策能力	1	4
能够接受新思想	2	3
统筹能力	3	13
很有智慧	4	2
理解他人的能力	5	1
尊重他人	6	12
语言表达能力	7	5
愿意征求他人的意见	8	6
严格遵守规则	9	14
愿意承认错误	10	8
技术能力	11	10
形象好	12	15
能够参加员工讨论	13	9
有幽默感	14	11
有能力去做员工执行的工作	15	16
愿意传播信息	16	7

资料来源：费英秋：《管理人员素质与测评》，经济管理出版社 2004 年版，第 59 页。

2.1.3　胜任素质评价的理论研究

1. 胜任素质评价内容与方法的一般性研究

马博[①]认为，现代企业家领导素质应包括良好的道德素质、杰出的能

---

① 马博：《职业企业家素质分析及评价办法》，载于《深圳大学学报》（人文社会科学版），2002 年第 7 期，第 48~52 页。

力素质、过硬的专业素质和健康的身体素质等四个方面。其中最重要的是道德素质，道德素质中一个很重要的组成部分就是诚信度，作为职业企业家要严格遵守市场经济的道德规范，而市场经济的道德核心就是诚信，它是能否成为企业家的安身立命之本。对职业企业家的评价主要从以下几个方面进行：一是思想品德素质。二是能力素质。主要包括风险决策能力、知人善任能力、团队协调能力、过程监控能力和开拓创新能力等。三是资历。企业家的资历在很大程度上说明他所从事工作的业绩和今后可能的发展方向。资历所提供给我们的信息是他做过什么，做到什么程度，通过这些资料可以预测他将来能够做什么，能发展到什么水平。对职业企业家的评价主要用于甄选与评定、诊断与预测、考核与培训等。评价方法主要有考核法、测验法、面试法、评价中心技术。

邢伟认为，人的素质包括知识素质、技能素质、隐性素质、品德素质和身体素质。根据这些素质的内在要求，评价从这五方面展开，不同素质有不同的测评方法。中高层管理人员的素质评价采用笔试和评价中心技术，并结合测评结果综合测评。笔试主要是针对知识结构进行测评，评价中心主要是针对隐性素质进行测评。其流程包括笔试、经验技能评价、结构化面试、公文筐测试、无领导小组讨论、工作样本测试、绩效考核、素质评价结果公示等[①]。

陈畴镛等人认为[②]，职业经理人素质应包括管理力（又包括领导力、管理力、组织力、变通力、沟通力四项能力）、决策力（决策力、执行力、想象力、创造力、果断力）、学习力（思维力、学习力）、道德力（职业道德、健康心态、将帅胸怀），并运用二级模糊综合评判方法构建职业经理人素质的模糊评判模型。

人事部全国人才流动中心成立人事部全国人才流动中心人才测评办公室，自 2000 年开始组织大批人力资源管理学、管理学、心理学、组织行为学、人事测量学、统计学等方面的专家学术力量，对国际国内人事测量学与测评技术进行了长期广泛的研究，并综合国内外跨国企业员工招聘与提升的成功经验，融合世界先进的心理学与管理学研究成果，开发出了全

---

① 邢伟：《企业中高层管理人员员工评价模型研究》，载于《经济师》，2006 年第 3 期，第 136 页。

② 陈畴镛、景秀平、陈琦：《多因素层次模糊综合评价方法在职业经理人素质评判中的应用》，载于《经济论坛》，2005 年第 22 期。

国人才测评系统①。该系统由性向测评子系统、职业适应性测评子系统、专业技能测评子系统、基本素质及潜能测评子系统、绩效管理测评子系统、情景模拟测评子系统六个子系统。可运用于企业的人员招聘与选拔、人员岗位安置、组织诊断与辅导、人员培训和职业生涯规划和应届毕业生择业指导等方面。企业在招聘选拔职业经理人时也可以运用该系统对职业经理人进行测试。

青岛市委企业经营者评荐中心与中国四达上海测评咨询中心联合开发了职业经理人素质测评系统②，测评的内容主要包括职业经理人的语言能力、逻辑推理能力、资料分析能力等基本潜能和决策能力、学习能力、创新能力等核心能力，以及事业心、诚信、自律等个性要素进行测验评价。

2. 基于胜任特征的人才测评方法的研究

谷向东与郑日昌等提出了基于胜任特征的人才测评的观点。他们将人才测评界定为一个收集和评估有关候选人信息的过程以便做出针对某职位的人事决策③。其中包括两层含义：一是收集有关某个体的各种信息并通过客观分析评估其素质特点；二是将候选人的素质与其即将从事的岗位进行对照确定匹配程度。基于胜任特征的人才测评就是以胜任特征为标准进行测评，而且这里的胜任特征概念是广义上的胜任特征，不仅指麦克利兰流派的胜任特征理论，实际已经融合了一般智力理论、实践智力理论和情商理论等，共同构成人才测评标准的基础。使得测评标准更加全面客观，更有利于选择最佳的测评方法。常用的测评胜任特征的工具有纸笔心理测验法（如能力测验、个性测验和动机测验）、行为事件访谈技术和情景模拟法。基于胜任特征人才测评的程序包括针对目标岗位建立胜任特征模型、选择评估方法、培训测评师、实施测评、决策、验证测评系统、建立岗位和人员的数据库和匹配系统等七个环节。

樊宏、韩卫兵认为④，当前评价中心的运用主要存在这样一些问题：测评指标设定不合理，凭主观决定，随意性太大；另外，测评指标界定不明确，评分无标准，只是简单定性评估，不仅导致测评者对指标的意见无

---

① 人事部全国人才流动中心的中国国家人才测评网，http://www.chinatest.com.cn/jieshao/index.asp。

② 苏永华等：《职业经理人素质测评系统研究》，载于《心理科学》，2004年第3期，第55页。

③ 谷向东、郑日昌：《基于胜任特征的人才测评》，载于《心理与行为研究》，2004年第2期，第634~639页。

④ 樊宏、韩卫兵：《构建基于胜任力模型的评价中心》，载于《科学与科学技术管理》，2005年第10期，第111~113页。

法统一，而且结果难以汇总，使测评结论得不到保证，直接影响了评价中心的效度。针对上述问题，他们提出将胜任力模型引入到评价中心，为评价中心构建合理可界定的清晰的测评指标体系，从而提高评价中心的效度，并设计了包括进行战略性工作分析中建立胜任力模型、确定测评指标、确定测评指标的评分标准、设计演练工具、测评师的选择与培训、测评数据汇总、测评结果的反馈与保密七个构建基于胜任特征的评价中心的步骤。

张慧琴认为①，基于职位分析的传统测评体系比较重视考察员工的知识、技能等外显特征，而没有针对难以测量的核心动机和特质来选聘、任用和调配员工，但如果选聘、任用和调配的人员不具备该岗位所需要的深层次胜任特征，要想改变却又是培训难以解决的问题，这对于企业来说是一个重大的失误与损失。相反，对员工进行基于胜任特征的素质测评可以帮助企业物色到具有适当的核心动机和特质的员工，这样既可避免由于人员挑选失误带来的不良影响，也可以减少企业的培训支出。

余鸣、夏瑞峰构建了由政治素质、思想素质、道德思想、心理素质、业务素质、身体素质、思维素质、魅力素质八项素质构成的决策者胜任素质模型②，他们认为，对单项素质的评价可以采取评价中心、素质访谈、工作样本测试、能力测试、人格测试、背景资料分析、传统访谈、背景核查等方法。但决策者素质评价指标体系是一个多层次、多目标的体系，可以用上述方法对单个指标进行测评，并在此基础上进行综合，进行模糊评价法得出决策者的综合评价结果。

于永达等人提出运用偏最小二乘法（PLS Partical Least-Squares Regression）对领导人才胜任力进行测评③。

---

① 张慧琴：《基于胜任特征的素质测评模型的运用分析》，载于《商场现代化》，2006年第4期，第142页。

② 余鸣、夏瑞峰：《基于素质模型的决策者素质评价研究》，载于《市场周刊·研究版》，2005年第12期，第77页。

③ 于永达、林向峰、张远东：《基于PLS的领导人才胜任力测评方法研究》，载于《改革》，2005年第1期，第104页。

2.2 职业经理人绩效评价与管理的理论研究

2.2.1 绩效评价与绩效管理的一般性理论研究

1. 绩效、绩效评价与绩效管理的含义

目前学术界对绩效（Performance）概念的界定主要有三种观点[①]。第一种观点认为绩效就是结果。该观点的代表人物是伯纳迪恩（Bernadin，1995）和凯恩（Kane，1996）。他们认为绩效是在特定时间范围、在特定工作职能或活动上生产出的结果记录。第二种观点认为绩效就是行为。其代表人物默菲（Murphy，1990）提出，绩效是一套与组织或组织单位的目标相互关联的行为，而组织或组织单位则构成了个人工作的环境；伊尔根和施奈德（Ilgen and Schneider，1991）指出，绩效是个人或系统的所作所为；坎贝尔（Campbell，1993）认为，绩效可以被视为行为的同义词，它是人们实际采取的行动，而且这种行动可以被人观察到。绩效应该包括那些与组织目标有关的，并且是可以根据个人的能力进行评估的行动或行为。他分析了不以任务或目标达成等结果作为绩效的原因：首先，许多工作结果并非必然是由员工的工作带来的，可能有其他与个人所做工作无关的其他因素带来了这些结果；其次，员工完成工作的机会并不是平等的，而且并不是在工作中所做的一切事情都必须与任务有关；最后，过度关注结果将使人忽视重要的过程和人际因素，使员工误解组织要求。第三种观点则将以素质为基础的员工潜能列入考核范围，关注员工的潜在能力与绩效的关系，关注员工素质。从评价内容的角度可以将绩效分为任务绩效、周边绩效和管理绩效。

任务绩效（Task Performance）是指与被考核人员（部门）的工作目标、职责、工作结果相联系，可以用工作数量、质量、时间和成本等指标来衡量；周边绩效[②]（Contextual Performance）又叫关系绩效，是伯曼（Borman）和模特维多（Motowidlo）提出来的，是指员工主动帮助工作中

[①] 王怀明：《绩效管理》，山东人民出版社2004年版，第3~5页。
[②] Borman W. C., Motowidio S. J., Expanding the criterion domain to include elements of contextual performance, 1993: 71.

有困难的同事，努力保持与同事间良好的工作关系，或通过额外的努力而准时完成某项任务等行为表现，相关学者通过研究提出，将关系绩效从任务绩效中分离出来很重要[1]，经验与任务绩效的相关性高于与关系绩效的相关性，而个性与关系绩效的相关性高于与任务绩效的相关性[2]；管理绩效（Management Performance）是指管理人员在进行计划、决策、指挥与控制、授权与协调等管理工作中的表现。

从评价对象的角度，绩效包括个人绩效、部门（或团队）绩效和组织绩效。组织绩效是在一定时期内整个组织所取得的绩效，是建立在部门绩效实现的基础上的。部门或团队绩效包括部门或团队的任务目标实现情况以及为其他部门或团队的服务、支持、配合、协调、沟通等方面的行为表现。个人绩效是指在完成工作目标与任务过程中所体现的个人业绩。三者之间的关系如图2-9所示。企业、团队、个人三个层级的绩效目标都来自于企业战略，三者之间应该是层层分解和细化的关系。个人绩效是由员工的职业化行为决定的，即主要考察的是员工达成目标/结果的方法是否达到职业行为的标准，是否按照职业化工作程序做正确的事情；团队绩效则主要是由团队合作的程度所决定和形成的，团队建设、跨团队职能合作、知识经验共享、学习型组织的建立是团队高绩效的决定因素；而企业文化和共同愿景则将个人、团队与组织绩效有机契合，最终实现组织的战略目标[3]。因此，本书在探讨职业经理人绩效评价时将其与管理团队、企业绩效评价结合起来。

绩效评价又称为绩效考核、绩效评估等，是对员工工作业绩的考核和评定，即根据工作目标或一定的绩效标准，采用科学的方法，对员工的工作完成情况、职责履行程度等进行定期的评定，并将评定结果反馈给员工的过程。

绩效管理代表着一种观念与思想，代表着对于企业绩效相关问题的系统思考。绩效管理的根本目的是为了持续改善组织和个人的绩效，最终实现企业战略目标。为改善企业绩效而进行的管理活动都可以纳入到绩效管

---

[1] Walter C. Borman. Stephan J. Motowidlo. Task Performance and Contextual Performance: The Meaning for Personnel Selection Research, Human Performance, 1997: 9 – 109.

[2] Motowidlo. Stephan J, van Scotter. James R, Evidence That Task Performance Should Be Distinguished From Contextual Performance, Journal of Applied Psychology, Aug 94, Vol. 79 Issue 4: 475 – 480.

[3] 饶征、孙波：《以KPI为核心的绩效管理》，中国人民大学出版社2003年版，第7页。

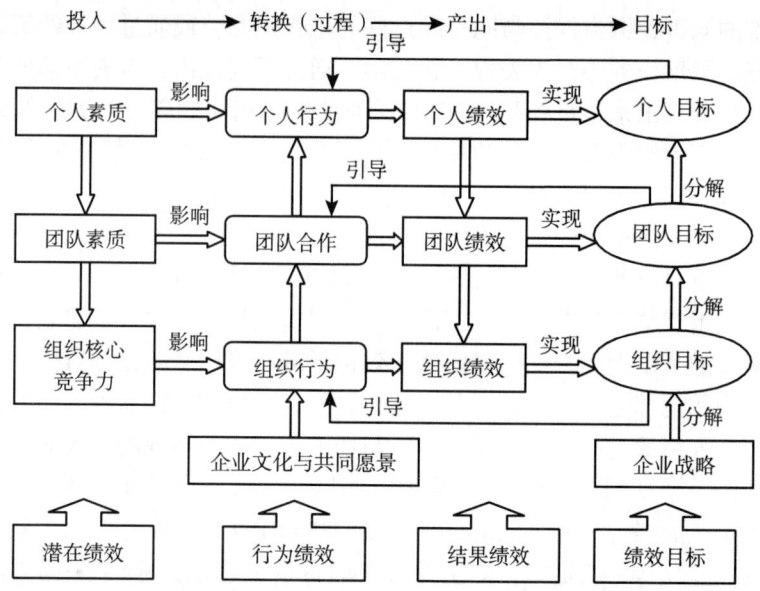

图 2-9 组织、团队、个人绩效关系示意图

资料来源：改编自徐芳：《团队绩效测评技术与实践》，中国人民大学出版社 2003 年版，第 9 页。

理的范畴之内。有三种有关绩效管理的思想①。第一，绩效管理是管理组织绩效的一种体系。由计划、改进与考察三个过程组成。绩效计划主要是制定企业的愿景、战略以及对绩效进行定义等活动。绩效改进则是从过程的角度进行分析，包括业务流程再造、持续性过程改进、全面质量管理等活动。绩效考察则包括绩效的衡量与评估。第二，绩效管理是管理员工绩效的一种体系，包括绩效计划、绩效评估和绩效反馈三个环节。第三，绩效管理是把对组织的管理和对员工的管理结合在一起的一种体系。该观点将前面两种观点结合起来，认为有必要对各个层次的绩效进行管理。

综合上述观点，我们认为，绩效管理是指为了达成组织目标，通过持续开放的沟通制定并实施绩效计划、进行绩效评价与反馈、绩效改进与指导等管理活动不断提高员工和组织绩效、提高员工职业能力与素质的过程。因此，绩效管理不同于绩效评价，绩效管理的最终目的是为了实现组织和员工的共同目标。为此，本书在研究职业经理人综合评价体系时，拓

---

① 理查德·S·威廉姆斯著，赵正斌、胡蓉译：《业绩管理（Performance management：Perspectives on Employee Performance）》，东北财经大学出版社 2003 年版，第 12~17 页。

展了传统的绩效评价范畴，研究职业经理人绩效评价结果的运用即绩效管理问题。

2. 绩效评价方法

一般的绩效评价方法主要有交替排序法（排队法）、因素排序法、配对比较法（成对比较法）、强制分布法等相对评价法和关键事件法、叙述法（评语法）、目标考核法、图表尺度法（量表评估法）、行为锚定（定位）考核法、强制选择量表法等绝对考核法。这里仅介绍关键绩效指标考核法、平衡计分卡以及绩效棱柱等现代绩效评价方法。

（1）关键绩效指标考核法。一个好的评价表示评价要素的整合[1]。关键绩效指标（Key Performance Indicator or Index，KPI）是指企业宏观战略目标决策经过层层分解产生的可操作性的战术目标，是宏观战略决策执行效果的监测指针[2]。关键绩效指标是对企业运作过程中关键成功要素的提炼与归纳，并通过对组织内部某一流程输入、输出端的关键参数进行设置、取样、计算、分析，衡量流程绩效的一种目标式的量化管理指标。因此，KPI 是把企业战略目标分解为可运作的操作目标的工具，其目的是建立一种机制，将战略转化为内部的过程和活动，从而不断增强企业的核心竞争力并持续发展。KPI 强调对企业业绩起关键作用的指标，它提供了一种思路：绩效管理应该抓住关键绩效指标，通过关键绩效指标将员工行为引导到企业战略目标方向上来。关键绩效指标体系作为一种系统化的指标体系包括三个层面的指标[3]：一是企业级 KPI，是通过基于战略的关键成功要素分析得来的，具有方向性、指导性的作用；二是部门级 KPI，是根据企业级 KPI、部门职责、业务流程分解而来的，具有具体性、操作性的特点；三是个人 KPI，是根据部门 KPI、岗位职责和业务流程演化而来的。这三个层面的指标构成了企业关键绩效指标体系。通过 KPI 体系的建立，把企业的总战略和战略目标通过自上而下的层层分解落实为部门和员工个人的具体工作目标，将企业战略转化为内部过程和活动，从而确保战略目标的实现。设定关键绩效指标的一般程序为以下几个方面。首先，找出关键成功要素（Critical Success Factor，CSF），这是对企业的成功起关键作用的某个战略要素的定性描述，是制定关键绩效指标的依据，并由关键绩效指标具体化、定量化，从而使之可以衡量。其次，建立评价指标。评价

---

[1] Ron Polaniechi, Cae. CEO Assessment, Credit Union Management, June 2006：26.
[2] 彭剑锋：《人力资源管理概论》，复旦大学出版社 2003 年版，第 334 页。
[3] 郑晓明：《人力资源管理导论》，机械工业出版社 2005 年版，第 295~297 页。

指标是评价员工的角度,即确定 CSF 后从哪个角度对其进行考核。一般有数量、质量、成本和时限四种类型的指标。再其次,建立评价标准。评价标准是评价员工绩效的尺度。一般说来,指标指的是从哪些方面对关键成功要素进行评估,解决的是"评价什么"的问题。而标准则指的是在各个指标上员工应该达到一个什么样的水平,解决的是员工做得怎样的问题。最后,确定数据来源。一般而言,数据的来源有两种途经:客观的数据记录和他人或自己的主观评价。战略导向的 KPI 指标体系不同于一般的绩效评价体系。具体区别见表 2-4。

表 2-4　　战略导向的 KPI 指标体系与一般绩效评价体系的区别

	战略导向的 KPI 指标体系	一般绩效评价体系
假设前提	假定人们会采取一切必要的行动努力达到事先确定的目标	假定人们不会主动采取行动以实现组织目标;假定制定与实施战略与一般员工无关
考核的目的	以战略为中心,指标体系的设计与运用都是为战略服务的	以控制为中心,指标体系的设计与运用来源于控制的意图,也是为更有效地控制个人的行为服务
指标的产生	在组织内部自上而下对战略目标进行层层分解产生	通常是自下而上根据个人以往的绩效与目标产生的
指标的来源	来源于组织的战略目标与竞争的需要	来源于特定的程序,即对过去行为与绩效的修正
指标的构成与作用	通过财务与非财务指标相结合,体现关注短期效益,兼顾长期发展的原则;指标本身不仅传达了结果,也传递了产生结果的过程	以财务指标为主,非财务指标为辅,注重对过去绩效的评价,指导绩效改进的出发点是过去绩效存在的问题,绩效改进行动与战略需要脱钩
收入分配体系与战略的关系	与 KPI 指标的值、权重相搭配,有助于推进组织战略的实施	与组织战略的相关程度不高,但与个人绩效的好坏密切相关

资料来源:饶征、孙波:《以 KPI 为核心的绩效管理》,中国人民大学出版社 2003 年版,第 41 页。

由此可见,战略导向的 KPI 在评价、监督被评价者行为的同时,强调战略在绩效评价过程中的核心作用。

(2)平衡计分卡。1992 年,哈佛大学商学院罗伯特·卡普兰(Robert S. Kaplan)教授和复兴方案公司总裁戴维·诺顿(David P. Norton)在《哈佛商业评论》上发表了第一篇平衡计分卡的论文《平衡计分卡——提升经营绩效的测评方法》[①]。1996 年出版了《将战略转变为行动——平衡

---

① Kaplan, R. S. and D. P. Norton (1992), The Balanced Scorecard: Measures That Drive Performance, Harvard Buniess Review, 70 (1): 71-79.

计分卡》①。1998年3月，二人合作出版了《平衡计分卡》（Balanced Scorecard），较系统地介绍了平衡计分卡的思想。平衡计分卡作为一种新型的战略导向的绩效评价方法在企业界得以推广。其最突出的特点是将企业的愿景、使命和发展战略与企业的业绩评价体系联系起来，将使命与愿景转变为具体的目标与测评指标，以实现战略与绩效的有机结合。平衡计分卡是以企业的战略为基础，并将各种衡量方法整合为一个有机的整体，它包括了财务指标，又包含了顾客角度、内部流程、学习和成长的业务指标，使组织能够一方面追踪财务结果，另一方面密切关注能使企业提高能力并获得未来增长潜力的无形资产等方面的进展，这样就使企业既具有反映"硬件"的财务指标，同时又具备能在竞争中取胜的"软件"指标②。从而使股东、管理者、雇员目标和行动达到一致。平衡计分卡进行绩效评价的四个角度如图2-10所示。

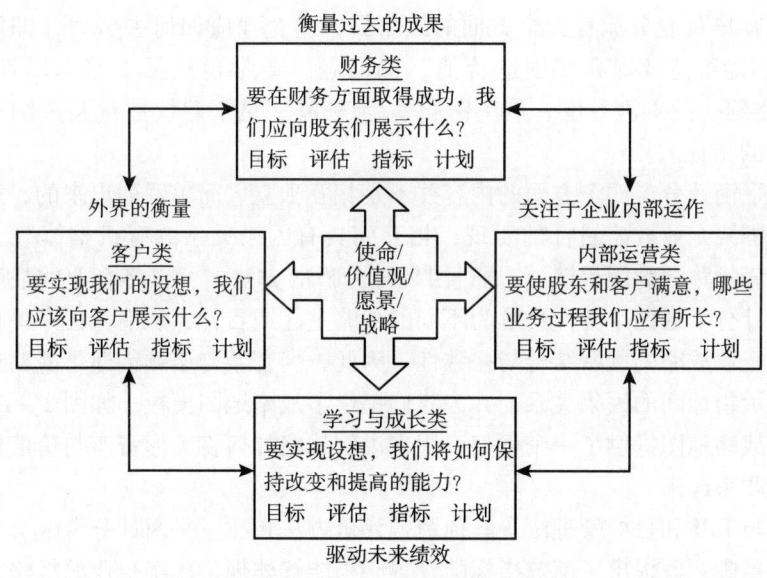

图2-10 平衡计分卡的四个维度

资料来源：改编自秦杨勇：《平衡计分卡与绩效管理》，中国经济出版社2008年版，第14页。

---

① Kaplan, R. S., Norton, D. P. (1996). Translating Strategy into Action-The Balanced Scorecard, Harvard Business School Press, Boston.
② 彭剑锋：《人力资源管理概论》，复旦大学出版社2003年版，第340页。

第一，财务角度。财务方面的目标解决"股东如何看待我们"这一类问题。它反映企业的努力是否对最终的经济收益产生了积极的作用。因此，可以说财务方面是其他三个方面的出发点和归宿。通常包括利润、现金流、营业额、销售额与占用资产回报率等方面的指标。第二，客户角度。客户方面的目标是解决"客户如何看待我们"这一类问题，是以客户的眼光来看待企业的经营活动。一般包括市场占有率、客户保留率、新客户开发率、客户满意度、产品退货率等方面的指标。第三，内部运营角度。内部运营方面的内容是解决如何使企业内部的各种业务流程更好地满足客户需求的问题，即解决"我们必须擅长什么"的问题。结合迈克尔·波特的价值链理论，企业内部的核心业务流程主要有三方面：创新流程、经营流程及售后服务流程。常用的指标有生产率、生产周期、成本、合格品率、新产品开发速度、出勤率等。第四，学习与成长角度。学习与成长方面的内容主要是从员工角度出发，为了更好地实现上述财务、客户及业务流程三个方面的战略目标，企业应如何去努力，即解决"我们能否持续提高并创造价值"的问题。通常包括员工培训周期/费用/比例、员工满意度、员工留职率/流失率、员工建议数量及采纳率等方面的指标。

平衡计分卡四个方面的内容并不是相互独立、简单罗列出来的，而是紧紧围绕企业战略目标的实现，相互间具有因果关系的有机整体（卡普兰与诺顿称之为因果链）。通过因果链分析的方法，可以将企业的战略在平衡计分卡的四个方面分解为不同的战略主题或目标，从而保证平衡计分卡与企业战略的紧密结合与一致性。为此，卡普兰与诺顿创建了战略地图来表示指标间的因果关系，并为我们提供了战略地图模板。如图2-11所示，战略地图提供了一个框架，用来说明战略如何将无形资产与价值创造流程联系起来。

与 KPI 和目标管理法等其他绩效评价方法相比，平衡计分卡融合了它们的精髓：既提出了绩效指标的设置必须能够体现、落实企业的战略，又强调了绩效的日常管理。同时平衡计分卡还明确了指标构建框架体系，明确提出包括财务、顾客、内部运营和学习与成长等四个甚至更多层面的指标，具有很强的操作指导意义；平衡计分卡弥补了传统财务指标考核的不足，从财务、顾客、内部流程、学习与成长四个角度来设计绩效评价体系，消除了单一考核指标的局限性；平衡计分卡把增强企业竞争力的看似毫无关联的事项联系在一起，如以顾客为导向，缩短反应时间，提高产品

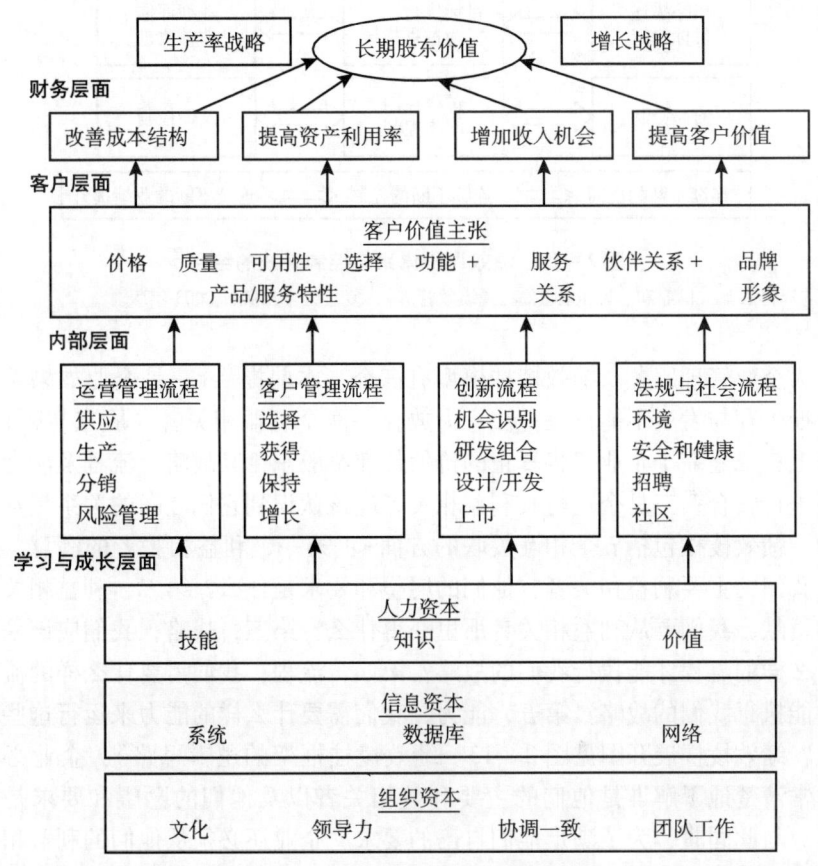

图 2-11 平衡计分卡战略地图模板

资料来源：[美] 罗伯特·卡普兰、大卫·诺顿著，刘俊勇，孙薇译：《战略地图：化无形资产为有形成果》，广东经济出版社 2005 年版。

质量，重视团队合作，缩短产品投放市场的时间，以及面向长远而进行管理等；平衡计分卡不仅仅是一个战术性的或经营性的绩效衡量系统，更是一个战略管理系统，把战略管理和绩效管理连接起来；平衡计分卡实现了评价体系与控制系统的结合，既克服了传统绩效评价的片面性、主观性，又实现了评价体系与控制系统的协调统一，如图 2-12 所示。

（3）绩效棱柱。绩效棱柱（The Performance Prism）是以现存的绩效测量框架和方法为基础，通过对它们进行创新和整合，进而提出一种更为全面并且易于理解的绩效管理框架，来弥补上述方法的局限性，从而更好

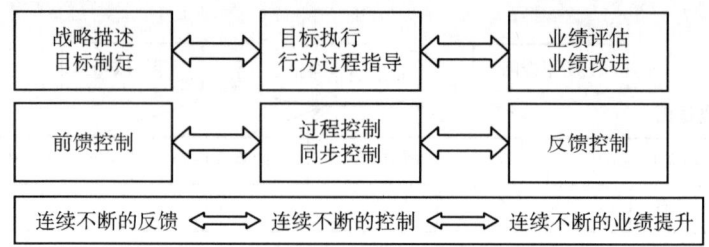

图 2-12 绩效评价体系与控制系统的结合

资料来源：付亚和、许玉林主编：《绩效管理》，复旦大学出版社 2003 年版。

地为企业管理服务。绩效棱柱模型有三个基本前提[①]：一是企业如果希望长期生存与发展不能仅仅把注意力放在一两个利益相关者（股东与顾客）身上；二是一个企业想将真正的价值传递给股东，其战略、流程及能力必须进行整合；三是企业与其利益相关者应该认识到它们之间的关系是互惠的。绩效棱柱包括五个相互关联的方面[②]：第一，利益相关者的满意，谁是我们的主要利益相关者？他们的愿望和要求是什么？第二，利益相关者的贡献，我们要从利益相关者那里获得什么？第三，战略，我们应该采用什么样的流程才能执行我们的战略？第四，流程，我们需要什么样的流程才能执行我们的战略？第五，能力，我们需要什么样的能力来运行这些流程？绩效棱柱展开图见图 2-13。绩效棱柱框架的逻辑思路[③]：企业必须非常清楚地了解谁是他们的主要利益相关者以及他们的愿望和要求是什么。与此同时，为了满足他们自己的要求，企业还必须从他们的利益相关者那里获得一些东西，通常包括来自投资者的资金和信用、来自顾客的忠诚和利润、来员工的想法和技术以及来自供应商的原料和服务等。他们还需要明确所要采取的战略以保证实现分配给利益相关者的价值。为了实施这些战略，他们还要考虑企业需要什么样的流程，必须做到既有效果又有效率。在其内部，如果企业拥有适当的能力、适当的人力、良好的实践、领先的技术和物质基础结构的综合，流程才能得到执行。从本质上讲，绩效棱柱为以一种理性的方式通盘考虑公司的这些关键问题提供了一个结构。

[①] 安迪·尼利、克里斯·亚当斯、迈克·肯尼尔利著，李剑锋等译：《战略绩效管理——超越平衡计分卡》，电子工业出版社 2004 年版，第Ⅸ页（前言）。

[②] 安迪·尼利、克里斯·亚当斯、迈克·肯尼尔利著，李剑锋等译：《战略绩效管理——超越平衡计分卡》，电子工业出版社 2004 年版，第 126 页。

[③] 全笑蕾、盛靖之：《超越平衡计分卡的绩效管理新框架——绩效棱柱》，载于《科技创业》，2006 年第 3 期，第 87 页。

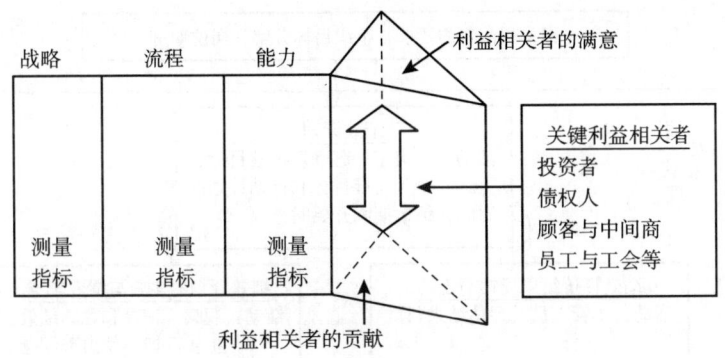

图 2-13 绩效棱柱展开图

资料来源：全笑蕾、盛靖之：《超越平衡计分卡的绩效管理新框架——绩效棱柱》，载于《科技创业》，2006 年第 3 期，第 87 页。

与前面介绍的其他绩效管理方法比较，绩效棱柱的优势主要表现为以下三个方面。第一，绩效棱柱提出了关注所有重要的利益相关者的思想。而这对于企业的长期生存与发展是非常必要的。第二，绩效棱柱提出了对绩效管理起点的再认识。传统观点认为绩效管理的起点是战略。但绩效评价方法是为了帮助人们朝着他们想要达到的方向而设计的，战略并不是最终的目的，执行战略实际上是使公司能更好地将价值传递给其利益相关方。所以，绩效管理的起点应该是企业利益相关者的愿望和要求，即为利益相关者创造价值。第三，具有灵活性并能够不断完善。绩效棱柱框架设计得比较有弹性，可以满足不同企业的要求。

3. 绩效管理流程

完整的绩效管理流程从绩效计划的制定开始，最终以绩效评价结果在人力资源管理实践中的应用结束，包括绩效计划、绩效计划的实施与绩效辅导、绩效评价、绩效评价结果反馈与面谈、绩效评价结果的运用等环节。如图 2-14 所示。

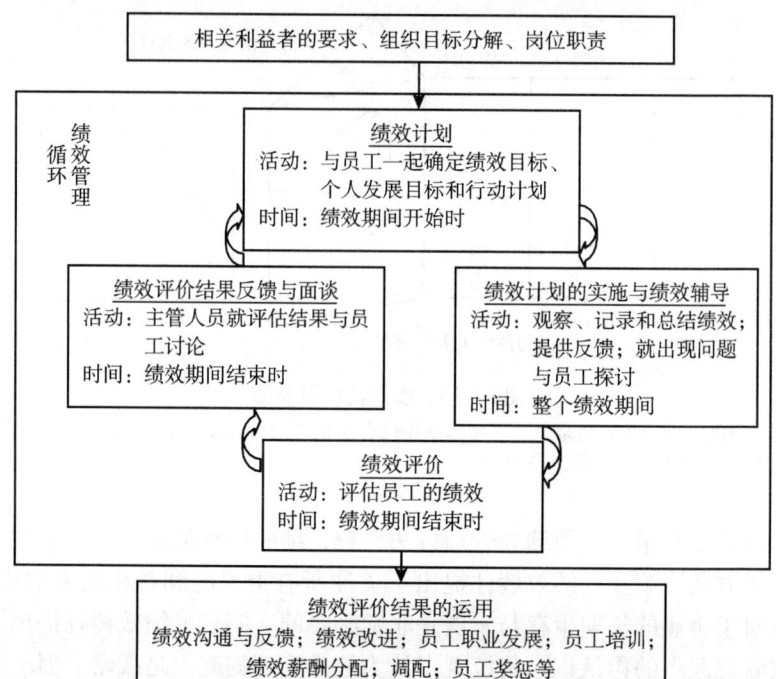

图 2-14　绩效管理流程示意图

2.2.2　职业经理人绩效评价的理论研究

职业经理人绩效评价的相关理论研究不多,现有的研究主要可以归纳为以下六种观点。

1. 财务指标导向的评价

周文辉[①]在研究"宝洁"职业经理人模式时提出中国职业经理的形成需要建立起的选拔机制、激励机制、监督机制与考核机制。在考核机制的构建方面应做到:考核的主体应当由政府主管部门转向董事会;考核的标准主要是企业的经济效益,如资产的安全增值、所有者权益的实现、员工收入的提高等;追究绩效不良甚至造成企业亏损和资产流失的经理的责任,从而形成职业经理的优胜劣汰。

---

① 周文辉:《经理人是怎样"炼"成的——"宝洁"模式及其对我国的启示》,载于《经贸导刊》,2002年第7期。

2. 工作成果评价与行为业绩评价

尹丽萍提出职业经理人的业绩评价应该由过去只重视工作成果的考核转向职业经理人完成工作的行为、过程,更重视对行为业绩的评价[①]。应包括职业经理人的职务内容、关键责任、成果目标、完成目标的一系列行为等的一整套指标体系的动态评价。具体的指标体系应该包括道德品质、企业文化塑造、战略规划、财务成果、人力资源规划、与利益相关者关系等的评价。

3. 根据 EVA、RPE 进行业绩评价

梁巧转等分析了传统的基于会计利润与股票价格对职业经理人的经营业绩进行评价的不足,提出了基于 EVA、RPE 的评价思路[②]。

EVA(Economic Value Added)

= 税后利润 − 所有资本成本

= NOPAT(税后净经营利润) − WACC(加权平均资本成本) × 投入资本

= [RIOC(税后投入资本回报率) − WACC] × 投入资本

以 $\Delta EVA = EVA_t - EVA_{t-1}$ 作为某一段时期经理人业绩考核的基础,只有当 $\Delta EVA > 0$ 时,企业才创造了价值。

RPE(Relative Performance Evaluation)是代理理论引发的一个重要的业绩评估思想,该方法在确定代理人薪酬时,剔除系统风险,根据相对业绩来确定经理人员的薪酬。

4. 用平衡计分卡设计职业经理人的评价体系

王冰洁等提出利用平衡计分卡评价体系设计经理人的业绩评价指标[③]。提出利用价值树和杜邦分析法相结合的方法,把企业的终极财务目标分解到具体的项目,然后从中寻找企业价值的关键驱动因素。通过分析与顾客有关的业务流程来设计顾客满意类指标。从企业价值链上的可控指标寻找内部经营方面的业绩指标。学习与成长类指标主要关注员工技能的培养,包括员工培训合格率等指标。

5. 职业经理人评价应考虑其人力资本价值

职业经理人的价值是由其学识、经验、能力和业绩等因素决定,在长

---

① 尹丽萍:《构建职业经理人业绩评价的指标体系》,载于《技术经济与管理研究》,2002年第3期,第68页。

② 梁巧转、徐细雄、淦未于:《基于 EVA、RPE 的职业经理人业绩评估》,载于《预测》,2003年第5期,第26页。

③ 王冰洁、李传昭、弓宪文:《用平衡计分卡设计经理人的业绩指标》,载于《决策参考》,2004年第2期。

期企业经营实践中形成的，主要包括职业经理人的人力资本价值、劳动绩效价值、社会贡献价值三个方面。因而对职业经理人价值的评价可以从这三个方面展开①。职业经理人所拥有的人力资本是其各方面经营管理才能的总和，是自身素质的一种综合表现。职业经理人的劳动绩效价值即职业经理人通过自身经营管理才能的发挥和劳动的付出为企业所带来的利润的增加、劳动生产率的提高、市场占有率的提升等各方面所创造的价值的总和。社会贡献价值是指为社会创造的社会效益和贡献。相关评价指标见图2-15。

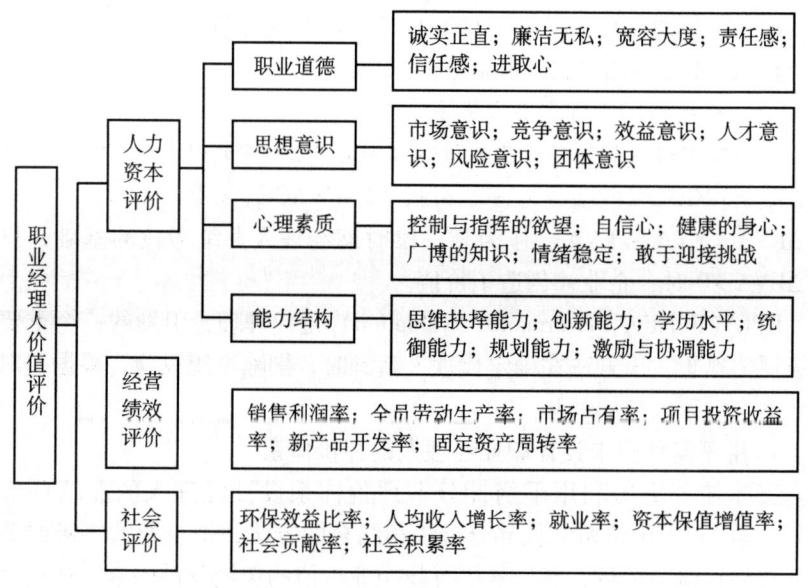

图2-15 职业经理人价值评价指标体系示意图

资料资源：白玉、陈建华：《职业经理人价值评价模式探讨》，载于《武汉理工大学学报》，2002年第11期，第104页。

6. 两维业绩考核方格

方军雄与李雪颖提出上市公司高级管理人员业绩考评指标体系的设计应当以财务绩效→市场份额→竞争优势→核心竞争能力链为纵轴，结果性目标←→工具性目标为横轴，既能引导公司高级管理人员追求长远的财务

---

① 白玉、陈建华：《职业经理人价值评价模式探讨》，载于《武汉理工大学学报》，2002年第11期，第104页。

绩效目标，又能适时指导和评价他们在实现长远绩效目标过程中所处的位置。根据这一评价指标体系总体设计思想列出了三个层面的业绩评价指标方格图①。结果性目标层面的业绩评价指标包括盈利能力、偿债能力、资产负债管理能力、成长能力和现金流量能力五项财务指标。工具性目标包括内部流程导向与客户价值导向指标两个方面。并提出了业绩评价标杆可以选择纵向（公司自身预定的目标）和横向（同行业的水平）两个维度。

7. 经理人业绩评价应该考虑各种决定因素的影响

王化成等在研究上市公司业绩的提升与公司治理结构之间的关系时提出，经理人业绩的决定因素除了经理人的管理能力、经理层的激励机制及表现机会（个人的工作环境）因素外，业绩目标设定与业绩评价也是重要的影响因素②。因此，要提升经理人的业绩，就需要合理设定业绩目标，客观公正地评价他们的业绩，在业绩评价标准中应充分纳入各项决定因素的影响，考虑到他们对经理人业绩之间的联动作用与贡献水平。尤其是应考虑环境因素，如公司治理结构对经理人业绩的支持程度，经理人与董事会、股东及其他利益相关者等。

2.3 职业经理人信用评价的理论研究

《辞海》中对信用的解释是"以诚信用人，信任使用；遵守诺言、实践承约，从而取得别人的信任③"。从不同学科角度对信用的理解是不一样的。从伦理学角度，欧阳润平认为伦理信用是人们在社会交往中自觉遵守承诺、履行义务的道德准则④。从经济学角度看，陈晓等人认为信用是指一种以偿还和付息为特征的特殊价值运动形式，通过一系列的借贷、偿还和支付过程来实现⑤，王超认为信用是指建立在授信人对受信人信任的基础上，使后者无须付现即可获得商品、服务和货币的能力⑥。从制度角

---

① 方军雄、李雪颖：《上市公司高级管理人员业绩考评方格》，载于《中国人力资源开发》，2001年第12期。
② 王化成等：《上市公司经理人业绩提升与公司治理结构》，载于《东南大学学报》（哲学社会科学版），2001年第8期，第42页。
③ 《辞海》（缩印本），上海辞书出版社1989年版，第280页。
④ 欧阳润平：《伦理信用与经济信用的关系》，载于《湖湘论坛》，1999年第3期。
⑤ 陈晓、侯永周：《信用评级：给投资者一张保票》，载于《中外管理导报》，2001年第7期。
⑥ 王超：《我国社会信用体系建设问题与对策》，载于《科学与管理》，2006年第2期，第35页。

度看，信用是一套关于社会征信、信用评估和信用管理的规章化、程序化的管理制度和操作体系。从法律角度来讲，不同法系的观点也有差异①：在罗马法系中"信用"的概念有信任、信义、诚实的含义，表示相信他人会给自己以保护或某种保障，是一方在良心或者道义上对另一方的意愿所负的义务，因此这种"信用"与诚实、守信等个人品格非常接近，从这个角度定义的信用似乎更为偏重其作为一种"意识形态"或者"文化道德"的载体和指向；而英美法系中的信用是经济活动双方彼此间在经济上的信赖，在此基础上获得信用程度的高低就是在这种活动过程中各方"能力"或者"权利"的大小；我国相关法律术语和解释中信用的含义主要是"守信"和"诚信"之意，其含义和指向与罗马法系中的"信用"比较接近，可以概略归于信用文化及信用道德一类，属于信用意识形态范畴而非经济信用活动。而现代经济社会的"信用"则是"经济信用"，是在经济活动中双方彼此遵守和执行信用契约的能力，这种能力的获得是地位平等的交易双方为了获取各自的利益而请求他人（第三方）对自己的能力（主要指经济能力）所做出的客观评价。职业经理人信用是指对职业经理人征集的信用信息进行综合分析评估所形成的对外提供调查、咨询使用的评价结果。② 目前，有关职业经理人信用评价的研究文献较少，此处主要介绍职业信用、个人信用和个人声誉等相关研究。

2.3.1 职业经理人职业信用评价的理论研究

清华大学管理学院魏杰教授在研究职业经理人外部约束时提出了市场约束，即通过完善和规范职业经理人的流动市场，使职业经理人市场能在促进职业经理人有效流动的同时，约束职业经理人在流动中的非规范性行为甚至违法行为。他提出职业经理人市场上要形成应有的职业经理人档案，档案中的一个重要内容是有关中介机构从职业经理人的受聘史及受聘业绩等方面对职业经理人的能力及道德的评价，以便使职业经理人能内在地对自己的行为负责和接受市场的约束，从而形成有效的市场约束③。刘

---

① 李依凭：《"信用观"与"义利观"之比较——兼论有关"信用"的几个问题》，载于《税务与经济》，2006年第4期，第40页。
② 《职业经理人信用征集与评价规范》，中国职业经理人评价网，http://www.chinaccmc.org/lhh/news/info。
③ 魏杰：《职业经理人制度建设中的一个重要问题》，载于《财贸经济》，2001年第6期，第51页。

武等认为①，职业信用不同于商业信用，职业信用的建立不仅有特殊的意义，还具备可行性，认为可发挥现有人事档案系统的作用。丁娟娟等提出企业管理人员职业信用评价指标体系包括入职基本情况、心理特征因素的匹配度、职务工作表现、工作业绩水平、在团队中的表现、财务收支执行情况、企业内部制度和企业文化的认识水平七个方面，并提出运用等级模糊综合评判法对企业管理人员的职业信用等级进行评判②。赵明非等认为③，国内企业进行人才绩效评估的尝试是记录员工工作轨迹的"红黑榜"，国外企业对个人职业信用的考核近来采用包含公开诚信测验和以个性为基础测验的诚信度测验，并提出我国企业引进诚信度测验应慎重开发、正确使用、规范使用程序等。黄波认为④，构建职业经理人信用机制应该从加强立法、建立信用体系、从市场和企业两方面约束职业经理人等方面入手，职业经理人信用体系应包括其职业经历、任职情况、经营业绩、过失评说等个人职业资料。丁慧在研究中小企业职业经理人信誉问题时提出建立职业经理人动态信息库，进入者要按资历、业绩等条件获得从业资格，建立业绩公开制度，收集职业经理人职业生涯的业绩档案，通过经理人在每个阶段信息的透明化，使经理人的任何行为都将对自己以后的市场交易产生影响，从而大大增加败德行为的成本⑤。

唐斌在对职业经理人进行职业道德分析时提出职业经理人职业道德规范包括忠诚、诚信、事业心与责任心、必需的管理知识与技能五个方面的规定。构建职业经理人职业道德需要从职业经理人个人的自律与自省、商学院的教育、法律建设、建立内部激励机制、建立职业经理人协会、舆论环境等几方面的共同努力。其中职业经理人协会在职业经理人和用人单位之间架起一座桥梁，建立起较为重要的职业经理人职业道德和业绩档案，从而通过合法的方式对职业经理人进行约束⑥。

牛国良教授在研究经营者职业化时提出需要三个基本条件：要有理性的买方、充裕的卖方和规范的中介机构。买卖双方形成了经理人市场，经

---

① 刘武、王东颖："拆解商业信用与职业信用"，http://www.cnki.net。
② 丁娟娟、陈新辉：《企业管理人员职业信用等级模糊综合评判》，载于《管理现代化》，2006年第4期。
③ 赵明非、冯冬燕：《个人职业信用制度探讨》，载于《发展》，2006年第8期，第95~96页。
④ 黄波：《浅谈职业信用制度的建立》，载于《特区经济》，2004年第6期，第96~97页。
⑤ 丁慧：《中小企业职业经理人信誉问题的中国特色》，载于《商场现代化》，2005年第11期，第218页。
⑥ 唐斌："职业经理人的职业道德分析"，维普咨询，http://www.cqvip.com。

理人的薪酬就是其"价格"信号。经理市场是经营者的竞争选聘机制，而竞争选聘的目的在于将职业经理人的职位交给有能力、有积极性的经理候选人。而职业声誉是职业经营者的"质量"信号，职业声誉对于职业企业家来说是至关重要的。一方面，他要靠长期的职业生涯和事业成功才能逐渐积累起良好的职业声誉，而良好的声誉能够增加其在经理市场上讨价还价的能力；另一方面，没有一定的职业声誉会导致其职业生涯的结束。要实现经营者职业化还需要有为沟通供求双方需要的规范的中介机构——职业经理评价介绍中心，它要提供大量的企业信息、评估经理候选人能力和业绩，对进入经理市场的每一位经理人员要建立全面的、真实的、连续的、公开的业绩档案记录、信用记录[①]。对于信用有问题的经营者要解除其资格，将其从经理市场中清除出去。这种评价介绍中心不应承担国有企业经营人才的管理职能，主要精力应放在收集、提供经理人才信息，为供需双方相互选择提供服务，促进经理人才的流动。并提出职业经理评价介绍中心可以先着重承担经理流动中的人事代理及相关服务活动，比如，人事档案委托管理、行政关系挂靠、党组织关系管理、集体户籍挂靠、办理出国政审手续、代办养老保险、失业保险和医疗保险等。

2.3.2 职业经理人个人信用评价的相关理论研究

职业经理人个人信用评价是社会信用系统中个人信用体系的一部分。而目前我国个人信用的研究主要集中在个人信用档案建立、个人信用体系建设、个人信用制度建设及法制建设等方面。安贺新[②]认为，完善的个人信用档案制度是建立和完善个人信用制度的基础，个人信用档案的内容应包括人文资料（个人的身份证明、住址、抚赡养人口、拥有或租用现住房）、就业资料（个人的工作单位、职务、收入及工作年限）、纳税资料（个人所得税、财产税及其他税款的缴纳）、司法记录（个人的民事记录、刑事记录和劳改劳教记录）、福利保险记录（个人的公积金、养老账户以及个人人寿、财产、医疗、失业等保险信息）、信贷记录（个人的信贷额度、还贷记录及信用卡还款记录）、资产状况（个人的投资、动产及不动

---

① 牛国良：《企业经营者职业化的条件、作用及最终路径》，载于《经济管理理论》，2004年第9期，第4页。

② 安贺新：《对加快我国个人信用制度建设有关问题的思考》，载于《技术经济》，2006年第6期，第67~69页。

产等）七个方面，并提出制定全国统一的评价标准、引进国外先进的征信技术对个人信用进行评价。梁昌盛认为①，个人信用体系构建主要包括建立统一规范的个人信用账户、建立个人资信登记体系、建立科学严谨的个人信用评价指标体系、建立配套的个人信用运行机制、建立完备的个人信用法律支持体系、建立诚信为本的个人信用理念教育体系等内容，在对个人信用评价时提出用不同的方法评价。吴君茂等则从法律制度的建立与完善、执法层面探讨了个人信用制度法制化建设的问题②。并对个人信用信息的征集和个人隐私权的保护问题进行了探讨。曾文革等人也提出需要界定个人信用记录的范围，并对个人信用记录依法使用③。

  刘嫦娥在研究加速我国经理人职业化进程的政策建议中提出政府要为职业经理人职业化创造良好的微观环境，包括实行经理人人才档案管理制度④，经营者个人档案由基本资料、经营业绩资料以及经权威性经理人才资质评估机构评估鉴定资料组成，作为经营者评估、流动、被选聘的依据。基本资料主要包括：经历、学历、专长、技术水平等；经营业绩资料主要是曾经营管理企业的业绩，包括经营行业、企业，经营资产量，资产增值额（比例），股东权益增加额，资产质量提高，劳动者素质提高，无形资产增值，行业及社会影响等。经营者业绩资料由所受聘公司董事会如实填写，鉴定资料是对经营者经营管理能力和素质的综合说明和证明，经理人人才公司负责经营者个人档案的保存、流转，负责对经营者进行估价与推荐。实行经理人的信息管理网络化。建立系统的经理人人才库制度，同时对经理人的信息实行网络管理。通过经营者档案的如实、公开、及时反映，使好的经营者在经理人阶层中身价不断提高，使经营业绩差的经营者在经理人人才市场中身价不断降低，使有违规、违法和劣迹的经营者逐渐被淘汰出经理人市场。经营者个人档案是经营者质量的信息库，通过市场的选择使经营者价值与使用价值达到统一。

  贺翔在研究民营企业与职业经理人之间走出"囚徒困境"的对策时也提出建立职业经理人档案，通过全国信息系统为企业聘请职业经理人提

---

① 梁昌盛：《对构建我国个人信用体系的思考》，载于《财经研究》，2006 年第 11 期，第 63～65 页。
② 吴君茂：《我国个人信用制度的法制化建设》，载于《中国信用卡》，2006 年第 5 期，第 60～64 页。
③ 曾文革：《论个人信用体系建设中对隐私权的法律保护》，载于《行政与法》，2006 年第 5 期，第 108 页。
④ 刘嫦娥：《加速我国经理人职业化进程的政策建议》，载于《湖南商学院学报》（双月刊），2006 年第 6 期，第 37 页。

供客观信息服务①，以约束职业经理人的"败德行为"，并建立职业经理人考评机制，以达到优胜劣汰、提高整个职业经理人队伍整体素质的目的。

武勇认为，民营企业家与职业经理人的冲突来源主要有信任不足、信息不对称、双方目标不一致、市场约束不足、双方观念差异、职业经理人的"败德行为"、民营企业诚信不足、职业经理人缺乏必要的工作信息、民营企业家的随意性使经理人能力无法发挥、民营企业家的集权情结影响权力过渡等。他认为，应建立有效沟通、互相信任、法治管理的互动协调机制，同时建立合同约束、章程约束、法律约束、激励约束、经理人市场约束、道德约束的互动约束机制。并提出要尽快建立经理人市场并建立职业经理人评价体系。在职业经理人市场定期公布每一个职业经理人的各方面信息，包括职业经理人的任职历史、成绩、能力、污点等信息。当一个经理人业绩被评价较差时，他的人力资本市场价值就会贬值，就会失去优厚的工作与收入，甚至被市场淘汰。因此，一个健全的经理人市场能有效地抑制职业经理人的机会主义行为②。

张雄林等研究职业经理人声誉管理机制的建立时提出要创建职业经理人的历史记录③，投资者通过这种记录可以了解职业经理人以前经营或任职公司的行为。这在无形中给他们构成一种监督压力，保证创业职业经理人具有长期预期，只有对未来有长期预期的职业经理人才会在经营管理中注重自己的声誉，约束自己的行为。并提出培育充分竞争的职业经理人市场，以保证职业经理人声誉的质量。

由于以往国内外对个人声誉研究多集中于 CEO、企业家、企业高层管理者等，而学术界对其各自范围与定义的界定又互有包含，因此这里主要评述的是与职业经理人声誉评价密切相关的理论研究成果。

2.3.3 个人声誉评价的相关理论研究

声誉在牛津词典中解释为"某人和某事的特征和性质的一般概念④"。

---

① 贺翔：《民营企业与职业经理人之间的"囚徒困境"分析》，载于《经济论坛》，2006年第8期，第83页。
② 武勇：《民营企业家与职业经理人的协调与约束机制》，载于《当代经济研究》，2005年第8期，第41~45页。
③ 张雄林、合金生、刘洪伟：《职业经理人的声誉效应》，载于《长安大学学报》（社会科学版），2006年第3期，第32页。
④ Oxford English Dictionary 牛津英语大词典网络版，http://www.oed.com。

韦氏大词典（1983）将声誉界定为：声誉是一种猜想、一种估计，是其他人对一个人、一件事或一种行为所持有的估计——无论是可赞许的还是不可赞许的[①]。声誉是主体（个人、团体或组织）在公众头脑中所留下的一个总体印象。它是行为主体各方面行为能力的综合反映。

职业经理人的声誉既是其长期成功经营企业的结果，又是其拥有的创新、开拓、经营管理能力的一种证明。从某种意义上说，职业经理人声誉机制是信用管理的一种机制[②]。因为声誉是一个人的承诺值得信赖的程度，表现为他人对其偏好或行为可行性信任的概率。如果交易者在多次交易中选择了失信，声誉机制的惩罚将使其付出高昂的代价。对职业经理人而言，如果职业经理人在与企业委托人的重复交易中信用表现良好必然导致较高的声誉水平，反之亦然。因此，职业经理人声誉评价也能在一定程度上反映职业经理人的信用情况。有关个人声誉的研究成果对职业经理人信用评价具有一定的借鉴意义。

现有学者主要对企业家、CEO 等的声誉评价进行了研究。余鑫[③]（2002）认为企业家声誉是指企业家在经营活动中或与之相关活动中所获得的名声、荣誉、信誉等，它包括政治声誉和职业声誉，具体由企业家获得的荣誉称号、企业家的社会地位、职业道德和所达到的业绩组成。王乐[④]（2004）则将 CEO 的声誉定义为：CEO 在日常活动中，由于其自身的能力、品质、与利益相关者良好的关系以及职业道德等因素从而获得的评价。比较有代表性的声誉评价研究主要有：

1. CEO 内部声誉和外部声誉评价模型[⑤]

约翰逊、扬和韦尔克（W. B. Johnson, S. M. Young and M. Welker）认为 CEO 的声誉决定于其能力的大小，CEO 如何利用企业资源以及自身的管理能力组织企业的生产活动从而实现企业的利润最大化及其自身价值的最大化决定了 CEO 声誉的高低。为此，他们将 CEO 的声誉分解为内部声誉和外部声誉，并建立了基于 CEO 能力的声誉评价模型。

（1）CEO 内部声誉评价。CEO 的内部声誉被定义为：基于前期绩效

[①] Webster's Collegiate Dictionary 韦氏大词典网络版，http://www.merriam-webster.com/dictionary/reputation。
[②] 龙西安：《信用的约束机制与失信惩罚》，载于《南方金融》，2003 年第 7 期，第 16~18 页。
[③] 余鑫：《从声誉理论看"59 岁现象"》，载于《中国民营科技与经济》，2002 年第 8 期，第 32~33 页。
[④] 王乐：《CEO 声誉定量评价研究》，浙江大学硕士学位论文，2005 年。
[⑤] 徐金发、王乐、殷盛：《CEO 声誉评价综述》，载于《经济论坛》，2005 年第 2 期，第 75~78 页。

观察基础上对管理者真实能力的期望价值（W. B. Johnson, S. M. Young and M. Welker. 1993）。可用下述公式来表达：

$$A_t = E_t(A)$$

A_t：第 T 期管理者的能力；

A：第 T 期以前所观察到的基于绩效的管理者能力。

（2）CEO 外部声誉评价。在内部评价中，A_t 能够通过对企业绩效的观察而得到。但在企业内部的利益相关者和外部的利益相关者对企业的绩效进行评价时存在着信息不对称，与内部的利益相关者相比企业的外部利益相关者总是处于"信息劣势"的状态。因此，建立 CEO 外部声誉评价时假设存在着两种与管理者能力相关的评价手段：Y_t 和 Z_t，它们的敏感性和精确性不相同。当同时用这两种方法分别对 CEO 的绩效进行评价时，CEO 的外部声誉可用公式表达为：

$$A'_t = \Phi_t \times A'_{t-1} + \Phi y_t [Py_t - E(y_t/A_{t-1})] + \Phi z_t [Pz_t - E(z_t/A_{t-1})]$$

Φ_t：在第 T 期评价时在 A'_t 中所占的权重；

Φy_t：在第 T 期评价时 Y_t 的评价结果在最终结果中所占的权重；

Φz_t：在第 T 期评价时 Z_t 的评价结果在最终结果中所占的权重；

Py_t：在第 T 期用 Y_t 进行评价时所得到的企业绩效；

Pz_t：在第 T 期用 Z_t 进行评价时所得到的企业绩效；

$E(y_t/A_{t-1})$：在第 T 期用 Y_t 进行评价时根据前期评价结果而对本期的绩效期望；

$E(z_t/A_{t-1})$：在第 T 期用 Z_t 进行评价时根据前期评价结果而对本期的绩效期望；

2. 米尔本的 CEO 声誉评价模型[①]

米尔本（Todd T. Milbourn）在 CEO 内部、外部声誉评价模型的基础上充分考虑到外部环境特别是宏观经济环境对结果的影响，引入了行业的平均收益率这个因素，以消除整个行业状况萧条对 CEO 声誉抵损的影响。

I 行业中 J 公司 CEO 的声誉用公式表达为：

$$\text{Ind-adjPerfTYearj} = (R_j - R_z)/\sigma_z$$

R_j：在 CEO 任职期内该公司平均月度资产收益率；

R_z：在 CEO 任职期内该行业平均月度资产收益率；

σ_z：在 CEO 任职期内该行业平均月度资产收益率的标准差。

---

① Todd T. Milboum: CEO Reputation and Stock Based Compensation. Forthcoming at The Journal of Financial Economics, 2002 (10).

T∈(1, 3, 5)，分别代表每隔1年、3年、5年对CEO的声誉评价一次，此外，米尔本还从另外三个方面对该模型进行了修正：

（1）CEO的任期。CEO的任期越长，表示董事会对他的评价越高。

（2）CEO的招聘方式，即是由外部招聘还是内部提拔。外部招聘的CEO往往被认为比内部提拔的管理者更有能力，因此，也被认为拥有更高的声誉（Himmdberg and Hubbard，2000）。

（3）CEO的名字在各种商业报刊杂志中出现的次数。如果一个CEO在本行业内业绩卓著声名远扬，那么相比其他CEO，他将有更多的机会接受采访，因而他的名字也会更多地出现在各种媒体特别是商业类报刊杂志中。

米尔本建立的模型虽然克服了CEO内部、外部声誉评价模型的缺点，但是把所有的被评价者都限定在一个行业内却与目前许多公司都是跨行业多元化经营的现实情况相矛盾，同时这个模型与CEO内部、外部声誉评价模型一样都缺乏可操作性。

3. 《财务世界》（Financial World）的CEO声誉评价模型[①]

从1975年开始，《财务世界》开始对各个领域内公司的CEO进行声誉评价，调查对象是对各领域有专长的行业分析师。《财务世界》的评价标准除了其他评价模型都有涉及的财务绩效和外部环境，还首次包含了CEO的一些个人特征，如社会责任、伦理道德等。该评价主要基于以下四条标准来进行评价：在该CEO任期内，使用各种标准化的评价工具来衡量企业财务绩效状况是否处于行业的领导地位；当出现不利状况时，是否仍能使公司保持高速成长或者维持原来稳定的发展状态；是否能够创建一支高效的管理团队，能够创造性地解决公司各种事务同时也注重良好的道德标准；不仅仅关心公司的绩效和利润，还能为行业、社会和国家做出明显贡献。随着组织行为学和心理学的发展以及"大五模型"的提出，在后来的有关管理者声誉评价研究中个性因素越来越作为评价的一个重要方面。

4. CEO声誉形成的"五阶段模型"

莱斯莉·盖恩斯-罗斯（Leslie Gaines-Ross）和她的同伴花费了大量的时间和精力来研究CEO声誉和企业成功之间的联系，最终根据CEO声誉的形成过程建立了CEO声誉形成的"五阶段模型"（见图2-16）。该模型通过对CEO的职业生涯进行分解，明确阐述了其声誉的形成过程：

---

① Financial World, March 26, 1975：6-32.

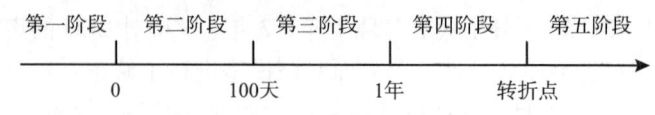

图 2-16　CEO 声誉形成的"五阶段模型"

注：0 代表 CEO 在一个企业上任的第一天。

（1）第一阶段。又称为倒计时阶段，在此期间 CEO 还没有到企业上任，但是已经开始考虑上任后组织中现有人员的安排、计划的调整、各职位所需的合适的人员等，即开始为将要上任的企业计划未来。就职业生涯的发展来说，在这一阶段，CEO 主要是为这一段新的职业生涯进行计划，为自身的发展搭砌台阶。

（2）第二阶段。是指从上任到任职满 100 天这个阶段。这个阶段对于 CEO 声誉的形成是五阶段中最为关键的时期，在这个时期内他必须用较短的时间处理好前任遗留下来的种种问题、用实力和行动赢得企业各利益相关者特别是员工和董事会的支持以及制订好企业长期发展的计划。

（3）第三阶段。是指从上任 100 天到 1 年的这个阶段。渡过了第二阶段的艰难时期后，在此阶段企业的各项活动都开始步入正轨，新的计划、新的行动等也都逐步地得以实行。因此即使此时企业内部的问题仍未得到完全解决或发生明显变化，但所有利益相关者都能看到企业的进步，并能切实感觉到公司在新的 CEO 领导下正向着正确的方向前进。

（4）第四阶段。这个阶段是 CEO 的声誉初步形成的阶段。经过 1 年的努力，采取一系列有效措施后企业现状得到改善，因此与第三阶段相似，即使此时企业的绩效并没有得到明显的改观，由于所有的利益相关者能感受到企业正确的前进方向，此时所有利益相关者对于 CEO 都能给予一个较为客观的评价。

（5）第五阶段。此阶段又称为声誉的修正和改造阶段，即在第四阶段末 CEO 声誉形成的基础上，通过一系列其他行动对其声誉进行强化与巩固。

5. 贝尔的 CEO 声誉评价模型

2001 年贝尔（Tom Bell. Jr）展开了一项对 CEO 声誉的调查，调查对象涉及 CEO、证券分析师、新闻媒体人员以及政府官员等，调查方式是访谈法。通过对调查结果的总结分析一方面得出 CEO 声誉占企业声誉的 40% 左右；另一方面建立了一个 CEO 声誉评价模型。该模型从七个方面对 CEO 的声誉进行评价，分别是：关注国际市场；关心顾客；诚信；前瞻性；领导管理团队；包容变化；交流。在该模型中，贝尔认为最关键的因素是"关心顾客"。除此之外，他还十分强调对国际市场的关注。贝尔在其建立的 CEO 声誉评价模型中也将 CEO 的个人特征如诚信、前瞻性引入其中。但是近年来随着众多公司的兴起，"关心顾客"对于一个企业来说变成一种必须的责任而不是超越竞争对手的竞争优势，因而贝尔将"关心顾客"作为 CEO 声誉评价最关键的因素受到了越来越多的质疑。同时，在该模型中，过于重视 CEO 的一些个人特征、行为等因素而完全忽视了 CEO 创造股东财富的能力。

6. 博雅公共关系有限公司（Burson-Marsteller）的研究[1][2]

从 1997 年开始，博雅公共关系有限公司开始在美国展开大范围的企业声誉以及 CEO 声誉的调查研究，根据调查结果，归纳了 CEO 声誉的 3C 模型（见图 2-17），影响 CEO 声誉的三个因素分别是：伦理道德（Code of Ethics）、交流（Communication）、诚信（Credibility）。与以往评价标准不同的是，CEO 创造股东财富的能力被认为并不是一个重要的因素，至少不及 3C 重要。此外在 3C 的因素里面，博雅公共关系有限公司认为最重要的是交流，认为 CEO 至少应该把他们 53% 的时间用于内部交流。在当今时代，一个组织的 CEO 的公众形象已经与这个组织对外的公众形象画上了等号，因此，他不但要重视内部交流，更要加强与外部的利益相关者，如股东、顾客、供应商、媒体等的密切联系与交流（Tim Ellis, 2004），而 3C 模型所说的交流更多的是在强调组织内部的交流，而在一定程度上忽视了一个企业与外部的利益相关者之间的交流。

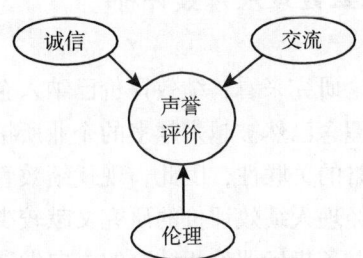

图 2-17 CEO 声誉的 3C 模型

资料来源：Burson-Marsteller, Building CEO Capital, 1999.

---

[1] Burson-Marsteller, Building CEO Capital, 1999.
[2] Burson-Marsteller, CEO Reputation Study: Belgium, 2003.

2.4 现有文献研究评述

2.4.1 关于职业经理人胜任素质评价

胜任素质和胜任素质模型的相关研究已基本成熟。胜任素质是个体的潜在特征这一观点被普遍接受。国内外有关构建胜任素质模型的研究也逐渐由通用胜任素质模型的研究延伸到了各行业与企业领域的研究，体现了胜任素质模型研究个性化的发展趋势，体现了其实用价值。除了咨询公司和一些企业通过研究提出了自己的职业经理人胜任素质模型外，目前针对职业经理人胜任素质模型构建的实证研究较少。从胜任素质评价的研究来看，有关一般素质评价内容与方法的研究较多，而基于胜任素质模型的素质评价的研究很少，尤其是缺乏基于胜任素质模型的职业经理人胜任素质评价的研究。此外，对职业经理人胜任素质评价主体的研究也很少。也就是说，目前的研究还未形成系统的职业经理人胜任素质评价体系。

2.4.2 关于职业经理人绩效评价

从绩效评价的理论研究来看，绩效评价已纳入企业整个管理体系，绩效管理这一现代管理理念已然被越来越多的企业所接受，绩效评价方法的选择更注重与企业战略的关联性，因此，现代绩效管理是战略实施的重要手段。目前有关职业经理人绩效评价的研究文献较少，总的趋势是由财务指标评价向财务与非财务指标评价相结合的方向发展。但还存在以下四个方面的不足。第一，有些研究将企业的经营绩效评价等同于职业经理人个人绩效的评价，事实上二者之间既有联系又有区别，对本书研究的企业高层职业经理人来讲，他们对企业绩效目标的实现承担着终极责任，因此，对他们的评价应该与企业绩效评价相结合，但同时还要对他们自己本身承担的绩效目标及个人行为与态度等进行评价，二者不能等同，此外，还需要对职业经理人的胜任素质和信用进行评价。第二，绩效评价内容主要是业绩指标评价，缺乏对个人能力素质的评价，未构建起基于胜任素质模型的绩效评价体系。而个人的能力与素质、工作态度与行为等胜任素质特征也是影响绩效的重要因素，因此，现有研究还未形成一个完整的职业经理人绩效评价体系。第三，现有研究中绩效评价主体的研究较少，评价主体的定位比较模糊，而评价主体的选择则会直接影响职业经理人的绩效行为，并且不同评价主体对绩效的期望也存在很大差异。第四，目前的研究对绩效评价的目的定位不是非常明确，从管理的角度来讲，绩效评价的最终目的是为了提升组织与个人的绩效，推动个人职业能力的提升与个人的职业发展。

2.4.3 关于职业经理人信用评价

目前专门研究职业经理人信用与声誉评价的文献很少，有限的研究主要集中在个人信用、职业信用等领域。从近两年的研究来看，职业经理人信用档案的重要性已越来越引起理论界与实践界的重视，并将其与职业经理人与企业家之间信任的建立、经理人的职业化与职业经理人市场建设、职业经理人激励与约束等结合起来。但研究职业经理人信用评价的文献较少，尤其是专门研究职业经理人信用评价体系的文献几乎没有，目前对职业经理人信用评价的研究仅限于信用档案的建立，尚未形成一个完整的职业经理人信用评价体系。

综上所述，目前对职业经理人评价的研究主要侧重于绩效评价，个别研究成果虽然拓展到人力资本评价、社会评价，但仅限于部分评价指标的设计，未进行深入研究。因此，职业经理人的评价还没有形成完整的综合评价体系。

2.5 本章小结

本章主要对本书所研究的职业经理人综合评价体系的三个组成部分即胜任素质评价、绩效评价、信用评价进行相关文献研究的回顾与评述。首先，由于本书运用基于胜任素质模型的素质评价观点构建职业经理人胜任素质评价模型，因此，先简要回顾了胜任素质和胜任素质模型的相关理论研究，随后概括介绍一般素质评价研究和基于胜任素质模型的素质评价研究。其次，回顾了绩效评价与绩效管理的一般理论研究与职业经理人绩效评价的相关研究。再其次，对职业经理人职业信用评价、个人信用评价和个人声誉评价的相关理论研究进行回顾。最后，对上述三方面的理论研究进行评述，指出了研究的发展趋势和不足。

第 3 章
职业经理人评价的体系框架

3.1 职业经理人评价的"利益相关者评价模式"

3.1.1 企业系统与系统思维方式

从本书研究的高层职业经理人来看,他们作为一个管理团队掌握着整个企业的经营管理权。如图 3-1 所示,企业是在特定的环境中生存和发展的,与环境进行着人、财、物、信息、产品与服务等的交换,企业本身就是一个开放的社会系统。因此,研究职业经理人评价必须将其放在企业系统中,运用系统思维方式去探讨。

所谓系统是指包含两个或两个以上元素的整体。一个整体要成为系统必须满足以下三个条件:每一个元素的行为均对整体的行为起作用;各元素的行为及其对整体的作用是相互依赖的,没有一个元素可以对系统整体单独起作用;无论这些元素如何进一步分解,那些分解后的部分均对整体起作用,但没有一个部分能对整体单独起作用,即系统的各个元素之间紧密相连,不可被分割成独立的部分。由系统的含义可以得出两个推论:系统的每一个部分均有其属性,当它从系统中分解出来后,该属性将产生损

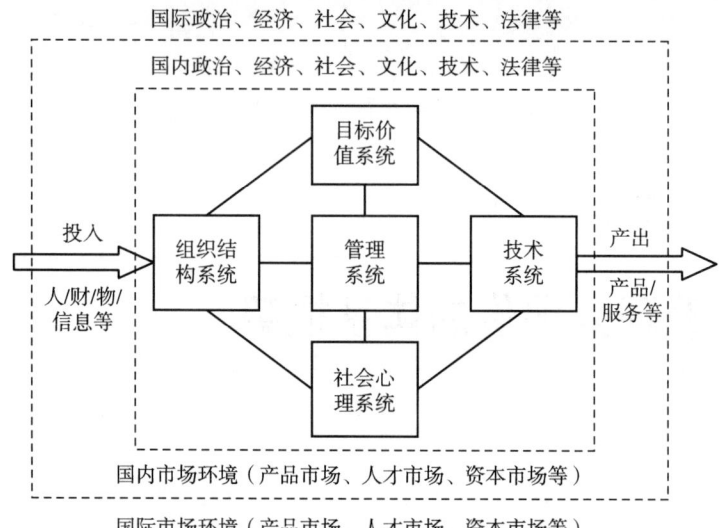

图3-1 影响企业经营的环境因素示意图

失;每一个系统均具备一定的属性,但它的任何一部分均不能独立具备这些属性。当系统被分解后,它的必要属性将遭受损失。因此,把系统作为一个整体去理解,必须采取系统式的思维模式。系统思维的过程包括三部分[①]。首先,识别山包含该系统的更大系统,可以称之为该系统的包容系统(Supra-system);其次,解释该包容系统的属性或行为;最后,从在包容系统中所起的作用或应具备的功能的角度来解释该系统。系统式思维模式具备以下特征:

(1) 系统式思维不仅关注系统内部,同时也要关注系统与环境的互动关系。根据系统产生的条件,系统的属性仅靠系统的元素无法充分解释,必须考虑这些元素之间的关联性以及它们与系统环境之间的关联关系。环境不由系统所控制,但环境会影响系统,因此解释系统必须考虑环境,环境的变化也是导致系统发生偏差的重要原因。

(2) 理解一个事物需要预先理解其包容系统。按照系统式思维,每一个事物都有其包容系统。事物的价值在于它对其包容系统所起的作用,因此,要理解该事物的价值就必须将其放到与包容系统的联系之中。

---

① 张体勤:《知识团队的绩效管理》,科学出版社2002年版,第26页。

（3）系统的绩效更多地决定于它们元素之间的相互作用而不是它们的独立行动。大量的实践经验表明，系统元素之间和谐的关联关系对系统绩效的产生至关重要，而这种和谐关系一般是以牺牲局部的效率为前提的。如果系统的各组成元素都达到最高效率，系统本身一般不能取得最佳整体绩效，局部绩效的提高甚至可能导致整体绩效的降低。

3.1.2 职业经理人的角色定位*及其利益相关者

在社会系统中，职业经理人作为一个职业阶层而存在，他们在社会经济发展中发挥着重要的作用，同时他们的行为也必须接受社会的监督与约束。在企业内部系统中，他们在与各相关职位互动的过程中履行岗位职责和完成任务目标。从现代社会分工和企业内部角色分工角度来看，职业经理人主要承担着以下七种不同的角色：

1. 职业经理人的社会分工角色是"职业经理"

前文已经探讨了职业经理人的职业化特征。从社会分工的角度来看，职业经理人属于"职业经理"，因为资源的稀缺性他们和企业家同被称为社会上"最稀缺的人力资本"。

2. 职业经理人的公司治理角色是"代理人"

如前所述，从经济学委托—代理理论研究的角度来看，在企业所有权与经营权分离的前提下，职业经理人是企业所有者委托的代理人，而充当着"牧羊人"的角色，承担着企业所有者资产保值增值的责任，并通过自身人力资本的价值获取相应的薪酬。

3. 职业经理人的企业内部专业分工角色是"专业经理"

从企业内部分工的角度来看，每个职业经理人的专业与能力不同，他们分别在总经理（或首席执行官、执行总裁）、人事行政副总经理（或总监）、财务副总经理（或总监）、营销副总经理（或总监）、研发副总经理、生产副总经理等职位上，履行不同的岗位职责，他们都是各专业领域的专业经理。

4. 职业经理人的管理分工角色是"领导者"与"教练"

如图3-2所示，职业经理人都在各层级管理岗位上[①]，管理者主要

---

* 参考：李笑天：《国际职业经理人培训教程》，中央编译出版社2006年版，第14~18页。

[①] 现代工商企业的两个特点：包含许多不同的经营单位；由各层级支薪的行政人员所管理。[美] 小艾尔弗雷德·D·钱德勒著，重武译：《看得见的手——美国企业的管理革命》，商务印书馆1987年版，第2页。

是通过他人来完成工作任务①，管理的过程实际上是一个"借力"的过程。21世纪的企业管理者应成为教练型的领导者，不能仅依赖职权强制下属完成任务，而应通过领袖魅力影响和激励下属，并运用教练型的辅导方式不断挖掘下属潜能，提升下属能力与素质。本书所研究的高层职业经理人在管理层级上属于高层管理者，具备领袖魅力尤为重要。

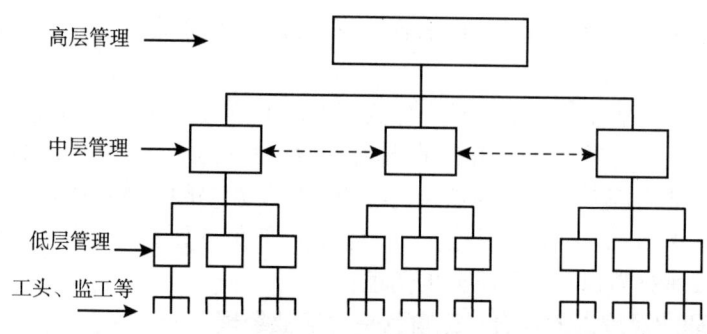

图3-2 现代工商企业的基本层级结构

注：每一方块代表一办事处，虚箭头代表不同经营单位之间工作的横向协作关系。
资料来源：改编自［美］小艾尔弗雷德·D·钱德勒著，重武译：《看得见的手——美国企业的管理革命》，商务印书馆1987年版，第2页。

5. 职业经理人的岗位定位角色——上司的职务代理人

在企业中存在着多重委托—代理关系②。从企业管理层级来看，董事会所选择的经营代理人属于企业的高层职业经理人，而在企业经营过程中，高层职业经理人按照管理层级授权给中层职业经理人，由其代行部分职责。如前所述，企业家职能的分解促成了职业经理群体的发展，实际上高层职业经理人是企业家的职务代理人，中、基层职业经理人则分别是他们上司的职务代理人。

6. 职业经理人的岗位定位角色——同事的内部顾客（合作伙伴）

从企业组织结构来看，不同经营单位相对独立，按照社会分工原则设立的职能管理部门也具有相对独立性，但从整个企业系统来看，实现企业整体目标需要不同经营单位、不同职能部门之间的协作与配合。另外，从

---

① ［美］斯蒂芬·P·罗宾斯著，孙健敏、李原译：《组织行为学》（第10版），中国人民大学出版社2005年版，第5页。
② 徐向艺：《现代公司组织与管理》，经济科学出版社1999年版，第46～50页。第一层次是股东会与董事会之间的委托—代理关系；第二层次是董事会与经理之间的委托—代理关系；第三层次是股东与公司监事之间的委托—代理（监督）关系。

企业经营价值链的角度来看,每个经营单位和职能部门都是价值链的一个环节,它们之间应该是供应者与顾客之间的关系,因此,对同事来讲,职业经理人是内部顾客。

7. 职业经理人的岗位定位角色——下属的授权者

在多重委托—代理关系中,对下属来讲,职业经理人是委托人,通过授权的方式进行职责和权限的分解,并激励、指导、监督下属恰当行使权力,正确履行职责,定期对下属的工作进行评价,以确保工作任务的完成和目标的实现。

职业经理人在履行各角色职责的过程实际上也是与各类利益相关者打交道的过程。本书将职业经理人工作中的主要利益相关者分为两类:

(1) 企业内部的利益相关者:企业内部的利益相关者主要是由职业经理人的公司治理角色、管理分工角色与岗位定位角色等决定的,主要包括董事会[①]、上司、同事与下属。

(2) 企业外部的利益相关者:企业外部的利益相关者主要是由职业经理人"职业经理"这一社会分工角色和高层管理者角色所决定的,主要包括银行等债权人、中介机构、媒体、职业经理人市场、职业经理人协会、供应商、联盟合伙人、外部顾客、政府相关主管部门等。

职业经理人角色定位及其利益相关者见图3-3。

---

① 徐向艺:《现代公司组织与管理》,经济科学出版社1999年版,第46~48页。股东会是企业按照公司法和公司章程的规定,由全体股东(或股东代表)所组成的,对公司经营方针和股东利益进行决策的机构。它是企业的最高决策机构;是议会式机关;是非常设机关和非执行机关。因此,股东们通常通过一定程序选举董事作为自己财产的受托人,由董事组成董事会受股东会的信任委托负责经营和托管公司的法人财产。但是,董事会作为一个决策集团并不直接行使企业日常经营管理权,而是通过经理市场选择具有专门知识、专门技能的经理人员作为自己的经营代理人。因此,这里以董事会代表股东会作为高层职业经理人的委托人,属于职业经理人的内部利益相关者。

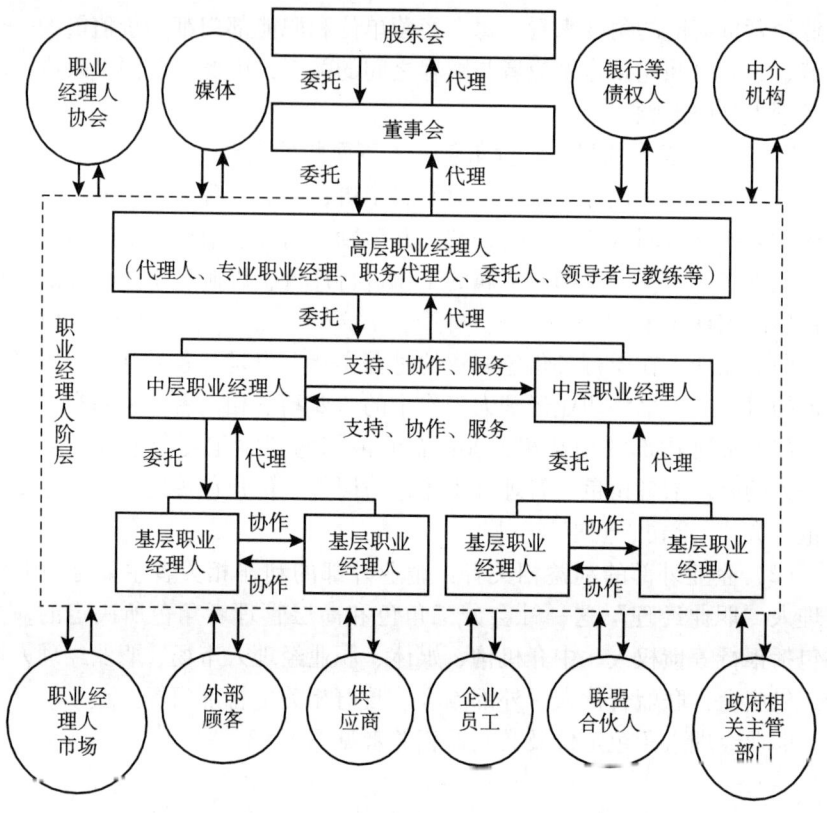

图3-3 职业经理人角色定位与利益相关者示意图

3.1.3 职业经理人的"利益相关者评价模式"

职业经理人与利益相关者之间是互惠关系:一方面,对不同的利益相关者来讲,职业经理人的价值不同,他们对职业经理人的要求差异很大,职业经理人应力求满足他们的需要,实现利益相关者满意,这样才能实现企业的战略目标。从企业实践的角度来看,越来越多的企业高管们已经意识到了"现在保护长期股东利益以及为股东创造价值的途径就是找到一个使多个利益相关者满意的方法"[1];另一方面,企业和职业经理人在满足利益相关者要求的同时,利益相关者也在为企业做贡献。

---

[1] 安迪·尼利、克里斯·亚当斯、迈克·肯尼尔利著,李剑锋等译:《战略绩效管理——超越平衡计分卡》,电子工业出版社2004年版,第3页。

1. 利益相关者的要求与满意

不同的利益相关者对企业和职业经理人的要求是有差异的:

(1) 股东。对股东来讲,他们的要求是投资回报,很多企业也将它们存在的理由界定为"为股东创造价值[①]",因此股东关心的是资产收益率、销售利润率等收益类财务指标。

(2) 顾客。对顾客来讲,他们要求企业提供物美价廉的产品和优质的服务,因此企业需要通过提高顾客满意度、客户维持率等来满足顾客的需要。

(3) 供应商。对供应商来讲,他们要求企业能够信守承诺、履行合同。他们最关心企业的销售目标完成率、流动比率、资产负债率等反映企业盈利能力和偿债能力等指标。

(4) 联盟合伙人。对联盟合伙人来讲,他们要求能从联盟中获取收益,他们最关心的是企业在合作期内合作领域或项目的盈利能力。

(5) 债权人。对银行等债权人来讲,他们的要求是企业能够定期履行偿债义务,他们最关心资产负债率、流动资产周转率等偿债类财务指标。

(6) 中介机构。会计师、律师事务所等中介机构和媒体等舆论机构的存在,对企业和职业经理人来讲是一种监督约束因素,这就要求企业诚实守信,合法经营,维护企业声誉,同时也是在维护自身的声誉。

(7) 职业经理人市场、职业经理人协会。作为职业经理,职业经理人接受职业经理人市场、职业经理人协会等机构的监督与约束,这就要求他们恪守职业道德,维护职业信誉,履行企业的社会责任,它们和中介机构最关心的是职业经理人的信用。

(8) 政府相关主管部门。对政府相关主管部门来讲,它们要求企业遵守国家相关的法律、法规,它们对企业和职业经理人的行为进行监督与约束,它们最关心的是职业经理人的职业信用状况。

(9) 员工。对企业员工来讲,他们要求企业能够认可他们的价值,定期给他们兑现应得的薪酬,期望在企业有良好的发展前途等,企业应通过提高员工满意度等满足员工的需要,员工最关心反映企业近期盈利能力方面的指标并关注企业的长远发展。

(10) 上司。对上司来讲,他要求职业经理人能正确履行分解给他的职责,完成分解给他的目标,上司最关心的是任务目标的完成情况。

(11) 同事。对同事来讲,他们要求职业经理人工作中能够协作与配

[①] 安迪·尼利、克里斯·亚当斯、迈克·肯尼尔利著,李剑锋等译:《战略绩效管理——超越平衡计分卡》,电子工业出版社2004年版,第70页。

合以完成工作任务,他们最关心的是职业经理人的协作意识。

(12)下属。对下属来讲,他们要求职业经理人具备领导技巧,公平对待每一位下属,他们最关心的是职业经理人的领导行为。

2. 利益相关者的贡献

企业意识到越来越多的利益相关者有越来越多的要求,但实际上企业对其利益相关者也有着越来越多的要求[①]:对股东,要求他们多投入但少求回报;对外部顾客,要求其重复购买企业的产品和服务,忠诚于企业,维护企业,不断为企业提供营业收入;对联盟合伙人,要求其联合开发,共同承担成本,拓展市场;对银行等债权人,要求其增加资金投入,更具冒险性,要给予长期支持;对供应商,要求其能承担更多的外包任务,卖主相对集中,提供总体解决方案,具有整合性;对中介机构、职业经理人协会,要求其提供更多的专业服务;对职业经理人市场,要求其提供更多的专业服务,并能为企业不断输送优秀的管理人才;对政府相关主管部门,要求其为企业提供更好的服务,创造良好的经营环境;对员工,要求其具有多项技能和灵活性,多提建议,忠诚于企业;对上司,要求其多支持和指导自己的工作,给自己一个良好的工作环境,尽可能满足自己的多种需求;对同事,要求其更主动配合自己的工作;对下属,要求其工作更敬业,业绩更优秀等。

利益相关者的要求、职业经理人绩效、企业战略目标之间的逻辑关系应该是:企业根据主要利益相关者的要求制定战略目标;职业经理人根据战略目标的要求履行职责,完成任务;企业与职业经理人的行为表现与绩效结果满足利益相关者的利益,达到他们满意,他们就愿意为企业提供贡献;利益相关者提供贡献,企业才能实现其战略目标。具体见图3-4。因此,应该由利益相关者对职业经理人的工作进行评价,主要的利益相关者是职业经理人的评价主体。本书将此种评价模式界定为"利益相关者评价模式"[②],是系统思维模式在职业经理人评价中的具体应用。

[①] 安迪·尼利、克里斯·亚当斯、迈克·肯尼尔利著,李剑锋等译:《战略绩效管理——超越平衡计分卡》,电子工业出版社2004年版,第70页。

[②] 参照企业绩效评价模式的分类可以将对职业经理人评价分为财务模式、价值模式、平衡模式,其中较为全面的平衡模式除了考虑股东的利益之外还考虑了顾客这个主要利益相关者的利益。"顾客虽然很重要,但一个有效或成功的企业不应仅从追求满足这个重要的利益相关者的利益,而是应兼顾几个利益相关者的利益"(理查德·S. 威廉姆斯著,赵正斌、胡蓉译:《业绩管理(Performance management: Perspectives on Employee Performance)》,东北财经大学出版社2003年版,第52页。为此,职业经理人评价应综合考虑各利益相关者的要求,满足各利益相关者的需要,因此,本书将此种评价模式界定为"利益相关者评价模式"。

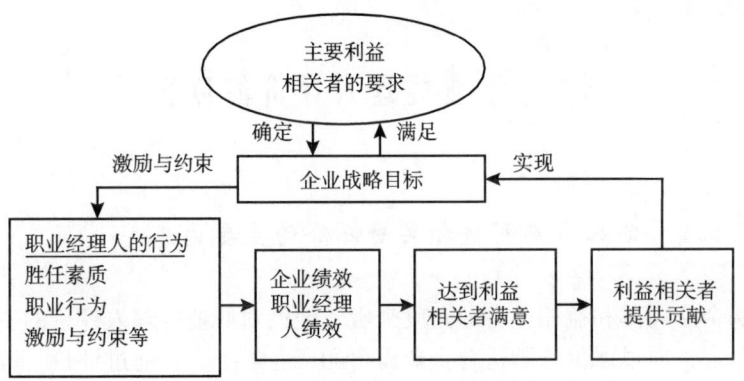

图 3-4 利益相关者的要求、职业经理人绩效、
企业战略目标之间逻辑关系示意图

3.2 职业经理人评价的主体

按照"利益相关者评价模式",职业经理人的评价主体应该是各利益相关者,但从企业实践的角度来看,职业经理人的利益相关者较多,他们对企业和职业经理人影响的重要程度也存在着很大的差异。本书选择影响较大的董事会、上司、同事、下属等内部利益相关者和职业经理人协会、职业经理人市场、顾客、政府相关主管部门、银行等债权人、媒体、中介机构等外部利益相关者作为评价主体。他们的要求不同,评价的角度不同。

(1) 内部利益相关者。董事会主要从委托人的角度评价职业经理人尽责的情况;上司、同事、下属是职业经理人工作中日常打交道的对象,他们主要从职业经理人工作合作者的角度评价职业经理人的工作业绩和行为表现。

(2) 外部利益相关者。职业经理人协会、职业经理人市场、银行等债权人、媒体、中介机构等主要是从监督和服务的角度对职业经理人进行信用评价;外部顾客主要是从接受服务的角度对企业和职业经理人进行满意度方面的评价。

3.3 职业经理人评价的内容

3.3.1 企业内部利益相关者评价的主要内容

从企业内部利益相关者的角度来看,他们对职业经理人评价的主要目的有两个:通过评价选聘适合企业需要的职业经理人;通过评价了解职业经理人的工作表现与业绩以做出奖惩、调配(晋升、平调、降职或解聘等)、薪酬分配等人事决策。职业经理人的能力与素质在短时间内难以改变,职业经理人的工作努力程度和诚信度等也受到职业经理人个性的影响。因此,招聘到高素质的职业经理人对提高企业绩效至关重要。而在职业经理人招聘选拔过程中,企业和职业经理人的信息是不对称的,职业经理人可能通过欺骗、夸大自己的能力等来获取企业的信任,从而得到应聘的职位。职业经理人的素质高低只有其本人自己知道,而企业则对职业经理人的信息知之甚少。当然,企业会千方百计地获得职业经理人的信息,而职业经理人也会尽量地掩盖自己的缺点,夸大自己的优点。因此,职业经理人的招聘选拔过程其实就是双方相互博弈的过程。在这个过程中企业如果能够充分了解职业经理人的相关信息就可以提高招聘的质量,实现有效招聘[1]。因此,企业首先必须明确各职位职业经理人的任职资格条件,根据任职资格条件选择适合企业的职业经理人。但"在市场竞争日趋激烈的情况下,中国企业的竞争力已逐步深化为一种人才的竞争力,而人才的竞争又集中表现为职业经理人之间的竞争[2]"。

1. 胜任素质评价

为了招聘到高素质的职业经理人,有条件的企业应该构建职业经理人胜任素质模型,然后根据胜任素质模型对外部应聘者或内部候选人进行评价。从胜任素质 FPEB 模型(见图 2-6)的构成来看,职业经理人胜任素质包括专业胜任素质、行为胜任素质、心理胜任素质、职业操守素质四

---

[1] 杨杰:《有效的招聘》,中国纺织出版社 2003 年版,第 84 页。有效招聘是指企业或招聘者在适宜的时间范围内采取适宜的方式实现人、职位、组织三者的最佳匹配,以达到因事择人、人尽其才、才尽其用的"共赢"目标。有效招聘包括四大要件:申请者——职位匹配(能岗匹配);申请者——组织匹配;职位——组织匹配;时间——方式——结果匹配。

[2] 胡宏峻:《成为职业经理人》,上海交通大学出版社 2004 年,第 126 页。

个方面，因此，企业根据胜任素质模型的四部分构成内容设计评价方法，据此可以判断候选人是否具备职位胜任素质，即进行胜任素质评价。

2. 信用评价

职业经理人的职业发展是一个连续的过程，以往的职业经历可以在一定程度上预测其未来工作绩效和职业发展的成败，为此，在招聘选拔职业经理人时企业有必要对其进行背景调查。调查的主要内容包括核实以往任职经历和相关证照的真实性、了解其以往的工作表现与业绩、离职的原因等[1]，尤为重要的是其职业信用、职业操守方面的信息（如是否有违法犯罪记录等），以判断其是否有资格被雇佣，即对职业经理人进行信用评价。

3. 绩效评价

企业选聘的职业经理人到任以后，他们是否真正胜任工作也是委托人关心的问题，因此，需要由利益相关者定期对其工作表现及绩效进行评价，委托人据此作出相关人事决策。

3.3.2 企业外部利益相关者评价的主要内容

1. 职业资格认证

如前所述，企业在招聘职业经理人时可以通过多种方法与途径了解其能力高低和职业操守优劣，但难度大、时间长并且成本高。作为一个职业阶层，职业经理人的专业技术性、职业化特征决定了他们必须具备基本的职业能力与素质才能实现市场化，所以有必要运用统一的评价标准、按照规范的程序对职业经理人进行专业知识、职业技能与经验、职业操守等方面的评价，确定其是否具备职业经理人必备的职业资格，即进行职业资格认证。有了统一、规范的职业资格认证，企业就可以通过证书等级判断职业经理人职业能力的高低以做出是否录用或晋升等决策。由此可见，职业资格证书是企业对职业经理人信任建立的基础，是职业经理人信用的证明。因此，职业经理人职业资格认证既是外部利益相关者对职业经理人进行职业管理与约束的有效措施，也是职业经理人信用评价的必要组成部分。从职业经理人职业化的要求来看，职业资格认证工作应该由外部利益相关者——职业经理人协会统一负责。与此同时，职业经理人协会还能够

---

[1] 杨杰：《有效的招聘》，中国纺织出版社2003年版，第221~222页。

通过职业资格考试培训、专业培训等方面给职业经理人提供专业支持。

2. 信用评价

银行等金融企业、政府主管部门、顾客等外部利益相关者在与职业经理人打交道的过程中对其行为进行监督与约束，了解职业经理人职业经历中职业操守方面的相关信息，承担着职业经理人信用评价的职责。从具体内容看包括个人信用和职业信用评价两方面。

3.4 职业经理人评价的功能与目标

3.4.1 职业经理人评价的功能

对职业经理人进行综合评价能够发挥有利于企业选聘合适的职业经理人、有利于企业家与职业经理人之间信任的建立与积累、有利于推动经理人职业化的进程、有利于激励和约束职业经理人的行为、有利于提升职业经理人队伍的整体素质等作用。

1. 有利于企业选聘合适的职业经理人

职业经理人综合评价体系的构建可以从以下几个方面帮助企业对职业经理人进行甄别。第一，职业经理人的职业资格等级证书是其职业能力的证明。职业资格是有关组织对从事某一行业工作人员基本条件的客观规定。对于个人来说，职业资格是一张进入社会、以专业知识和技能服务于社会并取得薪酬的准入证，反映任职者的水平；对企业来说，职业资格是岗位工作要求的客观形式，也是对从事该工作人员的要求和考核标准，并具有依照职业规范向有关部门进行申诉的权利；对社会来说，职业资格是允许个体进入特定劳动力市场的一种法律许可或社会承诺，并由此完成由"企业人"向"社会人"的转变。职业经理人职业资格等级证书是其进入企业的"门槛"标准。因此，企业可以将职业资格等级作为评价职业经理人素质的依据之一。第二，职业经理人胜任素质评价可以帮助企业了解职业经理人的能力与素质，从而判断其能否胜任岗位工作，以便作出是否录用的决策。第三，职业经理人个人信用系统可以提供其在金融信贷、公共消费、遵纪守法等方面的信息，企业可以了解职业经理人是否有不良记录。职业经理人的职业信用则是其在以往职业经历中的工作业绩、工作行为与表现、遵守财务纪律等方面的记录，企业可以了解职业经理人在以往职业经历中是否有败德行为，从业绩记录判断其实践中表现出来的真实职业能力水平。第四，在企业从内部选拔职业经理人时，客观的绩效评价可以作为选择的重要依据。

2. 有利于企业家与职业经理人之间信任的建立与积累

在市场经济条件下，企业家与职业经理人之间的相互信任是职业化管理队伍形成的关键。因为信任的积累是一个过程，需要很长的时间，所以这种信任在很大程度上决定着企业的发展速度与企业的规模。换一个角度讲，真正制约企业扩展速度的是"融人"（企业内部人的融合，人的融合很大程度上也就是相互之间信任建立的过程），而不是融资[1]。华人社会是一个低信任度的社会[2]。而建立企业家与职业经理人之间信任的途径主要有法律机制、感情机制和声誉机制。

法律机制是指双方签订合同，如果职业经理人有欺骗行为，就会受到惩罚。如果预期惩罚大于欺骗所得，职业经理人就不会选择欺骗行为，就会赢得企业家的信任。感情机制则是指偏好的内在化，如果一个人的效用函数中包含他人利益，如别人过得越幸福我就越高兴，意味着我把别人的利益内在化为自己的利益，我关心他是出于对我自己的关心（如图 3-5 所示，如果职业经理人对企业家的感情系数（关心程度）超过 0.5 的话，他就不会欺骗企业家了）。血缘关系、相处时间的长短等都是影响感情的因素，培养感情也就是培养信任。信誉机制源于重复博弈，在多次重复博弈中，人们更多考虑的是合作的长期收益，而非短期的一次性好处，如果有更多的机会进行长期合作，人们就更有可能放弃短期利益诱惑，因而相互之间就更有信任，长期交往又有利于增进相互之间的感情，所以重复博弈从信誉与感情两方面都有助于信任的建立。

从上述职业经理人与企业家之间信任的建立来看，职业经理人综合评价体系可以从三方面发挥作用：首先，初次合作博弈，职业经理人以往的信用档案、职业资格证书等是获取企业信任的基础资料；其次，在双方合作的过程中，职业经理人的工作绩效、工作行为与表现、职业信用等信息会定期记入其信用档案，这样将有助于双方信任的积累，并有可能和特定企业多次合作；最后，从整个市场来看，职业经理人综合评价体系的建立

---

[1] 张维迎：《企业家与职业经理人：如何建立信任》，载于《北京大学学报》，2003 年第 9 期，第 31~35 页。

[2] 福山：《信任》，海南出版社 1998 年版。

有利于鉴别职业经理人的优劣,对于有良好记录的职业经理人来讲,在市场竞争中能够脱颖而出取得企业的信任,而有不良记录的职业经理人则因为得不到企业的信任而逐渐被淘汰出局。

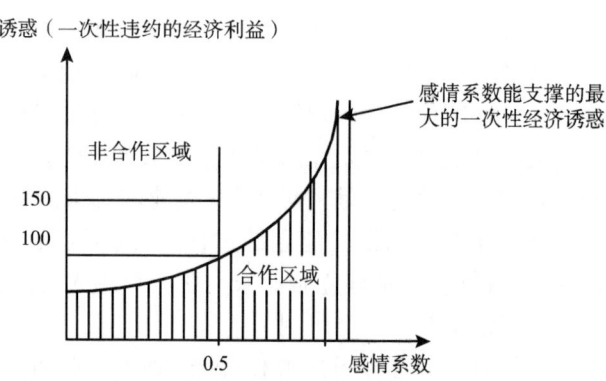

图 3-5 经济利益与非经济利益的冲突

资料来源:张维迎:《企业家与职业经理人:如何建立信任》,载于《北京大学学报》,2003年第9期,第35页。

3. 推动经理人职业化的进程

张维迎认为,职业化管理具有以下几个特点[①]:首先,职业化管理是靠"法治"而不是靠"人治",即企业内部是法治的组织而非人治的组织,在职业化管理的企业中最重要的是对老板的约束;其次,职业化的管理是要靠程序与规则来管理企业,而不是靠兴趣和感情;再其次,职业化管理的企业,一个人靠能力与品德取得岗位,而不是靠出身与关系;最后,职业经理人是靠出售知识和服务得到薪酬,而不是靠出售产品得到薪酬。由此可见,职业经理人综合评价体系的建立就能提供个人职业能力与职业道德的资质证明,是职业经理人择业的资格证。

4. 有利于激励与约束职业经理人的行为

职业经理人的声誉创建使职业经理人不仅要考虑当期薪酬最大化,更重要的是考虑上期业绩、声誉对下期薪酬的影响,以便形成自我规范与约束行为的机制。法玛强调了职业经理人市场对职业经理人行为的约束[②]。

---

① 张维迎:《企业家与职业经理人:如何建立信任》,载于《北京大学学报》,2003年第9期,第31页。

② Fama E. Agency Problems and the Theory of the Firm, Journal of Political Economy, 1980 (88): 288-307.

他认为，在竞争的职业经理人市场上，职业经理人的市场价值决定于其过去的经营业绩。从长期来看，职业经理人必须对自己的行为负有完全的责任，因此即使显性激励不充分，职业经理人也会积极努力工作，因为这样做可以改进自己在职业经理人市场上的声誉，从而提高未来的收入。职业经理人综合评价体系的建立对职业经理人声誉的创建至关重要，为了自身的声誉，职业经理人便会自觉约束自己的行为。综合评价体系的构建有利于对职业经理人进行甄别，形成优胜劣汰的竞争机制，这样有利于优秀职业经理人的脱颖而出，因而对他们也是一种激励。

5. 提升职业经理人队伍的整体素质

成熟的职业经理人市场具有健全的职业经理人人才价值评估功能，通过对职业经理人才能与业绩的比较分析，对职业经理人的人力资本做出客观、公正的评估。职业经理人的未来收入取决于他们所经营企业的成败。职业经理人的成功使其获得企业承认（薪酬）和社会承认（荣誉与信誉）并产生满足感与成就感，形成内在激励。所以，职业经理人不会轻易拿自己的地位与声誉作赌注，否则会造成人力资本的贬值。为此，职业经理人综合评价体系的建立将能够推动其不断提升自身能力与素质，以更高的职业资格等级和良好的业绩记录来丰富自己的信用档案，从而提高职业经理人队伍的整体素质。

3.4.2 职业经理人评价的目标

职业经理人在其包容系统中承担着经济（绩效目标）和非经济（诚信经营等）方面的功能，他们的价值在于对利益相关者有贡献。如图3－6所示，他们的工作过程就是一个为利益相关者创造价值的过程[①]。这就要求职业经理人必须了解利益相关者的需要，以此为工作起点，并通过工作过程的行为表现和结果来满足之。利益相关者对职业经理人的评价往往也是以需要满足的程度为标准。因此，职业经理人评价的目标是使利益相关者满意。

综合上述分析结果，本书认为：职业经理人评价是利益相关者根据各自的期望，综合运用各种评价工具对职业经理人进行胜任素质、绩效和信用评价，企业据此进行招聘录用、薪酬分配、奖惩、人员调配等相关人事

---

① 参见：张体勤：《知识团队的绩效管理》，科学出版社2002年版，第31页。

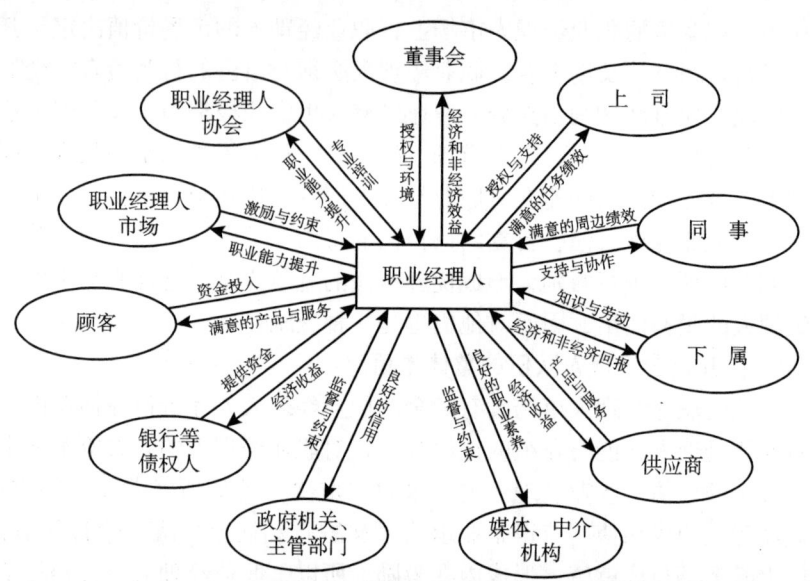

图3-6 职业经理人对利益相关者的价值体系示意图

决策,实现企业战略目标,使利益相关者满意,提高职业经理人个人职业能力与素质,达到职业经理人与企业利益相关者共赢的目标。

3.5 职业经理人评价的体系框架

整合上述研究内容,本书构建的职业经理人评价的体系框架见图3-7。

如图3-7所示,职业经理人的评价可以划分为三个阶段:招聘选拔前的准备阶段、招聘选拔中和招聘选拔后的评价阶段。每个阶段的侧重点是不同的。

(1)招聘选拔前的准备阶段。企业应有计划地进行职业经理人的招聘选拔工作,在招聘选拔前需做好相关的基础性工作:制定人力资源规划,明确在一定时期内的职业经理人需求数量及结构;为了确保职业经理人的供给,企业可以实施管理继任计划,该计划可以明确所需要的职业经理人的层次与具体职位,为招聘选拔提供具体的需求信息;构建职业经理人胜任素质模型,该模型为招聘选拔职业经理人提供标准。

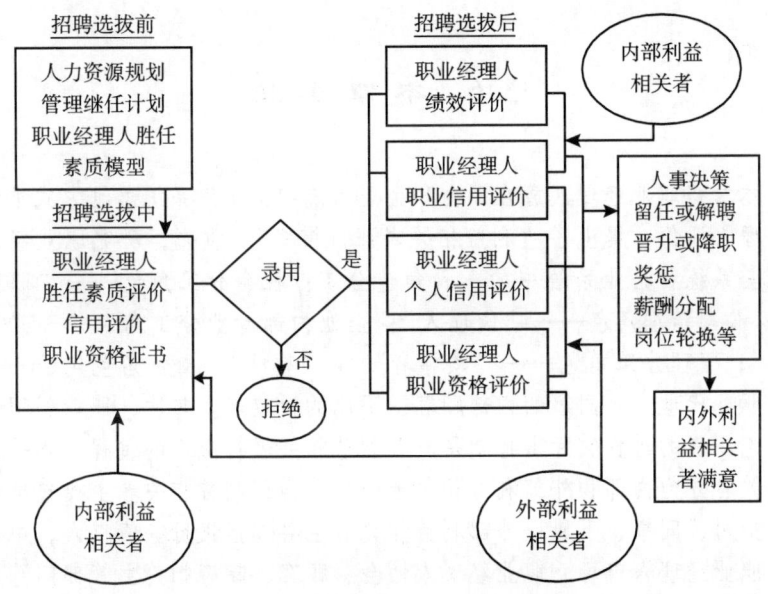

图 3-7 职业经理人评价体系框架图

（2）招聘选拔中的评价阶段。在招聘选拔职业经理人时，主要由董事会、企业高层管理者等内部利益相关者对候选人进行评价，评价的内容主要是胜任素质和职业信用。经过规范考试获得的职业资格证书等级在一定程度上可以反映职业经理人的专业知识与能力水平，因而也可以作为评价的依据。通过胜任素质评价企业选择合适的职业经理人。

（3）招聘选拔后的评价阶段。企业选择的职业经理人上岗后，董事会、绩效评价委员会、上司、同事、下属等内部利益相关者应定期对其进行绩效评价和职业信用评价，考察其是否胜任工作，并根据评价的结果做出留任或解聘、晋升或降职、奖惩、薪酬分配、岗位轮换等人事决策。企业外部利益相关者则主要对其进行信用评价，包括职业信用、个人信用和职业资格评价，并根据评价结果确定对企业的相关政策与合作策略。

职业经理人综合评价体系的最终目标是达到企业内外利益相关者满意，同时满足职业经理人个人的职业发展需要，从而达成职业经理人与其利益相关者共赢的目标。

3.6 本章小结

本章将职业经理人放在社会和企业系统中，运用系统思维方式进行职业经理人评价，提出了"利益相关者评价模式"。首先，研究职业经理人在社会系统和企业系统中的七种角色分工：社会分工角色——"职业经理"；公司治理角色——"代理人"；企业内部专业分工角色——"专业经理"；管理分工角色——"领导者"和"教练"；岗位角色定位——上司的职务代理人、同事的内部顾客、下属的授权者。其次，职业经理人履行角色职责的过程实际上也就是与各利益相关者打交道的过程，本书将利益相关者分为内部和外部利益相关者两类：内部利益相关者主要包括董事会、上司、同事、下属；外部利益相关者主要包括银行等债权人、中介机构、职业经理人市场、职业经理人协会、顾客、政府相关主管部门等。在分别研究内部、外部利益相关者的要求与贡献的基础上，提出了职业经理人评价的"利益相关者评价模式"。再其次，研究职业经理人的评价主体、评价内容与评价目标。提出职业经理人的评价主体为利益相关者。内部利益相关者主要对职业经理人进行招聘选拔时的胜任素质评价和信用评价，招聘录用后的绩效评价和职业信用评价。外部利益相关者对职业经理人的行为进行监督与约束，主要对职业经理人进行信用评价，包括个人信用、职业信用和职业资格认证等。职业经理人评价的目标是使内外利益相关者满意并满足职业经理人个人的职业发展需要，最终达成职业经理人与企业内外利益相关者共赢的目标。最后，整合上述研究成果，构建了包含评价主体、评价内容、评价目的等内容的三阶段职业经理人综合评价体系框架。

第 4 章
职业经理人胜任素质评价

4.1 职业经理人胜任素质模型的构建

在对职业经理人综合评价体系进行研究的过程中，本书运用了问卷调查实证研究方法，目的之一是根据调查结果构建职业经理人胜任素质模型。

4.1.1 职业经理人能力与素质要素的确定

借鉴斯宾瑟的经理人员通用素质模型（表 2-1）、彭剑锋等人的管理者通用素质模型（图 2-5）和 FPEB 模型（图 2-6）以及其他相关学者的研究成果，本书选择了其中的成就欲、主动性、人际理解力、服务意识、人才培养、团队合作、监控能力、领导能力、专业知识技能、演绎思维能力、归纳思维能力、自信、影响力、关系建立能力 14 项素质。此外，针对本书的研究范畴——高层职业经理人岗位的工作特点与素质要求，根据本书作者长期给企业做招聘考官积累的经验，借鉴和一些企业家和职业经理人访谈的结果，增加了责任心、沟通能力、自我控制能力、正直、诚信、职业忠诚度 6 项素质。因此，在调查问卷中列出了 20 项基本能力与素质（见附件1第7部分）选项，每项素质划分为10个等级，由回答问卷的职业经理人判断自己在各项能力方面所达到的等级，而回答问卷的企业所有者和人力资源经理则根据企业的实际情况选择本企业绩效优秀的职业经理人在各项能力与素质方面达到的等级。

4.1.2 职业经理人绩效评价指标的设计与分类

编制调查问卷时，本书根据平衡计分卡原理设计了财务、客户、企业内部运营、成长与创新四大类13项反映企业绩效的指标①（见附件1）。为了规范性研究的需要，通过聚类分析法对其进行分类。

本书通过层次聚类分析中的R型聚类分析法对绩效指标进行分类，表4-1是聚类分析合并进程表。

表4-1　聚类分析合并进程表（Agglomeration Schedule）

步骤	聚类分析		系数	类第一次出现的步骤		下一步
	类1	类2		类1	类2	
1	9	10	0.855	0	0	6
2	4	5	0.691	0	0	5
3	6	7	0.663	0	0	8
4	8	13	0.582	0	0	8
5	3	4	0.582	0	2	7
6	9	11	0.538	1	0	9
7	1	3	0.478	0	5	10
8	6	8	0.469	3	4	9
9	6	9	0.446	8	6	10
10	1	6	0.417	7	9	11
11	1	12	0.345	10	0	12
12	1	2	0.316	11	0	0
……						

注：类1、类2中的数字编号"1~13"是附件调查问卷第5部分"公司业绩"部分绩效指标的编号。

---

① 本书研究的对象是企业高层职业经理人，他们需要对企业的整体绩效目标负责。因此，这里以企业在四个方面的绩效指标来评价职业经理人的绩效。

根据表 4-1 的结果对 13 项绩效指标进行分类：把第 9、10 两项划分为一类，根据指标涵义将其归为财务类指标；把第 1、3、4、5 项分为一类，根据指标涵义将其归为客户类指标；把第 8、12、13 项分为一类，归为学习、成长和创新类指标；把第 6、7 项分为一类，根据指标的内涵将其归为企业内部运营类指标。本次聚类分析的结果基本上符合问卷设计的目的。

需要说明的是：在进行聚类分析时，第 11 项跟第 9 项被聚类到一起，但第 9 项以最大的系数 0.855 和第 10 项聚类到一起，作为财务类指标，而从管理原理和平衡计分卡指标分类的一般思路来考虑，第 11 项指标和第 6、7 项指标作为一类更合理，作为企业内部运营类绩效指标。从表 4-1 中可以看出，第 2 项指标仅以 0.316 的系数跟第 1 项聚为一类，说明第 2 项"企业生产经营费用呈减少趋势"与第 1 项"企业业绩呈增长趋势"有一定的关系，但第 1 项已经以 0.478 的系数与第 3 项聚类，根据指标的涵义和平衡计分卡思路将它们作为客户类指标，而第 2 项指标"公司的生产经营费用呈减少趋势"归为客户类指标不太合理，根据平衡计分卡的指标分类思路应将其归为企业内部运营类指标。

综合上述聚类分析结果，调查问卷中的绩效指标分类见表 4-2。

表 4-2　　　　　　　　调查问卷中绩效指标分类表

编号	调查问卷中的绩效指标	指标分类
9	贵公司的财务安全状况逐步提高	财务类指标
10	贵公司的财务运营状况逐步提高	
1	贵公司的业绩呈增长趋势	客户类指标
3	贵公司市场占有率逐步提高	
4	贵公司社会形象逐步提高	
5	贵公司顾客满意度逐步提高	
2	公司的生产经营费用呈减少趋势	企业内部运营类指标
6	贵公司的内部作业流程效率逐步提高	
7	贵公司员工满意度逐步提高	
11	贵公司的各种管理制度逐渐完善	
8	贵公司骨干人才流失率逐步降低	学习、创新与成长类指标
12	贵公司新产品、新技术的研发逐步提高	
13	贵公司的人员引进、员工培训效果逐步提高	

4.1.3 职业经理人胜任素质要素的确定

绩效指标分类后,通过计算平均数的方式,把每一类绩效指标整合成一项指标。然后把这四类绩效指标的每一项指标的绩效评价结果都分为"好"和"差"两种情况。根据每项指标在各等级数值上选择数量的多少,本书把财务类指标和客户类指标选择等级4及其以下等级的界定为低绩效,把等级4以上的界定为高绩效;对于企业内部运营类指标和学习、创新与成长类指标,把等级4以下的等级界定为低绩效,把等级4及其以上的等级界定为高绩效。以此分类作为T检验的两个独立样本,对职业经理人的基本能力和素质指标进行T检验。在T检验结果中,在绩效高、低两个独立样本下,方差相等假设下均值T检验的双尾T检验概率小于0.05的指标是有明显差异的指标。有明显差异的指标即被选择为与高绩效相关的职业经理人的素质。这样就可以从T检验结果表中得出与每类绩效指标相关的职业经理人胜任素质要素。

1. 与财务类绩效指标相关的职业经理人胜任素质

以财务类绩效指标为样本的T检验结果如表4-3所示。

表4-3 以财务类绩效指标为样本的T检验结果表

指标	F的相伴概率	方差相等假设下的均值T检验结果		
		T值	自由度(df)	双尾T检验概率(Sig. (2-tailed))
成就欲	0.044	-2.093	154.666	0.038*
主动性	0.461	-2.667	342	0.008*
责任心	0.023	-2.406	142.849	0.017*
人际理解力	0.304	-1.140	340	0.255
服务意识	0.539	-2.856	340	0.005*
人才培养	0.245	-2.184	340	0.030*
团队合作	0.227	-3.347	343	0.001*
沟通能力	0.163	-2.745	342	0.006*
监控能力	0.162	-3.996	341	0.000*
领导能力	0.052	-3.549	343	0.000*
专业知识技能	0.113	-1.438	343	0.151
演绎思维能力	0.574	-1.678	339	0.094

续表

指标	F的相伴概率	方差相等假设下的均值T检验结果		
		T值	自由度数(df)	双尾T检验概率(Sig. (2-tailed))
归纳思维能力	0.203	-2.008	339	0.045*
自信	0.108	-2.257	342	0.025*
自我控制能力	0.032	-2.057	141.538	0.041*
正直	0.027	-1.271	139.392	0.206
诚信	0.084	-1.699	341	0.090
职业忠诚度	0.214	-1.939	341	0.053
影响力	0.071	-2.786	342	0.006*
关系建立能力	0.246	-2.586	339	0.010*

注：表中双尾T检验概率表中概率小于0.05的指标用"*"表示。

由表4-3可以看出，成就欲、主动性、责任心、服务意识等14项素质在进行T检验时概率小于0.05，说明财务类绩效指标"好"与"差"两个群体在这些素质方面存在着差异，它们可以被选择作为与财务类绩效指标相关的职业经理人胜任素质。

2. 与客户类绩效指标相关的职业经理人胜任素质

以客户类绩效指标为样本的T检验结果如表4-4所示。

表4-4　　　以客户类绩效指标为样本的T检验结果表

指标	F的相伴概率	方差相等假设下的均值T检验结果		
		T值	自由度数(df)	双尾T检验概率(Sig. (2-tailed))
成就欲	0.608	-0.362	342	0.718
主动性	0.432	-1.517	343	0.130
责任心	0.484	-1.576	344	0.116
人际理解力	0.141	-0.186	340	0.853
服务意识	0.743	-1.468	342	0.143
人才培养	0.928	-2.289	340	0.023*
团队合作	0.561	-2.064	344	0.040*
沟通能力	0.536	-0.861	343	0.390
监控能力	0.510	-1.566	343	0.118
领导能力	0.857	-2.293	344	0.022*

续表

指标	F 的相伴概率	方差相等假设下的均值 T 检验结果		
		T 值	自由度数（df）	双尾 T 检验概率（Sig.（2-tailed））
专业知识技能	0.937	-1.350	344	0.178
演绎思维能力	0.924	-1.725	340	0.085
归纳思维能力	0.140	-1.040	342	0.299
自信	0.231	-0.569	343	0.570
自我控制能力	0.760	-1.652	340	0.099
正直	0.408	-0.480	343	0.631
诚信	0.497	-0.982	341	0.327
职业忠诚度	0.695	-1.164	343	0.245
影响力	0.743	-1.203	343	0.230
关系建立能力	0.064	-0.445	340	0.657

注：表中双尾 T 检验概率表中概率小于 0.05 的指标用"*"表示。

由表 4-4 可以看出，人才培养、团队合作、领导能力等 3 项素质在进行 T 检验时概率小于 0.05，说明客户类绩效指标"好"与"差"两个群体在这些素质指标方面存在着差异，它们可以被选择作为与客户类绩效指标相关的职业经理人胜任素质。

3. 与企业内部运营类绩效指标相关的职业经理人胜任素质

以企业内部运营类绩效指标为样本的 T 检验结果如表 4-5 所示。由表 4-5 可以看出，主动性、服务意识、人才培养等 11 项素质在进行 T 检验时概率小于 0.05，说明企业内部运营类绩效指标"好"与"差"两个群体在这些素质指标方面存在着差异，它们可以被选择作为与企业内部运营类绩效指标相关的职业经理人胜任素质。

表 4-5　　以企业内部运营类绩效指标为样本的 T 检验结果表

指标	F 的相伴概率	方差相等假设下的均值 T 检验结果		
		T 值	自由度数（df）	双尾 T 检验概率（Sig.（2-tailed））
成就欲	0.823	-0.717	346	0.474
主动性	0.811	-2.001	347	0.046*
责任心	0.415	-1.840	348	0.067
人际理解力	0.630	-1.406	344	0.161

续表

指标	F 的相伴概率	方差相等假设下的均值 T 检验结果		
		T 值	自由度数 (df)	双尾 T 检验概率 (Sig. (2-tailed))
服务意识	0.333	-2.705	345	0.007*
人才培养	0.565	-2.958	344	0.003*
团队合作	0.321	-3.137	348	0.002*
沟通能力	0.484	-1.990	347	0.047*
监控能力	0.742	-2.109	346	0.036*
领导能力	0.110	-2.132	348	0.034*
专业知识技能	0.564	-1.141	348	0.255
演绎思维能力	0.152	-1.021	344	0.308
归纳思维能力	0.317	-0.853	344	0.394
自信	0.863	-2.178	347	0.030*
自我控制能力	0.380	-1.784	344	0.075
正直	0.561	-1.116	346	0.265
诚信	0.684	-1.536	345	0.125
职业忠诚度	0.338	-2.510	346	0.013*
影响力	0.754	-2.125	347	0.034*
关系建立能力	0.390	-2.204	344	0.028*

注：表中双尾 T 检验概率表中概率小于 0.05 的指标用 " * " 表示。

4. 与学习、创新与成长类绩效指标相关的职业经理人胜任素质

以学习、创新与成长类绩效指标为样本的 T 检验结果如表 4-6 所示。由表 4-6 可以看出，服务意识、人才培养等 2 项素质在进行 T 检验时概率小于 0.05，说明学习、创新与成长类绩效指标"好"与"差"两个群体在这些素质指标方面存在着差异，它们可以被选择作为与学习、创新与成长类绩效指标相关的职业经理人胜任素质。

表 4-6　以学习、创新与成长类绩效指标为样本的 T 检验结果表

指标	F 的相伴概率	方差相等假设下的均值 T 检验结果		
		T 值	自由度数 (df)	双尾 T 检验概率 (Sig. (2-tailed))
成就欲	0.406	-0.563	330	0.574
主动性	0.399	-1.577	331	0.116

续表

指标	F 的相伴概率	方差相等假设下的均值 T 检验结果		
		T 值	自由度数（df）	双尾 T 检验概率（Sig. (2-tailed))
责任心	0.112	-1.661	332	0.098
人际理解力	0.272	-1.049	331	0.295
服务意识	0.905	-2.088	329	0.038*
人才培养	0.911	-2.433	328	0.016*
团队合作	0.922	-1.032	332	0.303
沟通能力	0.940	-0.493	331	0.622
监控能力	0.440	-1.850	330	0.065
领导能力	0.111	-1.603	332	0.110
专业知识技能	0.973	-1.285	332	0.200
演绎思维能力	0.648	-1.051	328	0.294
归纳思维能力	0.789	-0.782	328	0.435
自信	0.792	-1.107	331	0.269
自我控制能力	0.998	-1.370	328	0.172
正直	0.191	-0.824	330	0.411
诚信	0.280	-1.289	329	0.198
职业忠诚度	0.300	-1.643	330	0.101
影响力	0.452	-1.376	331	0.170
关系建立能力	0.809	-1.079	328	0.281

注：表中双尾 T 检验概率表中概率小于 0.05 的指标用"*"表示。

综合上述研究结果，与四类绩效指标相关的胜任素质要素有成就欲、主动性、责任心、服务意识、人才培养、团队合作、沟通能力、监控能力、领导能力、归纳思维能力、职业忠诚度、影响力、关系建立能力等。将其与绩效指标进行多元线性回归分析，得到了职业经理人胜任素质的重要性排序。如表 4-7 所示。从中可以看出，团队合作、领导能力、影响力、关系建立能力、人才培养是很重要的胜任素质。

表 4-7 职业经理人胜任素质的重要性排序

绩效指标	与绩效指标相关的基本能力与素质指标及其重要性顺序（由高到低）	绩效指标	与绩效指标相关的基本能力与素质指标及其重要性顺序（由高到低）
财务类指标	1. 团队合作 2. 领导能力 3. 关系建立能力 4. 自我控制能力 5. 监控能力 6. 人才培养 7. 沟通能力 8. 归纳思维能力 9. 影响力 10. 服务意识 11. 责任心 12. 自信 13. 成就欲 14. 主动性	企业运营类指标	1. 团队合作 2. 影响力 3. 自信 4. 监控能力 5. 关系建立能力 6. 沟通能力 7. 人才培养 8. 职业忠诚度 9. 领导能力 10. 主动性 11. 服务意识
客户类指标	1. 领导能力 2. 人才培养 3. 团队合作	学习/创新与成长类指标	1. 人才培养 2. 服务意识

4.1.4 职业经理人胜任素质模型

1. 职业经理人胜任素质分类

为了便于后面的研究，本书运用层次聚类分析中的 R 型聚类分析的方法对所选择的职业经理人个人基本能力与素质进行分类，聚类分析合并进程表如表 4-8 所示。

表 4-8 基本能力与素质指标聚类分析合并进程表（Agglomeration Schedule）

步骤	聚类分析		系数	类第一次出现的步骤		下一步
	类1	类2		类1	类2	
1	12	13	0.892	0	0	8
2	16	17	0.888	0	0	3

续表

步骤	聚类分析		系数	类第一次出现的步骤		下一步
	类1	类2		类1	类2	
3	16	18	0.842	2	0	9
4	2	3	0.826	0	0	14
5	19	20	0.820	0	0	15
6	9	10	0.815	0	0	12
7	7	8	0.799	0	0	11
8	11	12	0.769	0	1	10
9	5	16	0.743	0	3	14
10	11	14	0.731	8	0	12
11	4	7	0.721	0	7	15
12	9	11	0.718	6	10	13
13	9	15	0.701	12	0	16
14	2	5	0.688	4	9	18
15	4	19	0.676	11	5	17
16	9	9	0.654	0	13	17
17	4	6	0.651	15	16	18
18	2	4	0.642	14	17	19
19	1	2	0.553	0	18	0

注：类1和类2中的"1~20"是附件1第7部分职业经理人应具备的能力与素质要求编号。

（1）认知族。由表4-8可以看出，12、13归为一类，11、12归为一类，11、14归为一类，因此可以将11、12、13、14归为一类，借鉴前人的研究成果，将其命名为"认知族"，本书的"认知族"实际上在前人研究的"认知族"基础上增加了"自我概念族"的"自信"，"自信"属于自我认知范畴，因此将其并入"认知族"。

（2）职业操守族。由表4-8可以看出，16、17归为一类，16、18归为一类，5、16归为一类，因此可以将5、16、17、18归为一类，这些都是在市场经济条件下对职业经理人职业素质的基本要求，也是建立职业经理人与企业家之间信任的基本前提，本书将其命名为"职业操守族"以体现高层职业经理人的职位特征。

（3）目标与行动族。由表4-8可以看出，2、3归为一类，1、2归为一类，因此可以将1、2、3归为一类，借鉴前人的研究成果将其命名为

"目标与行动族①"。

（4）影响力族。由表 4-8 可以看出，19、20 归为一类，借鉴以往的研究成果将其命名为"影响力族"。

（5）管理族。由表 4-8 可以看出，9、10 归为一类，7、8 归为一类，4、7 归为一类，4、6 归为一类，6、9 归为一类，9、15 归为一类，因此，可以将 4、6、7、8、9、10、15 归为一类，命名为"管理族"。"管理族"涵盖了以往研究成果"管理族"中的项目，增加了对职业经理人来讲很重要的沟通能力要素。并将原有研究成果中的"帮助与服务族"中的"人际理解力"归到该类中。而原有研究成果"帮助与服务族"中的"客户服务"要素已根据职业经理人的职位特点调整为"服务意识"归类到了"职业操守族"中。

因此，本书对职业经理人胜任素质的分类既继承了前人的研究成果，同时又体现了高层职业经理人的职业特征与职位要求。

2. 职业经理人通用胜任素质模型

根据表 4-3、表 4-4、表 4-5、表 4-6 的统计结果与表 4-8 的聚类分析结果，本书构建职业经理人通用胜任素质模型如图 4-1 所示。

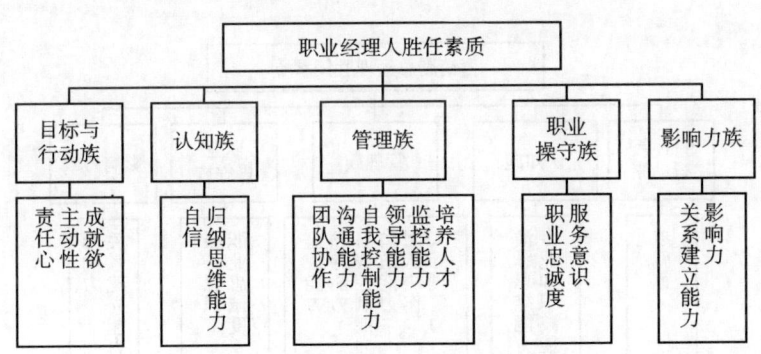

图 4-1　职业经理人通用胜任素质模型

由图 4-1 可以看出，本书所构建的职业经理人胜任素质模型共包括 15 项胜任素质，涵盖了前人研究的成就欲、主动性、团队协作、自信、培养人才、影响力等主要胜任素质，但是未包括人际理解力、专业知识技

---

① 在表 4-8 中，2 还分别与 5、4 聚为一类，但由于 5 以较高的系数与 16 聚为一类，4 也以较高的系数与 7 聚为一类，因此，未将 5、4 跟 2 归为一类。

能胜任素质[①]，增加了职业忠诚度胜任素质。

3. 职业经理人分类胜任素质模型

在构建了职业经理人通用胜任素质模型的基础上，本书进行分类研究，分别构建了样本量较大的总经理、营销副总经理和人事行政副总经理的胜任素质模型（三个职位的 T 检验分析结果见附件 2）。见图 4-1（1）~图 4-1（3）。

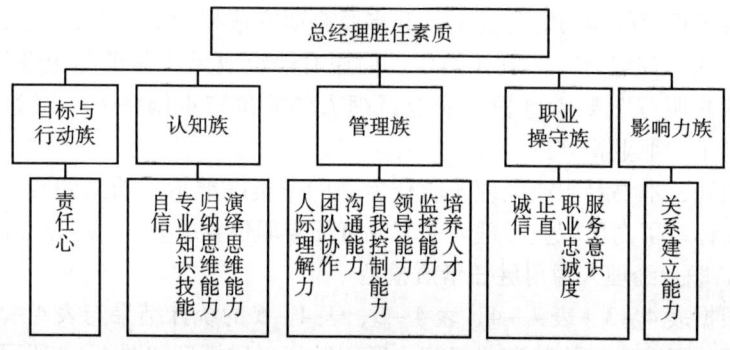

图 4-1(1)　总经理胜任素质模型

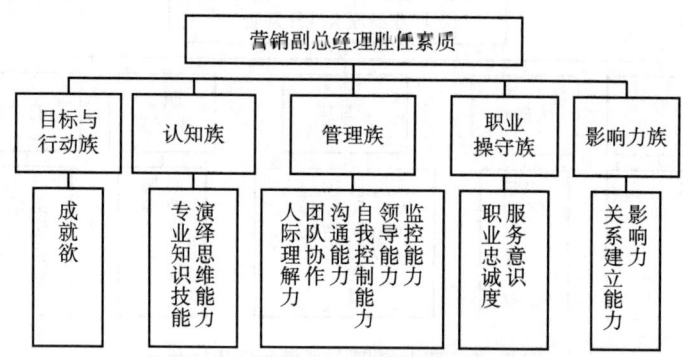

图 4-1(2)　营销副总经理胜任素质模型

---

① 这两项素质出现在后面设计的分类职业经理人胜任素质模型中。

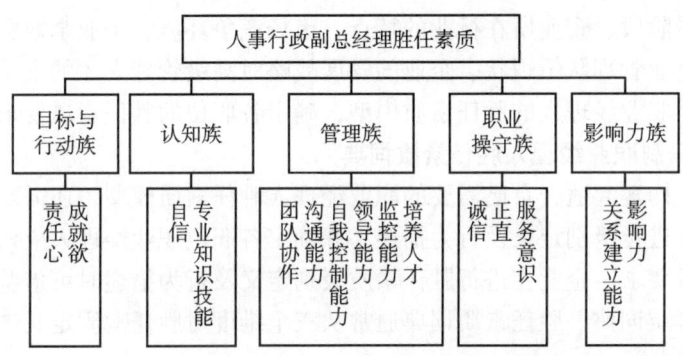

图 4-1(3)　人事行政副总经理胜任素质模型

由图 4-1（1）~图 4-1（3）可以看出，总经理胜任素质模型涵盖了 17 项胜任素质，但未包括前人研究中的"成就欲"、"影响力"指标。在营销副总经理和人事行政副总经理的胜任素质模型中分别包括了 13、15 项素质，基本上能够体现这两类职位的特征与工作要求。

为了便于后面胜任素质评价的研究，本书参照"FPEB 管理者素质模型架构"（图 2-6）对职业经理人胜任素质按照 FPEB 框架进行分类，分类结果见表 4-9。

表 4-9　　　　　职业经理人 FPEB 素质分类

FPEB 素质分类	职业经理人应具备的基本能力与素质
专业胜任素质	专业知识技能
心理胜任素质	人际理解力；主动性；成就欲；自我控制能力；自信；演绎思维能力；归纳思维能力
职业操守素质	责任心；职业忠诚度；诚信；正直；服务意识
行为胜任素质	团队合作；人才培养；沟通能力；关系建立能力；监控能力；领导能力；影响力

4.2　基于胜任素质模型的职业经理人素质评价

4.2.1　职业经理人胜任素质评价的步骤与内容

1. 构建适合企业的个性化职业经理人胜任素质模型

参照上述职业经理人胜任素质模型，各企业可根据企业规模、企业所处的发展阶段、企业所在行业的特点、市场竞争环境、企业掌握资源的成熟度、企业管理队伍现状、企业的发展战略对高级管理人才的素质要求等确定各类职业经理人的胜任素质模型，确定各职位的胜任素质要求。

2. 编制职业经理人胜任素质词典

企业构建起适合自己需要的职业经理人胜任素质模型，还需要对各项胜任素质进行级别定义及行为描述，并确定各职位职业经理人应该达到的最低等级要求。企业在进行胜任素质级别定义及行为描述时可借鉴斯宾瑟的胜任素质词典。胜任素质词典通常从三个维度对胜任素质定义进行描述和等级划分①：

（1）行动的强度与完整性。这是描述胜任素质定义与级别的最核心维度，它展现了胜任素质对于驱动绩效目标实现的强度，以及为实现绩效目标而采取的行动的完整性，在胜任素质词典中通常用"A"来表示。

（2）影响范围的大小。影响范围表示受该胜任素质影响的人的数量与层级以及规模的大小。例如，"影响力"胜任素质可能会涉及一个人、一个工作团队、部门和整个企业组织。另外，影响范围还可以通过对一个问题的重要程度来体现，例如，范围小到影响一个人的部分工作绩效，大到影响一个企业的经营方式，等等。在胜任素质词典中通常用"B"表示。

（3）主动程度。包括行动的复杂程度与行为人在主观方面的努力程度，即为达到某一目标而花费的人力、物力、信息与资源以及投入额外的精力或时间的多少等。

表4-10是"成就导向②（成就欲）"胜任素质的分级定义及行为描述。

表4-10　　　　成就导向（ACH）的级别定义及行为描述

级别	行为描述
A. 目标的设定	
A.-1	不符合工作标准。工作上漫不经心，只符合基本的要求（却很关心工作以外的事如社交等。）
A.0	关注工作任务本身。工作很辛苦，但是绩效并不显著

---

① Lyle M. Spencer, Jr. and Sige M. Spencer, 魏梅金译：《才能评鉴法（Competence at work：Models for superior performance）》，汕头大学出版社2003年版，第27~29页。

② 成就导向（Achievement Orientation, ACH）表明一个人始终渴望有所建树，通过不断给自己设定新的或更高更多的目标而获得某种满足。这种对成就的不懈追求始终能够给人动力，使人能够长久地工作而不知疲倦，并不失时机地使人奋起，迎接新的更富挑战性的任务。

续表

\multicolumn{2}{c}{A. 目标的设定}
级别	行为描述
A.1	想要把工作做好。想要努力工作以符合工作上要求的标准,尝试把工作做好、做对,但由于工作缺乏效率导致绩效改进并不明显
A.2	设法达成他人设定的标准。如管理层设定的各种标准(完成销售额等)
A.3	设立自己衡量优异的标准,使用自己特定的方法来衡量产出,而不是来自管理要求的优异标准,如成本支出、花费的时间等,不具备太强的挑战性
A.4	持续不断地改善绩效。改变系统上或工作方法以提高绩效。但没有设定任何特定的目标
A.5	设定具有挑战性的工作目标,并努力达成(如6个月改善销售额/产品质量/生产率15%等)。即使目标没有达成也予以计分
A.6	进行成本—收益分析。基于投入与产出的衡量做出决策、设立优先顺序或选择目标
A.7	敢于承担一定的风险。投入组织重要的资源和时间来进行绩效的改善,尝试全新而又挑战的目标,如开发新产品和服务,采取革新的操作方式,同时降低风险,如利用市场调研预先分析顾客的需求;或鼓励及支持部属承担创新的风险
A.8	坚忍不拔。直面挫折,采取持久的行动,付出不断的努力,达成创新的目标
\multicolumn{2}{c}{B. 影响的范围 (要求目标的设定在A.3级以上)}
级别	行为描述
B.1	影响个体绩效。通过时间管理和良好的人际沟通能力努力改善自己的绩效
B.2	影响1个或2个人的绩效,影响其财务上小额的承诺。如组织小型的工作会议
B.3	影响一群人(4~15人),获得中量的销售或财务承诺。经由工作使系统或其他的人更有效率地去改进群体的绩效。如组织一个中等规模的研讨会
B.4	影响一个部门(超过15人)的人,获得一项大的业绩或相当程度的财务承诺
B.5	影响一个中等规模的组织(或一个大组织的部门)的绩效
B.6	影响一个大型企业/组织的绩效
B.7	影响整个产业的效益
\multicolumn{2}{c}{C. 主动程度 (要求目标的设定在A.3级以上)}
级别	行为描述
C.0	没有任何创新
C.1	单位工作的创新,尝试自己工作上不曾经历的创新做法,但或许在组织其他部门已有此经验
C.2	对企业/组织进行创新,尝试一些新颖和不同的做法来改进绩效
C.3	产业的创新,利用独特的创新来改善绩效,对于产业是全新的尝试
C.4	对于产业全新而有效的创新与改革(如苹果电脑公司对个人电脑产业的变革)

资料来源:Lyle M. Spencer, Jr. and Sige M. Spencer,魏梅金译:《才能评鉴法》(Competence at work: Models for superior performance),汕头大学出版社2003年版,第34~35页。

3. 确定胜任素质评价内容与等级，绘制雷达图

企业编制了职业经理人胜任素质词典，界定了各胜任素质的等级划分及各等级的含义，然后根据企业的需要确定各类职业经理人各项胜任素质的等级要求，就可以绘制如图 4-2 所示的雷达图。图中有两组数据："职业经理人胜任素质等级"的数据来自本书问卷调查结果——董事长与人力资源经理对本企业绩效优秀职业经理人各项素质评价等级的均值（见附件3），代表的是绩效优秀的职业经理人在各项胜任素质方面达到的等级。"职业经理人能力素质等级的（基本）要求"的数据是借鉴前面的通用胜任素质模型以及职业经理人胜任素质的重要性排序等确定的，代表的是企业对职业经理人在各项能力素质上的基本要求①。对企业来讲，招聘选拔的职业经理人在各项能力素质方面的评价等级必须落在"职业经理人能力素质等级的（基本）要求"的外侧，否则就不符合岗位任职资

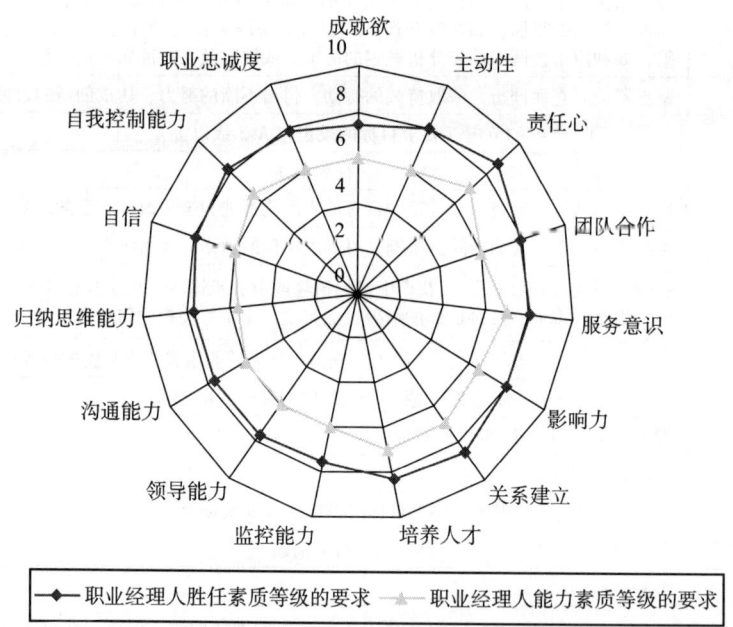

图 4-2 职业经理人胜任素质等级要求雷达图

---

① 各企业可以根据自身职业经理人胜任素质要求的等级、基本任职资格等级要求绘制雷达图。

格的基本要求。两组数据之间的差距代表着各职业经理人与绩效优秀职业经理人之间在这些能力素质方面的差异,可以对在某方面存在差距的职业经理人有针对性地设计培训开发项目予以改善和提高。因此,雷达图不仅可以为企业提供招聘选拔职业经理人的标准,还有利于提高培训开发工作的针对性与效果。在此基础上就可以构建基于胜任素质的人力资源管理系统。

企业在实际操作中也可以根据需要提出便于操作的各管理层级知识经验与技能要求,并据此开展相关的招聘选拔、绩效评价、培训开发等工作,表4-11是某公司各级管理岗位通用素质等级要求。

表4-11　　　　某公司各级管理岗位通用素质等级要求

级别	角色定义
一级 (初做者)	(1) 有限的知识和技能,主要是从事本专业工作所必需的一些基本知识或单一领域的某些知识点,这种知识往往未在工作中实践过; (2) 在本专业领域仅有较少的经验,这种经验是不够全面的,不能为独立工作提供支持。在工作中遇到的许多问题是其从未接触和解决过的; (3) 对整个体系的了解是局部的,并对整个体系各个组成部分之间的关联不能清晰把握; (4) 只能在指导下从事一些单一的、局部的工作; (5) 不能完全利用现有的方法/程序解决问题。
二级 (基层业务主管)	(1) 具有基础的和必要的知识、技能。这种知识、技能集中于本专业中的一个领域并且已在工作中多次得以实践; (2) 能够运用现有的程序和方法解决问题,但这种问题不需要进行分析或仅需要进行不太复杂的分析,工作相对而言是程序化的; (3) 有适当指导的情况下,能够完成工作,在例行情况下有多次独立运作的经验; (4) 能够理解本专业领域中发生的改进和提高; (5) 工作是在他人的监督下进行的,工作的进度安排亦是给定的; (6) 能够发现流程中一般的问题。
三级 (业务骨干)	(1) 具有全面的、良好的知识和技能,在主要领域是精通的,并对相关领域的知识有相当的了解; (2) 能够发现本专业业务流程中存在的重大问题,并提出合理有效的解决方案; (3) 能够预见工作中的问题并能及时解决之; (4) 对体系有全面的了解,并能准确把握各组成部分之间的相关性; (5) 能够对现有的方法/程序进行优化,并解决复杂问题; (6) 可以独立地、成功地、熟练地完成大多数工作任务,并能有效指导他人工作。

续表

级别	角色定义
四级 (专家)	(1) 在本专业大多数领域具有精通、全面的知识和技能，对与本专业相关的其他领域也有相当程度的了解； (2) 对本专业业务流程有全面、深刻的理解，能够洞察其深层次的问题并给出相应的解决方案；能够以缜密的分析在专业领域给他人施加有效影响，从而推动和实施本专业领域内重大的变革； (3) 能够通过改革现有程序/方法解决本专业领域内复杂的、重大的问题； (4) 可以指导本专业内的一个子系统有效地运行； (5) 能够把握本专业的发展趋势，并使本专业发展规划与业内发展趋势相吻合。
五级 (高级专家/ 业务权威)	(1) 具有博大精深的知识和技能； (2) 业务流程的建立者或重大流程变革发起者； (3) 调查并解决需要大量的复杂分析的系统性的/全局性的/特殊困难的问题，其解决方法往往需要创造新的程序/技术/方法； (4) 可以指导整个体系的有效运作； (5) 能够洞悉和准确把握本专业的发展趋势，并提出具有前瞻性的思想。

资料来源：本书作者参加公开培训课，某公司人力资源总监的授课资料。

4.2.2 职业经理人胜任素质评价方法

胜任素质评价既是企业职业经理人招聘甄选很重要的一个环节，也是职业经理人能力发展的关键环节。因此，构建基于胜任素质模型的职业经理人素质评价体系能更好地实现"个人—职位"、"个人—企业"的合理匹配，并在此基础上实现"个人—主管"的匹配[①]。目前比较成熟的胜任素质评价方法主要有知识测验、心理测验、评价中心、结构化行为事件访谈法、360度评价法等。但每种方法都是从特定的视角对职业经理人进行评价，在实际操作中企业可以整合运用多种评价工具对职业经理人进行综合的胜任素质评价。

1. 专业胜任素质评价

专业胜任素质评价主要用于职业经理人的招聘选拔、专业知识与技能的培训、职业生涯规划与职业发展等人力资源管理领域。因此，除了评价职业经理人具备的知识技能水平以外，还应该对其专业经验进行评价。

(1) 必备知识评价。职业经理人必备知识主要是完成管理工作必须

---

① 韩国三星公司在招聘新人时，不仅注重个人知识、技能、个性（尤其是价值观）与职位、企业的匹配，还注重招聘新人的个性与其主管个性的匹配。从而有利于未来工作中的协作与配合。

具备的基础知识，包括基本的管理知识、各领域的专业知识以及行业与公司知识。管理知识包括基本管理理论与规律、战略管理、人力资源管理、会计与财务管理、营销管理、领导科学与艺术、管理沟通、组织变革与发展等。专业知识包括职业经理人分管领域的专业知识，如财务总监必备的财务状况分析与投资可行性论证等知识，人力资源总监必备的各人力资源管理模块的基本知识等。行业与公司知识包括行业业务特点与发展规律、行业政策与相关规定、公司的发展战略与主要业务单元的业务特点、公司的技术与业务流程、公司的组织系统与主要职能管理领域、公司的产品与服务等。必备知识的评价一般以知识考试为主。企业可以根据胜任素质模型中的必备知识要求建立考试题库，通过规范的考试组织与阅卷客观评价职业经理人具备的知识水平。在评价必备知识水平时还可以参照各专业领域职业资格考试的等级。

（2）专业技能评价。专业技能是指通过练习而获得的操作方式和习惯。如职业经理人必备的面试技巧、人力资源经理必备的岗位分析与评价技能、面试技能等。市场营销经理必备的市场调研、客户满意度调查等专业技能。专业技能的评价也可以采取考试评价的方式，但考试题库的建立应注重理论与实践相结合，侧重操作技能，主要针对各专业领域中具有代表性的工作和行为进行测试。除了传统的纸笔考试外，还可以设计情景模拟测试方法。

（3）专业经验评价。专业经验主要是指在公司内外从事本专业工作的经验以及在专业领域取得的工作绩效。如人力资源总监在本专业领域人力资源战略规划、胜任素质模型构建、薪酬体系设计、绩效管理方案设计、职业生涯规划等方面的经验以及以往工作的业绩。专业经验的评价主要采取追溯职业经理人的职业发展历程，通过背景调查和职业信用档案了解其在本专业及相关领域的工作经验等方法进行评价。

企业可以针对知识考试、专业技能与经验评价分别制定等级标准，对职业经理人进行评价定级。

2. 行为胜任素质评价

对职业经理人行为胜任素质进行评价，可以选择被广泛应用的评价中心方法。评价中心是指通过把候选人置于相对隔离的一系列模拟工作情景中，以团队作业的方式，并采用多种测评技术和方法，观察与分析候选人在模拟的各种情景压力下的心理、行为、表现以及工作绩效，以测评候选人的管理技术、管理能力和潜能等素质的一个综合、全面的测评系统。它又被称为情景模拟测评、模拟演示测评以及管理鉴别与培训中心等。

评价中心被认为是当代管理中识别管理者才能最有效的工具，它最早起源可以追溯到德国心理学家哈茨霍恩与梅（Hartshorn&May）1928年在进行人的个性研究时所采用的模拟测验技术。1929年，德国心理学家建立了一套用于挑选军官的非常先进的多项评价程序（Assessment Centers and Managerial Performance）。该程序中的一项是对领导才能进行测评，测评的方法是让被试参加指挥一组士兵，他必须完成一些任务或向士兵们解释一个问题。在此基础上，评价者再对他的面部表情、讲话形式和笔迹进行观察和评价。这就是评价中心技术的前身。第二次世界大战期间，美国的战略情报局（OSS）使用小组讨论和情境模拟练习来选拔情报人员，并获得了成功。最早在工业组织中使用评价中心技术的是美国电话电报公司（AT&T）。1956年，布雷和他的助手首先在AT&T启动了"管理进步研究计划①"，其目的是要弄清楚在该公司中具备什么样特性的年轻雇员能够从公司中的低级职位不断提升到中级和高级职位。该评价工作从1956年一直持续到1960年，被评价的是受雇于该公司的274名大学毕业生和148名非大学毕业生。测评结果在对公司的高层管理者保密了8年之后才被拿出来与员工实际发展情况相对照。结果证明，在被提升到中级管理岗位的员工中，有78%与评价中心的评价鉴定是一致的。在未被提升的员工中，有95%与评价中心在8年前认定的缺乏潜在管理能力的判断是吻合的。之后，美国许多知名的大公司，如通用电气公司、国际商用机器公司（IBM）、福特汽车公司等都采用了这项技术，并建立了相应的评价中心机构来评价管理人选。美国政府的一些部门，如农业部、国内税收署也应用评价中心来选拔人才。据统计，目前美国每年数十万人接受评价中心的测评，其中绝大多数是经理和高级管理人员及其候选人。为了规范评价中心技术的测评，美国还专门制定了《评价中心实施标准和道德准则》。英国、法国、加拿大、澳大利亚、日本等国也都采用这种方法进行人才测评。我国的企业和国家机关也在近几年尝试着运用评价中心技术于中、高层管理人员的选拔，并取得了一定的效果。评价中心所采用的测评技术和方法包括公文处理（公文筐）测验、模拟面谈（与人谈话）、演讲、无领导小组讨论、书面案例分析、管理游戏等。各种测评技术与方法测评的主要内容及各种情景模拟方法在评价中心的应用情况分别见表4–12、表4–13。

---

① 吴志明：《招聘与选拔实务手册》（第2版），机械工业出版社2006年版，第206页。

表 4-12　　各类情景模拟方法的测试内容与评价要点汇总表

测试	测试内容	评价要点
公文处理	被评价者扮演管理者的角色，模拟未来的管理工作，要求其在规定的时间内处理一批包括通知、报告、客户来信、下级反映情况的信件、电话记录、关于人事或财务等方面的信息等信件或文稿，以考察被评价者的管理潜力	自信心、组织领导能力、计划安排能力、书面表达能力、分析决策能力、敢担风险能力与信息敏感性、处理问题的条理性、对信息的利用能力等。每一维度可用五点量表进行评定
模拟面谈	被评价者与评价者扮演的角色（下属/客户等）进行谈话，解决对方要解决的问题。由评价者对面谈过程进行观察与评价	说服能力、表达能力、处理冲突的能力、思维的灵活性和敏捷性等
即席发言（演讲）	被评价者按照给定的材料或题目组织自己的观点，并且向评价者阐述自己的观点和理由。常见的方式有竞选演说、辩论式演讲、就某问题发表自己的观点等	评价者主要从语言表达、仪态举止、内容组织等方面考察被评价者的思维反应能力、理解能力、思维的发散性、语言表达能力、言谈举止、风度气质等方面的心理素质
无领导小组讨论	一般由 4~8 个被评价者在给定的时间（一般 1 小时左右）里在既定的背景下围绕给定的问题[①]展开讨论，并得出一个小组意见。被评价者可以被指定角色，也可以不指定角色。讨论中不指定领导角色	领导欲望、主动性、说服能力、口头表达能力、自信程度、抗压能力、人际交往能力等。也可通过让被评价者写一份讨论记录，以反映其归纳能力、决策能力、分析能力、综合能力等
管理游戏	要求被评价者扮演一定的管理角色，模拟实际工作情境中的一些活动或完成一项具体的管理事务。通常采用非结构化的情景，在被评价者之间进行交互作用	全面考察被评价者在游戏中的行为与表现，综合评价被评价者的能力：组织协调能力、领导能力与特征、合作精神、智力特征等
书面案例分析	让每位被评价者阅读一些关于企业中的问题材料，让其准备一系列的建议，撰写分析报告	考察被评价者的综合分析能力、判断决策能力、管理能力和业务技能等
案例讨论[②]	被评价者阅读关于企业中的问题材料，准备一系列的建议，然后小组成员之间相互讨论，并得出一致结论	综合分析能力、判断决策能力、接受他人观点的能力、总结问题的能力、口头表达和说服能力、抗压能力等
搜寻事实	给被评价者关于一个他所要解决问题的少量信息，他可以向能够提供信息的人询问额外的情况以发掘与该问题有关的其他信息。然后要求其给出解决问题的建议	考察被评价者获取信息的能力、分析问题的能力、理解和判断能力、社会知觉能力、决策能力和对压力的容忍能力

注：①无领导小组讨论题目类型主要有意见求同型、资源争夺型、团队作品型、两难式等。
②在实际操作中通常把案例讨论设计成无领导小组讨论形式。

表 4-13　　各种情景模拟测评方法在评价中心中的应用

	测验的类型		评价中使用的比例
比较复杂的 ↑ 比较简单的	管理游戏		25%
	公文处理		81%
	小组任务		未调查
	小组讨论	分配角色的	44%
		未分配角色的	59%
	即席发言		46%
	案例讨论		73%
	搜寻事实		38%
	模拟面谈		47%

资料来源：杨旭华、王新超：《卓越人力保证技术——企业人才选聘经典实务》，广东经济出版社 2003 年版，第 280 页。

3. 心理胜任素质评价

心理胜任素质属于"胜任素质结构冰山模型"中隐藏在水下的那部分潜质，具有内隐性、稳定性、一致性等特点。一般通过标准的心理测验方法进行评价。著名的心理测验学家阿娜斯塔西（A. Anastasi）认为，心理测验实质上是行为样本的客观的和标准化的测量。通俗来讲，心理测验就是通过观察人的少数代表性行为，从而对于贯穿于人的行为活动中的心理特征，依据确定的原则进行推论和数量化分析的一种科学手段。心理测验操作简便、评分方法规范、结果反馈及时，因而被广泛应用。测验技术的应用情况见表 4-14。

表 4-14　　测验技术的应用频率

人力资源开发的各个领域	测验技术的运用频率
最终的选拔决策	83%
提升	76%
职业发展	67%
职业咨询	66%
成功计划	47%
最初的应聘筛选	42%
人员的安置咨询	30%

资料来源：杨杰：《有效的招聘》，中国纺织出版社 2003 年版，第 253 页。

用于测评胜任素质的心理测验是通用的，而每个企业职业经理人的胜任素质要求是个性化的，因此，企业需要选择合适的心理测验方法。按测验功能不同，心理测验可分为智力测验、特殊能力测验、人格测验与兴趣测验、管理能力测验等。由于每类心理测验测评的胜任素质不同，就需要选择多种心理测验工具。

（1）智力测验。职业经理人智力水平评价可以选择韦克斯勒成人智力量表、瑞文标准推理测验和语言逻辑推理测验。

①韦克斯勒成人智力量表。韦克斯勒（D. Wechsler）成人智力量表（Wechsler Adult Intelligence Scale，WAIS）是世界上最有影响力和应用最为广泛的智力测验。韦克斯勒认为，智力是个人有目的的行动、理智的思考以及有效地应付环境的整体的或综合的能力，基于该定义，他的量表共设计了 11 个分测验，其中由 6 个分测验组成言语量表，5 个分测验组成操作量表。在测验时，每个分测验均可单独计分。因此既可以了解受测验者的总体智力水平，还可以了解其智力结构。韦氏（韦克斯勒）成人智力量表的内容见表 4 – 15。

表 4 – 15　　　　　　　　　　韦氏成人智力量表的内容

分测验名称		所欲测的内容
言语量表	常识	知识的广度、一般学习能力及对日常事物的认识能力
	背数	注意力和短时记忆能力
	词汇	言语理解能力
	算术	数学推理能力、计算和解决问题的能力
	理解	判断能力和理解能力
	类同	逻辑思维和抽象概括能力
操作量表	填图	视觉记忆、辨认能力，有视觉理解能力
	图片排列	知觉组织能力和对社会情景的理解能力
	积木图	分析综合能力、直觉组织及视觉动作协调能力
	图形拼凑	概括思维能力与直觉组织能力
	数字符号	知觉辨别速度与灵活性

资料来源：王益明：《人员素质测评》，山东人民出版社 2004 年版，第 400 页。

②瑞文标准推理测验。英国心理学家瑞文（R. J. Raven）设计的瑞文标准推理测验（Raven's Standard Progress Matreces，RSPM）主要测量人的推理能力、问题解决过程中表现出的能力，以及发展关系和利用自己所需

信息，有效地适应社会生活等能力。这种能力主要取决于天赋，是人们进行有意义的学习、交往和获得新技能的基础。该测验共有60个题目，分为A～E五组，难度逐步增加；每组内部的题目也是由易到难排列。各组题目测试的内容见表4-16。测验的构成为每个题目都有一定的主题图，但是每张大的主题图中都缺少一部分，主题图下面有6～8张小图片，受测试者的任务就是从小图片中找出适合于填补主题图缺失部分的小图片，从而使整个图案合理与完整。该测验属于非文字智力测验，操作简单，信度与效度都较高，因此我国企业在招聘和选拔人员时使用较多。

表4-16　　　　　　　　瑞文标准推理测验的内容

题目分组	题目数量	各组题目欲测的内容
A组	12	视觉辨别力、图形比较、图形想象等
B组	12	类同、比较、图形组合等
C组	12	比较、推理、图形组合等
D组	12	系列关系、图形套合
E组	12	图形套合、互换等抽象推理能力
合计	60	

③语言理解能力测验。语言理解能力是运用语言文字进行表达、交流和思考的能力，涉及对字词、句子、段落含义的迅速把握和理解。语言理解能力强的人语言概念清晰、严谨，具有较强的阅读理解能力，能准确理解和把握语言文字材料的内涵。测量语言理解能力的题目有些类似语文考试题目，但这些题目重点测试受测验者的潜在能力而不是记住的知识。

④数量关系及逻辑推理能力测验。数量关系能力是指对事物之间的数量关系做出分析、理解和判断的能力，这项能力是和数字打交道工作者的必备能力。逻辑推理能力是指发现和理解事物之间的关系，利用已有知识和有关信息对所面临的问题进行分析、判断和归纳推理的能力，它涉及对语词文字、时空关系的认识理解、分析判断和归纳推理等方面。逻辑推理能力是智力的核心部分，代表着一个人对事物的本质和事物之间关系认知能力的高低。测试逻辑推理能力的题目通常以数字、图形、文字等各种形式来呈现。

（2）人格测验与兴趣测验。对职业经理人进行人格与职业兴趣测验可选择加州心理测验、卡特尔16种人格因素测验、霍兰德职业兴趣测验、MBTI诊断量表和职业风格类型测验。

①加州心理测验。美国心理学家高夫（Harrison G. Gough）编制的加州心理测验（California Psychological Inventory，CPI）是国际上经典的个性测验之一。该测验从18个维度对人的个性进行测量，18个分量表测试个体四个方面的能力：第一类是人际关系适应能力的测验，该测验包括支配性（Do, Dominance）、上进心（Cs, Capacity for status）、社交性（Sy, sociability）、自在性（Sp, Social presence）、自我接纳（Sa, Self-acceptance）、幸福感（Wb, Sense of Well-being）6个分量表；第二类是社会化、成熟度、责任感、价值观测验，包括责任感（Re, Responsibility）、社会化（So, Socialization）、自制力（Sc, Self-control）、宽容性（To, Tolerance）、好印象（Gi, Good impression）、从众性（Cm, Communality）6个分量表；第三类是成就潜能与智能效率。包括遵循成就（Ac, Achievement via conformance）、独立成就（Ai, Achievement via independence）、智能效率（Ie, Intellectual efficiency）3个分量表；第四类是个人生活态度与倾向方面的测验，包括心理感受性（Py, Psychological-mindedness）、灵活性（Fx, Flexibility）、女性化（Fe, Femininity）3个分量表。各分量表测试的内容及高分和低分的主要特征总结如表4-17所示。

表4-17 加州性格测验各分量表及高分者和低分者的主要特征

因素	分量表	测量的内容	高分者特征	低分者特征
人际关系适应能力的测验	支配性	领导能力、支配性及社会主动性	自信/有毅力/有说服力/有领导潜能/工作主动	拘谨/思维和行动迟缓/自信不足/缺少激情
	上进心	个人积极争取达到某种地位的能力	有雄心/积极主动/精力旺盛/兴趣广泛等	和善/朴实/淡泊名利/兴趣不广
	社交性	外向性、参与社交活动的能力	喜欢交往/有事业心/有竞争意识和上进心	顺从/传统/态度超然与世无争/易受他人影响
	自在性	与社会交往情境下的自在性及自信心	机敏/热情/自然不拘谨/健谈/充满活力	稳健/有耐心/自我克制/易犹豫不决/较为呆板
	自我接纳	自我接纳、独立思考及行动的能力	聪慧/自信/机敏/语言表达和说服能力强	保守/传统/安静/自责/行动消极/兴趣狭窄
	幸福感	一个人烦恼与抱怨的程度	精力充沛/上进/积极工作能力强	胸无大志/懒散/谨小慎微/缺乏热情/自我防御

续表

因素	分量表	测量的内容	高分者特征	低分者特征
社会化、成熟度、责任感、价值观测验	责任感	责任心、可靠性或事业心、道德感	善于计划/进取/独立/有能力/高效率/讲良心	不成熟/情绪化/懒惰/易变不可信/行为易冲动
	社会化	社会成熟程度、完整性及正直性程度	严肃/诚实/勤奋/谦虚/善良/真诚/稳重/自我克制	保守/挑剔/怨恨/固执/不安分/狡猾/掩饰自己
	自制力	自我调节、自我控制的程度	平静/有耐心/深思熟虑/严于自律/宽容待人	冲动/自我中心/具有攻击性且武断
	宽容性	心胸的宽广、对人宽容、接纳的程度	进取/忍让/机智/聪慧/善于言辞/兴趣广泛	疑心重/心胸狭窄/冷漠/机警/退缩/态度消极
	好印象	制造良好印象,并关心别人的反应	合作/进取/外向/热情/乐于助人/给人以好印象	压抑/谨慎/警惕/冷淡/自我中心/不关心他人
	从众性	测量一个人与量表常模符合的程度	和气/信赖/真诚/有耐心/稳定/现实/诚实有良知	易变化/不耐心/复杂/富于想象/不安/狡猾
成就潜能与智能效率	遵循成就	在集体创造活动中能起积极促进作用的那些兴趣和动机	有能力/合作/讲效率/组织性/负责任/有毅力/注重智力活动及其成就	固执/冷漠/笨拙/紧张状况下易惊慌失措/对自己的前途常悲观
	独立成就	在独立自主创造活动中能起积极促进作用的兴趣与动机	成熟/有能量/支配性强/有预见性/独立自强/高超的智力和判断能力	保守/焦虑/谨慎/不满足/戒备心重/屈从于权威/缺乏内省和自我了解
	智能效率	智能水平或精干性	有效率/头脑清楚/有能力/有计划/做事彻底	谨慎/糊涂/防卫/思维模式固化/缺乏自律
个人生活态度与倾向方面	心理感受性	对别人需求、动机和兴趣的敏感性	善察言观色/敏捷/善谈/随机应变/社会化程度高,不愿受约束	富有同情心/平静/严肃/细致/反应较慢/对权威绝对服从/传统
	灵活性	思维与社会行为的灵活性及适应性	有洞察力/信息灵通/冒险/自信/反抗/理想化/自我中心	细致/谨慎/担忧/勤奋/警惕/世故/对权威、习惯、传统绝对服从
	女性化	个人兴趣男性化或女性化的程度	有耐心/乐于助人/善良/谦逊/诚实/被人接纳和受人尊重/女性化	外向/有雄心/男子汉气概浓/活跃/积极/与他人相处有操纵性倾向

②卡特尔16种人格因素测验。美国伊利诺伊州大学人格及能力研究所卡特尔教授编制的卡特尔16种人格因素测验,简称卡特尔16PF测验。该测验将人格特质分为16种,它们各自相互独立,与其他因素的相关度很小。这些因素的不同组合构成了一个人不同于其他人的独特个性。各特质高分者与低分者特征的含义汇总如表4-18所示。

表4-18 卡特尔16PF的各因素及高分者和低分者特征

因素	特质名称	高分者特征	低分者特征
A	乐群性	热情、外向	缄默、孤独、内向
B	聪慧性	聪慧、富有才识	迟钝、学识浅薄
C	稳定性	情绪稳定而成熟	情绪激动不稳定
E	恃强性	好强固执、支配性强	谦逊服从
F	兴奋性	轻松兴奋	严肃审慎、沉默寡言
G	有恒性	有恒负责、重良心	权宜敷衍、原则性差
H	敢为性	冒险敢为、少有顾忌、主动性强	害羞、畏缩、退却
I	敏感性	细心、敏感、好感情用事	理智、着重实际
L	怀疑性	怀疑、刚愎、固执己见	真诚/合作/信赖随和
M	幻想性	富于想象、狂妄不羁	现实、合乎成规
N	世故性	精明、圆滑、世故、善于处世	坦诚、直率、天真
O	忧虑性	忧虑抑郁、沮丧悲观、缺乏自信	安详沉着、有自信心
Q_1	试验性	自由开放、批评激进	循规蹈矩、尊重传统
Q_2	独立性	自立、当机立断	依赖、随群附众
Q_3	自律性	知己知彼、自律严谨	不能自制、自我矛盾
Q_4	紧张性	紧张困扰、有挫折感、缺乏耐心	心平气和、知足常乐

③霍兰德的职业兴趣测验。霍兰德(Holland)的职业兴趣测验(SDS)主要通过了解人的人格类型,并据此选择与其匹配的职业类型。人的一生都面临着许多职业的选择、职位的选择甚至所从事具体项目的选择,这些选择能否与自己的个体特征相匹配是影响一个人成功的重要因素。霍兰德认为,一个人的职业兴趣会影响到其职业的适宜度。如图4-3所示,根据职业本身的内容(工作中一般涉及人—People、物—Thing、资料—Data、观念—Idea等因素,需要跟这四类因素打交道)及其对任职者素质的要求,可以将职业分成六种类型:实际型(R, Realistic)、调研型(I, Investigative)、艺术型(A, Artistic)、社会型(S, Social)、企业型(E, Enterprise)、常规型(C, Conventional)。每一种职业对从业者人格类型

的要求不同，而人的人格类型也可以分为上述六种类型。最理想的职业选择就是个体能够找到与其人格类型重合的职业环境，如社会型人格特征的人在社会型的职业环境中工作，这种情况就是"和谐（Congruence）"或"一致（Consistency）"，在这样的职业环境中工作个体容易获得满意感和体会到工作的乐趣，并最有可能发挥自己的才能。霍兰德在实验中还发现，尽管大多数人的人格类型可以主要归为某一类型，但每个人又有广泛的适应能力，其人格类型在某种程度上相近于与其相邻的另外两种人格类型，因此也适应另外两种职业类型的工作。如社会型与相邻的企业型、艺术型高度相关，社会型的人在企业型、艺术型的职业环境中经过努力也能够适应，即相邻职业环境与人格类型间的相关性最大。而相隔职业环境与人格类型之间的相关性次之，如社会型与研究型、常规型之间既有一致性又有不同性，这种职业环境和人格类型有很多不一致，但不完全相斥。而相对职业环境与人格类型间的相关性最小。如社会型与现实型基本上属于相斥关系，两者之间没有共同之处，个人如果选择与其人格类型相排斥的职业环境就可能很难适应，甚至无法胜任工作[①]。每种类型的人格类型特点、职业环境特点、职业特点及适合的职业可参见汇总表4-19。

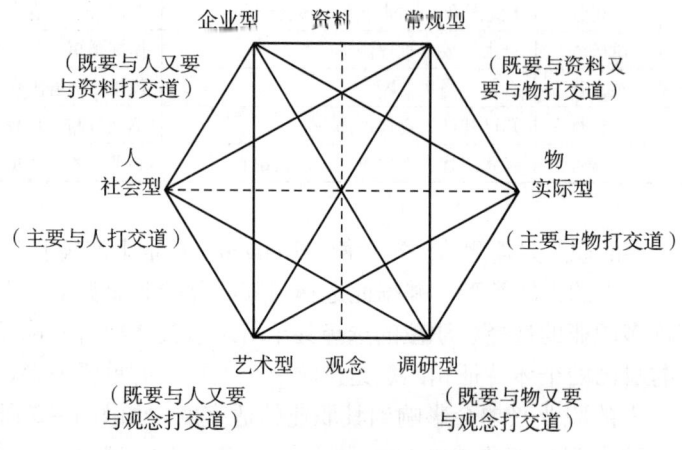

图4-3 职业类型示意图

---

① 周文霞：《职业生涯管理》，复旦大学出版社2006年版，第46~47页。

表 4-19　　　　霍兰德六种人格类型、职业环境特点和
　　　　　　　　职业类型特点及其适合的职业一览表

类型	人格类型特点	职业环境特点	职业特点	适合的职业
实际型	具备机械操作能力或体力，适合与机器、工具等具体事物打交道	要求明确的、具体的工作任务和操作技能，人际要求不高	熟练的手工和技术工作，用工具或机器进行工作	工程师、飞机机械师、矿工、电工、木工、牧民、渔民、测绘员、描图员等
调研型	具备从事观察、评价、推理等方面活动的能力	要求具备思考和创造性，能力、社交要求不高	科学研究和实验工作	物理、化学、数学、生物学、经济学等方面的专家或助手，飞机驾驶员等
艺术型	具有艺术性、独创性的表达和直觉能力，不喜欢硬性任务，情绪性强	通过语言、动作、色彩和形状来表达审美原则，单独工作	从事艺术创作	作家、演员、记者、诗人、作曲家、画家、舞蹈家、编辑、雕刻家、室内装修专家等
社会型	喜欢从事与人打交道的活动，人道主义，同情心强	说服和转化人的行为，具备高水平的沟通技能，热情助人	通过说服教育、培训等方式，帮助教育、服务人	社会科学等方面的教师、教育行政人员、社会团体工作者、咨询者、思想工作者等
企业型	以说服、管理、监督和领导等能力来获得政治、社会与经济利益	需作言行反应、有说服他人和管理能力、完成监督性角色	说服、指派他人去做事的工作	各级管理者、政治家、推销员、批发商、调度员等
常规型	注意细节，讲求精确，具备记录和归档能力	要求制度化、常规化的行为，具体体力要求低，人际技能要求不高	各种办公室、事务性工作	会计员、统计员、出纳员、税务员、秘书、保管员、打字员、法庭速记员等

④MBTI 诊断量表。MBTI（Myers-Briggs Type Indicator）诊断量表[①]是以瑞士著名心理学家荣格（Carl G. Jung）的心理类型理论为基础，美国人凯瑟琳·布瑞格斯（Katharine Briggs）与伊莎贝尔·布瑞格斯·迈尔斯（Isabel Briggs Myer）母女将其开发成一种人格类型指标，并经其家族半个世纪的改良，使其演变成了一个测评工具并被广泛应用于职业发展领域。MBTI 指标是一种强迫选项的自我报告性问卷，它用于测量并描述人们信息获取、决策制定、生活取向等方面的偏好，并将其归纳为四个维度、八个方面：外倾—内倾，感知—直觉，思考—感觉，判断—认知。四大维度的划分及其含义见表 4-20。

---

① 王益明：《人员素质测评》，山东人民出版社 2004 年版，第 330～343 页。

表 4-20　　　　　　　MBTI 四大维度的划分及其含义

	外倾型/内倾型 (Extraversion/Introversion) 如何与世界互动， 能量释放到何处		感知/直觉 (Sensing/Intuition) 留意到的 信息的种类		思考/感觉 (Thinking/Feeling) 决策方式		判断/认知 (Juding/Perceiving) 喜欢的生活方式
外倾型	通过人际关系获取能量。把注意力和精力放在身外的世界，主动与人交往，喜欢互动	感知型	倾向于收集详细的事实资料，注重具体感受。只注重真实可靠的事，相信自己的经验	思考型	决策时较为客观，喜欢符合逻辑的决策，善于客观地分析一切，并常引以为豪	判断型	条理性强。喜欢生活安排得有条不紊，事事井然有序，喜欢决策
内倾型	通过个人思考和感觉获取能量。专注于自我的内心世界，喜欢独处并陶然其中。先想后做	直觉型	侧重于思维各种可能性之间的联系，更相信直觉。能预示事件的发生，总想不断创新	感觉型	常因自己的喜好和感觉决策。能体贴人，常富有同情心，并自以为荣	认知型	生活散漫随意，生活机动性强时最高兴。乐意尝试一切可能的事情。理解而不是控制生活

　　人格的每个维度都有两个彼此对立的极端，就有 8 种人格偏好，共形成 16 种人格，每种类型对应一套行为特征和价值观，其适应的工作也不同，16 种人格类型的特点及与其相适应的工作见表 4-21（1）～（4）。通过测评了解职业经理人的人格类型，可以据此进行工作岗位的安排。

　　⑤职业风格类型测验。职业风格类型又称为管理性个性，是由行为学家麦柯比（M. Maccoby）用了 6 年时间，对美国 12 家高科技公司中 250 名高、中、基层男性管理人员进行深入访谈，发现这种组织背景中的管理人员可分为四大类①。第一类是"工匠"型。这种类型的人是技术专家，对行政事务和职位不感兴趣，但热爱本专业，刻苦钻研，有着一定要搞出点成果来的韧劲，他们喜欢革新，讨厌规章制度的约束，对人际关系不敏感也不擅长。第二类是"斗士"型。这种类型的人又分为两种：一是"狮型斗士"，他们领袖欲强，有强烈的权力需要，想独挡一面，建立自己的"王国"，他们闯劲大，干劲足，有不达目的不罢休的气概，敢冒风险；二是"狐型斗士"，他们虽然也颇具野心，却没有"狮型斗士"的胆魄与能力，只好利用搞阴谋、耍权术等手段试图攫取权力。第三类是"企业人"型。这种类型的人循规蹈矩，严守组织的既定政策与计划，忠实可靠，兢兢业业，只求稳妥无过，进取心与革新性不高。第四类是"赛手"型。这种类型的人把人生看作一场竞赛，他们渴望成为优胜者。但与"斗士"们不同的是，他们并不醉心于个人的势力范围与主宰地位，

---

① 孙卫敏：《组织行为学》，山东人民出版社 2006 年版，第 115~116 页。

表 4-21（1）　　MBTI 诊断量表中 16 种人格类型的特点及与其相适应的工作一览表

		感知型（S）	
		思考型（T）	感觉型（F）
内倾型 I	判断型 J	ISTJ：内向/感知/思考/判断型 特征：一丝不苟/认真负责/讲求实际/务实/专注/做事有条不紊、四平八稳 适应的工作特点：令其满意的工作是技术性工作/独立的工作环境/充裕的时间独立工作/运用专注力完成工作 相应工作：审计员/后勤经理/工程师/电脑编程员/地质学者等	ISFJ：内向/感知/感觉/判断型 特征：忠心耿耿/一心一意/富有同情心/乐于助人/很强的职业道德 适应的工作特点：令其满意的工作是需要细心观察和精确性要求极高的工作/通过默默付出表达自己的感情投入，但个人贡献需要得到承认 相应工作：人事管理人员/电脑操作员/客户服务代表/信贷顾问/零售业主等
	认知型 P	ISTP：内向/感知/思考/认知型 特征：奉行实用主义/不爱空谈/长于分析/敏于观察/好奇心强/只相信可靠确凿的事实/善于利用资源和把握时机 适应的工作特点：令其满意的工作是做尽可能有效利用资源的工作/愿意精通机械或使用工具工作/工作必须有乐趣、有活力、独立性强且常有机会去户外 相应工作：证券分析员/银行职员/管理顾问/技术培训人员/软件开发商等	ISFP：内向/感知/感觉/认知型 特征：温柔/体贴/敏感/从不轻言个人化的理想和价值观/常通过行动而不是语言表达情感/有耐心/随和/无意控制他人 适应的工作特点：适合做非常符合自己内心价值观的工作/在做有益他人的工作时希望注重细节/希望有独立工作的自由又不远离与自己合得来的人/不喜欢受繁文缛节或僵化程序的约束 相应工作：行政人员/海洋生物学者/厨师/室内（风景）设计师等

表 4-21（2）　　MBTI 诊断量表中 16 种人格类型的特点及与其相适应的工作一览表

		感知型（S）	
		思考型（T）	感觉型（F）
外倾型 E	认知型 P	ESTP：外向/感知/思考/认知型 特征：无忧无虑的乐天派/活泼/随和/喜欢安于现状不愿意从长计议/能够接受现实，包容心强/喜欢玩实实在在的东西，善于拆拆装装 适应的工作特点：工作满意度来自能随意与很多人交流/工作中充满冒险和乐趣，能冒险和随时抓住新机遇/工作中必要时希望自我组织而不是听从他人安排 相应工作：企业家/个人理财专家/银行职员/预算分析者/记者/手工艺人等	ESFP：外向/感知/感觉/认知型 特征：生性爱玩/充满活力/适应性强/平易随和/可以热情饱满同时参加几项活动/不喜欢把自己的意志强加于人 适应的工作特点：适合的工作是能在实践中学习/喜欢直接与客户打交道/能同时在几个项目或活动中周旋/尤其喜欢从事能发挥自己审美观的项目或活动 相应工作：攻关专业人员/劳工关系调解人/团队培训人员/旅游项目经营者/表演人员/社会工作者/保险代理（经纪人）等

续表

		感知型（S）	
		思考型（T）	感觉型（F）
外倾型 E	判断型 J	ESTJ：<u>外向/感知/思考/判断型</u> 特征：办事能力强/喜欢出风头/办事风风火火/责任心强/忠于职守/喜欢框架/能组织各种细节工作/能如期实现目标并力求高效 适应的工作特点：适合做理顺事实和政策以及人员组织工作/能有效利用时间和资源找出合乎逻辑的解决方案/在目标明确的工作中运用娴熟技能/希望工作测评标准公正 相应工作：银行官员/项目经理/信息总监/保险代理/电脑分析人员等	ESFJ：<u>外向/感知/感觉/判断型</u> 特征：喜欢通过直接合作以切实帮助他人/注重人际关系/受人欢迎也喜欢迎合他人/态度认真/遇事果断/表达意见坚决 适应的工作特点：最满意的工作是与人交往，密切参与整个决策流程/工作目标明确/有明确的业绩标准/希望能组织安排自己及周围人的工作以确保一切进展尽可能顺利 相应工作：公关客户经理/个人银行业务员/销售代表/人力资源顾问/接待员等

表 4–21（3） MBTI 诊断量表中 16 种人格类型的特点及与其相适应的工作一览表

		直觉型（N）	
		感觉型（F）	思考型（T）
内倾型 I	判断型 J	INFJ：<u>内向/直觉/感觉/判断型</u> 特征：极富创意/感情强烈/原则性强/良好的个人品德/善于独立进行创造性思考/面对怀疑仍坚信自己的观点 适应的工作特点：令其满意的工作是从事创造型的工作，能帮助他人成长/喜欢生产或提供自己能感到自豪的产品或服务/工作必须符合自己的价值观 相应工作：人力资源经理/营销人员/职位分析人员/企业培训人员/社会科学工作者/企业组织发展顾问/口译人员/编辑等	INTJ：<u>内向/直觉/思考/判断型</u> 特征：完美主义者/强烈要求自主/看重个人能力/对自己的创新思想坚定不移/逻辑性强/有判断力/喜欢我行我素 适应的工作特点：最适合的工作是能创造和开发新颖的解决方案来解决问题或改进现有系统/愿意与责任心强、自己在专业知识和能力等方面敬佩的人一起工作/喜欢独立工作，但需要定期与少量智囊人物切磋交流 相应工作：管理顾问/经济学者/设计工程师/信息系统开发商/金融规划师等
	认知型 P	INFP：<u>内向/直觉/感觉/认知型</u> 特征：珍视内在和谐胜过一切/敏感/理想化/忠心耿耿/在个人价值观方面有强烈的荣誉感/能献身自己认为值得的事业/情绪高涨/处理日常事务灵活、有包容心/很少表露强烈的情感/寡言少语 适应的工作特点：适合做合乎个人价值观、能通过工作陈述自己远见的工作/工作环境需要有灵活的架构，情绪高昂时能从事各项工作/能发挥个人的独创性 相应工作：人力资源开发专业人员/社会科学工作者/编辑/顾问等	INTP：<u>内向/直觉/思考/认知型</u> 特征：善于解决抽象问题/时时会表现出创造性/外表恬静，内心专注，总忙于分析问题/目光挑剔，独立性极高 适应的工作特点：工作满意源自能酝酿新观念/专心负责某一创造性流程而不是最终产品/解决复杂问题时能跳出常规的框框，冒风险去探求最佳解决方案 相应工作：电脑软件设计师/系统分析人员/战略规划师/金融规划师/信息服务开发商等

表 4-21（4） MBTI 诊断量表中 16 种人格类型的特点及
与其相适应的工作一览表

		直觉型（N）	
		感觉型（F）	思考型（T）
外倾型 E	认知型 P	ENFP：外向/直觉/感觉/认知型 特征：热情奔放/满脑子新观念/乐观/充满自信和创造性/对灵感推崇备至，善于发明/不墨守成规，善于创新 适应的工作特点：在创造性灵感的推动下与不同的人群合作从事各种项目；不喜欢从事需要自己亲自处理日常琐碎杂务的工作/喜欢按自己的工作节奏行事 相应工作：人力资源经理/变革管理顾问/广告客户经理/团队培训人员/事业发展顾问/战略规划人员/宣传人员等	ENTP：外向/感知/思考/认知型 特征：好激动/健谈/聪明/多面手/致力于提高自己的能力/天生有创业心/好钻研/机敏善变/适应能力强 适应的工作特点：适合于有机会从事创造性解决问题的工作/工作有一定的逻辑顺序和公正的标准/希望通过工作提高个人权力并常与权威人士交流 相应工作：人事系统开发人员/投资经纪人/后勤顾问/金融规划师/投资银行业职员/营销策划人员/广告创意指导等
	判断型 J	ENFJ：外向/直觉/感觉/判断型 特征：有爱心/对生活充满热情/对自己很挑剔/注意别人的感受而很少在公众场合发表批评意见/对行为的是非曲直明察秋毫/社交高手 适应的工作特点：最适合的工作是能建立温馨的人际关系/能置身于自己信赖且富有创意的人群中工作/希望工作多姿多彩但又能有条不紊地干 相应工作：人力资源开发人员/销售经理/客户经理/公关专业人士/协调人/记者等	ENTJ：外向/直觉/思考/判断型 特征：极为有力的领导人和决策者/能明察各种可能性并喜欢发号施令/做事深谋远虑策划周全/事事力求做好/能一针见血发现问题并迅速找到改进方法 适应的工作特点：最适合的工作是做领导、发号施令/完善运作系统并高效运行达到预期目标/喜欢从事长远战略规划/寻求创造性地解决问题的方式 相应工作：（人事/销售）经理/技术培训人员/国际销售经理/特许经营业主等

而是想做一个胜利团队中的明星。他们善于团结和鼓舞他人，愿意培养与提携部下，同时他们又有进取心与干劲。斯泰勒（L. Stybel）根据这种管理风格分类法，提出了"人才动态使用"的观点。他认为企业要想利用每类人才的优势，就不应把人才固定在某种特定岗位上。他结合高技术企业产品更新换代较快的特点，认为在一项商品生命周期的不同阶段应合理地配备不同类型的管理人才。例如在产品还处于引进期时，新产品仍在开发的最后阶段，尚待定型，在市场上也属试销期，此时技术开发能力仍很重要，项目组应配备兼具"工匠"与"斗士"特征的管理人员，或"斗士"挂帅，"工匠"辅佐。待到产品进入成长期，产品业已定型，销路也已打开，此时的首要任务是扩大生产能力以源源不断地投放市场的产品去满足日益增长的需求。此时可以将"工匠"调去其他正在开发新产品的项目组，而让"斗士"留下来独撑门面，去冲锋陷阵，扩大"地

盘"。待产品进入成熟期,市场渐趋饱和,无须再投资扩产,只需利用已占市场收获利润。这时应让善于守业的"企业人"去接过摊子,把原来的"斗士"安排去从事其他项目的开创工作。待产品进入衰退期,需要关、停、并、转,此时又宜请"斗士"来在转让谈判中讨价还价或收拾残局。这样灵活机动地使用人才才能充分做到人尽其才。至于"赛手"型人物,因属稀缺宝贵资源,只用于特别重要项目的领导,并着眼于把他们培养成未来统帅,不宜轻率动用。根据该理论的研究,对职业经理人进行职业风格测试将有助于企业根据实际需要进行人员的甄选和配置。

(3)管理能力测验。管理能力测验主要是对职业经理人的管理能力和潜能等进行评价与鉴定,并提供配置使用与职业发展等方面的建议。常见的管理能力测验主要有人际敏感能力测验、管理人员数量分析能力和逻辑推理能力测验、基本管理风格测验、团队指导技能测验、自我实现测验、沟通技能测验、管理方式测验、管理情景技巧测验、创造力测验、管理变革测验等。这里仅介绍两种测验:

①管理人员数量分析能力和逻辑推理能力测验。数量分析能力测验可以考察职业经理人对数量图表等信息的敏感性和分析能力,测验的内容主要包括对数值和图表的敏感性、快速的综合分析能力、一定的快速数字估算能力等,该项能力是高素质企业管理人员必需的。逻辑推理测验主要是考察职业经理人的语言分析能力、信息加工能力和分析问题的能力,该项测验可以反映被试的思维准确性和敏锐度,以及逻辑推理的严密性和连续性,而这些能力对职业经理人准确地分析与解决问题十分重要。

②创造力测验。创造力主要是指产生新的想法、发现和创造新的事物的能力或能力倾向。决策是企业高层职业经理人的日常工作,而决策就需要创新,因此他们需要具备一定的创造力。心理学家认为,创造力的核心是创造思维的能力,创造性思维主要表现在思维的流畅性、灵活性、独特性和发散性等方面,而发散性思维是其重要的组成部分。因此创造性思维能力测验主要考察被试的发散性思维,主要用由一个项目联想到别的项目的多少来衡量。

4. 职业操守素质评价

职业经理人职业操守的要求来自于社会道德规范、行业准则、企业价值观三个方面[①]。三个层次逐层递进,构成了职业经理人职业操守共性化

---

① 彭剑锋、刘军、张成露:《管理者能力评价与发展》,中国人民大学出版社2005年版,第136页。

与个性化的要求。企业可以在社会道德规范和行业准则要求之上根据本企业价值观提出对职业经理人职业操守方面的具体要求，以此约束职业经理人的理念与行为。为了便于理解和操作，还可以将职业操守分为职业观念、职业作风、职业情感三个特质群：职业观念是指对所从事职业的工作角色、义务、意义与性质的心理认知，这是职业操守的中心环节，一个人一旦牢固确立了职业观念，就能准确定位自觉履行自己的职业义务；职业作风是任职者在职业活动中表现出来的一贯的态度与行为倾向，如廉洁奉公等；职业情感则是人们在处理自己与职业的关系和评价职业行为过程中形成的荣辱好恶等情绪和态度，包括人们对所从事职业的荣誉感与责任感。职业经理人一旦确立了准确的所有者资本"牧羊人"的角色，热爱自己的职业，工作中廉洁自律，就可以表现出高度的责任感与义务感，全身心投入做好自己的本职工作。

企业对职业经理人职业操守的评价方法主要有信用调查法和360度评价法。

（1）信用调查法。企业从外部招聘选拔职业经理人时可以通过以下途径对职业经理人进行信用调查：一是背景调查法。企业可以通过背景调查了解职业经理人在以往供职企业的职业操守状况。二是个人信用调查。从个人信用系统获取职业经理人在金融行为、公共消费行为、遵纪守法等方面的个人信用信息。三是职业经理人信用档案调查法。职业经理人信用档案系统建立起来之后，可以有偿从职业经理人协会获取候选人的信用档案，了解其信用历史。通过上述途径如果了解到职业经理人有违规违纪甚至违法犯罪记录，则对其"一票否决"。

（2）360度评价法。企业设计职业经理人职业操守评价指标及标准，由直接上级、同事、直接下级、董事会、考核委员会等对他们的职业操守进行评价。其中，董事会、考核委员会、直接上级、直接下级的评价结果在总分中所占的比重应该高一些。

4.2.3 职业经理人胜任素质评价的主体

企业可以根据职业经理人胜任素质评价的内容和自身的管理现状选择合适的素质评价主体：

1. 职业经理人协会

目前中企联CPMQ认证考试的评价内容包括品德、知识、能力和经营管理业绩四个方面,权重分别为10%、20%、30%与40%①。未来职业经理人协会统一负责职业经理人职业资格认证工作②,制定的评价标准除了专业胜任素质和行为胜任素质以外,还应该包括心理胜任素质评价、职业操守素质评价。此外,职业经理人协会还可以运用心理测验、评价中心等方法为企业和职业经理人个人提供心理胜任素质与行为胜任素质测评。

2. 专业咨询公司

企业在招聘选拔职业经理人时,可以委托拥有素质评价工具与专业人才的咨询公司提供专业胜任素质、心理胜任素质与行为胜任素质评价服务。职业经理人个人也可以通过接受素质评价服务了解自身特点以便准确进行职业定位,做好职业发展规划。

3. 企业

有实力的大企业可以通过构建职业经理人胜任素质模型或引进适用的素质评价工具对职业经理人进行评价,以做出聘用与否、培训什么和如何培训、能否留任、晋升或降职等人事决策。这样,不但能提高决策的准确率,还能够充分发挥每位职业经理人的作用,不断提高其素质。

4. 研究机构

一些高等院校或专业研究机构既拥有专业素质评价人才,又具备系统完善的职业经理人胜任素质评价工具,企业也可以委托这些研究机构为企业提供素质评价服务。

5. 人才中介服务机构

目前,国家级、省级、市级、县区级的人才交流中心和人力资源市场而组成的覆盖全国的人才中介服务机构给用人单位提供信息查询、代理招聘、档案代管等业务,也定期或不定期举办各种类型的人才交流会、招聘会与洽谈会等。有条件的可以开展人才素质测评等相关配套服务业务,为企业和职业经理人个人提供有偿服务。

4.3 职业经理人胜任素质评价模型

综合上述研究内容,本书构建如图4-4所示的职业经理人胜任素质

---

① 《职业经理人资格认证标准(通用)》(2005年修订),中企联合网,http://www.cec-ceda.org.cn/zyjlr/zl/glrz/fj/zheng_1.doc。

② 参见本书第6章职业经理人信用评价部分。

评价模型。

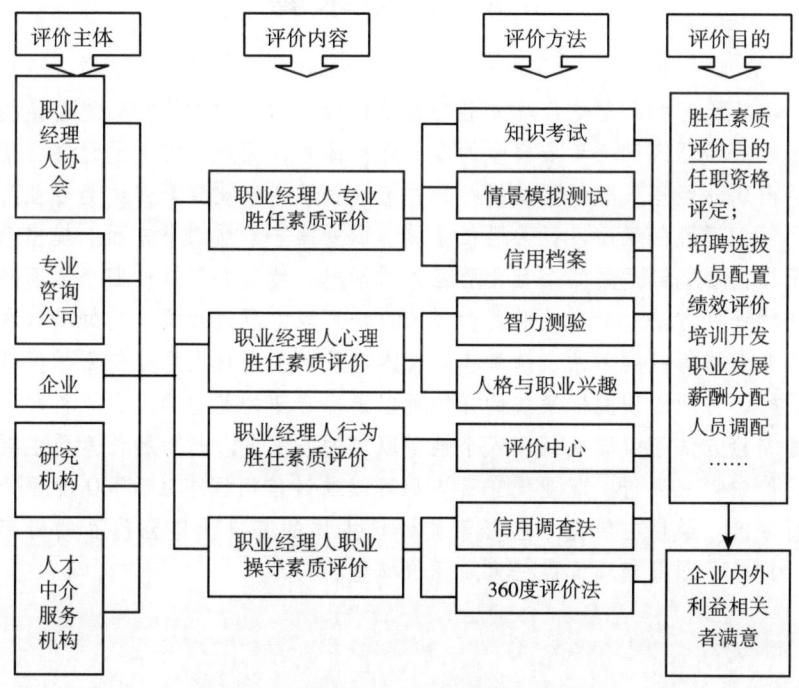

图4-4 职业经理人胜任素质评价模型

如图4-4所示,对职业经理人进行胜任素质评价的主体除了企业以外,还包括职业经理人协会、专业咨询公司、研究机构、人才中介服务机构等。评价的内容主要包括专业胜任素质、心理胜任素质、行为胜任素质和职业操守素质四个方面。四类胜任素质的评价方法是不同的:可以通过知识考试、情景模拟测试、信用档案调查等方法对职业经理人进行专业胜任素质评价;心理胜任素质的评价方法主要有智力测验、人格与职业兴趣测验等;可以通过评价中心方法对职业经理人进行行为胜任素质的评价。而职业操守素质的评价方法主要有信用调查法、360度评价法。胜任素质评价的目的主要是为了对职业经理人进行任职资格评定,为职业经理人的招聘选拔与配置、绩效评价、培训开发、职业发展、薪酬分配、人员调配等人事决策提供科学的依据,最终达到企业内外利益相关者满意的目标。

4.4 本章小结

本章研究的是职业经理人胜任素质评价。由于本章的核心思想是构建基于职业经理人胜任素质模型的素质评价体系，因此，首先通过实证研究归纳出职业经理人胜任素质模型，并把这些胜任素质要素归纳为专业胜任素质、心理胜任素质、行为胜任素质、职业操守素质四个方面。提出企业可根据需要编制适用的个性化胜任素质词典。然后分别探讨四个方面胜任素质的评价方法。对专业胜任素质的评价可以主要通过规范化的考试和参照职业资格等级的方法、情景模拟技术以及职业经理人职业信用档案资料来进行评价。心理胜任素质的评价可以选择合适的智力测验、人格与职业兴趣测验方法了解职业经理人个性与职位的匹配度。行为胜任素质主要通过评价中心来评价。职业操守素质则可以通过信用调查法、360度评价法进行评价。最后在研究了胜任素质评价主体的基础上整合前面的研究结果，构建了职业经理人胜任素质评价模型。

第 5 章

职业经理人绩效评价

5.1 职业经理人的个人绩效与企业绩效

企业是一个开放的社会系统,职业经理人的个人绩效产生于其中并依靠企业绩效来体现。企业为职业经理人搭筑价值实现的平台,职业经理人的知识、技术和能力等人力资本必须通过生产经营管理活动投入企业,并经过可配置资源的转化来实现,可以说企业绩效是高层职业经理人个人绩效最直接的反映。因此,企业在职业经理人经营管理期间绩效的变动情况是衡量其个人绩效的一个重要指标。当然,企业绩效与职业经理人的个人绩效并不完全一致。表5-1对二者之间进行了比较。

表 5-1　　经营者(职业经理人)绩效评价与企业绩效评价的区别

	职业经理人绩效评价	企业绩效评价
评价主体	委托人(所有者)	投资者
评价目的	经理人选聘、薪酬计划、激励	投资决策
评价内容	企业价值在职业经理人经营期间的增量	企业整体经济效益
业绩影响因素	个人的能力水平和努力程度	企业内部、外部各种因素

资料来源:李苹莉、宁超:《关于经营者业绩评价的思考》,载于《会计研究》,2000年第5期,第22~27页。

因此，在设计职业经理人绩效评价指标体系时，首先要确定企业整体的绩效目标，然后对目标进行分解，确定各职业经理人分管业务领域应承担的绩效目标，并据此确定个人绩效评价指标及评价标准。只有各业务领域目标的达成才能确保企业整体绩效目标的实现。为了强化职业经理人对企业整体绩效的责任意识，可以通过以下方式将其个人绩效与企业绩效结合起来①。

$$职业经理人绩效评价分数 = 职业经理人个人绩效评价分数 \times a + 企业绩效评价分数 \times b$$

5.2 职业经理人个人绩效与管理团队绩效

5.2.1 包含个人绩效的管理团队绩效

现代企业日益重视团队建设以及团队文化的形成。团队文化是指企业团队管理的目的和行为都是为了保持企业的协调、维护企业的利益和充分发挥企业的优势。团队要求其成员应对企业具备强烈的荣誉感和认同感，强调成员对企业的归属感，在企业中形成"命运共同体"的融洽气氛。在这种背景下的绩效管理也就不同于传统的绩效管理。具体见表5-2。

表5-2　　　　传统与现代绩效管理理论和方法之比较

比较对象	时期	主要特点	优势	局限
传统绩效管理理论与方法	20世纪80年代以前	基于个人，关注局部目标，员工绩效	使用普遍，指标客观；易统计和操作，程序简单，成本低	短视行为；忽略核心能力的培养和发展；无法承载现代高层管理团队（TMT）的发展
现代绩效管理理论与方法	20世纪80年代以来	着眼企业，基于团队；关注战略目标，系统观点	关注个人绩效与企业战略的长效机制；注重核心能力的培养和发展	缺乏规范的团队管理经验和模式以及专门化培训；尚未构建明确的个人与团队绩效评价体系

---

① 公式中的a、b分别为职业经理人个人绩效评价分数和企业绩效评价分数在计算个人综合绩效评价分数时所占的百分比，二者之间的关系为b=1-a。企业可以根据具体情况来设置a、b的数值。

越来越多的企业日益注重团队建设与发展，并将团队运作与企业战略挂钩以确保战略目标的实现。因而只有运用系统思维模式，将关注局部和关注整体的绩效管理理论与方法有机结合，才能构建更适合现代企业需要的绩效管理系统。企业的绩效与管理团队绩效的高低有着很强的关联性。同时，团队绩效在一定程度上依赖于其成员个人的努力，个体因素对团队也有很大的影响。因此，在高层管理团队（Top Management Team，TMT）中的每位成员不仅要时刻注意自己的知识积累、观念更新，更重要的是要把自己先进的经营理念、勇于创新的精神、良好的价值观念传播给其他成员，使团队形成共同价值观，并逐渐升华为企业精神。在企业内部形成团结友爱、相互尊重、相互学习、平等竞争、勤于思考、不断创新的开放性TMT和其他类型的工作团队。影响团队产生高绩效的因素[1]主要有团队的目标、团队成员的素质、团队的领导、团队成员的多样化、团队成员的熟悉程度、团队凝聚力、团队的激励政策等。因此创建高绩效TMT需要注意以下几点：(1) 确定合理的团队目标。企业的目标就是TMT目标，目标设置必须符合SMART原则，指标可以表现为数量、效率、质量、时间、成本、客户满意度等多种形式。(2) 选拔合格的管理团队成员。根据胜任素质模型选拔具备所需要各项能力与素质的TMT成员，在选拔管理团队成员时还应该注意专业知识、心理特征、性别、管理技能等方面的多样性，以实现优势互补。(3) 增强成员对团队的认同感，提高团队凝聚力。培养团队成员"与团队（企业）共命运"的情感，让每个成员认识到他们之间的协作以及贡献对于管理团队获得成功是至关重要的。可以建立共同的企业愿景来增强成员的认同感。团队凝聚力与绩效存在很大的相关性，高凝聚力的多样化管理团队才能取得$1+1>2$的协同效应。(4) 确定规范的团队秩序，形成良好的制度。建立良好的奖惩政策与制度，对成员进行激励和约束。(5) 树立合作竞争的理念。TMT作为一个整体，必然要求内部成员的合作，但也要促进内部竞争，在评价团队绩效的同时注重成员个人目标的实现情况。(6) 建立有效的TMT领导机制。高层管理团队必须有一个强有力的领导，并形成有效的决策机制，以确保管理团队的统一行动，实现共同的团队目标。团队领导对团队绩效有很大的影响，相关研究表明，团队氛围对团队绩效有40%的影响，而领导力风格对团队氛围有70%的直接影响[2]。

---

[1] 徐芳：《团队绩效测评技术与实践》，中国人民大学出版社2003年版，第34页。
[2] Hay Group 的调查结果。

5.2.2 建立连接个人绩效与管理团队绩效的六西格玛管理体系

团队文化只有融入到企业实践中，与企业的经营管理、创新机制结合起来，渗透到企业管理的方方面面，并转变为一种自觉的行为方式，才能在企业的经营管理实践中发挥积极的导向作用。本书以六西格玛管理在团队建设中的应用来探讨该问题。六西格玛管理理论以 DMAIC（定义、测量、分析、改进和控制）为理论基础，在团队建设中，可以通过这五个步骤的运作消除团队建设中产生缺陷的原因，提高团队绩效：（1）定义。定义阶段只要是为后续工作解决一些基本问题，并以此制定 DMAIC 计划，主要工作包括创建团队、描述和确定流程与规范；（2）测量。测量阶段主要是通过测量用事实与数据评估与理想团队之间的差距，包括选择质量特性、定义绩效标准、测量系统分析；（3）分析。分析阶段主要是用来分析实际与理想团队之间差距存在的原因，以及消除差距的合理措施；（4）改进。改进阶段主要是通过发现问题，及时地进行调整纠偏，并利用统计的方法衡量改善的效果，使团队绩效逐步接近目标；（5）控制。控制阶段主要是对关键因素进行长期控制并采取措施维持改进的效果。团队建设贯穿于整个团队管理过程，也是团队文化逐步形成、稳定和扩散的过程。这一过程始终注重培养追求科学完善、无边界合作的开放型团队文化。见图 5–1。

如表 5–3 所示，按照工作流程来划分，团队可分为汇集型、连续型、互动型、聚焦型四种类型。高层管理团队兼具互动型、聚焦型团队的特点，工作的相互依赖性很强，需要团队成员的密切合作才能实现团队目标。

表 5–3　　　　　　　不同类型团队的特征及其绩效特点

团队类型	团队特征	绩效特点
汇集型团队	每个团队成员独立地进行工作和采取行动，工作并不在团队的成员间进行流动	团队总体绩效是每个成员个体绩效的汇总，每个个体工作努力的总和决定团队绩效
连续型团队	工作按工序从一个成员流向下一个成员，多数情况下方向单一	团队绩效更多地依靠团队成员之间的相互作用，每一个团队成员都对整体绩效做出贡献

续表

团队类型	团队特征	绩效特点
互动型团队	在一段时间内，工作在团队成员间来回流动，信息传递更加富于动态流动性	成员的角色变换更加难以区分，相互依赖性更强，团队绩效显现出很复杂的合作形式
聚焦型团队	团队成员聚焦于某一项共同任务，共同进行问题诊断，通过沟通讨论提出解决问题的方案并付诸行动	团队成员间形成了高度的互相依赖性，必须有效沟通、密切合作才能确保团队任务的完成

资料来源：根据徐芳编著的《团队绩效测评技术与实践》中的相关内容整理。

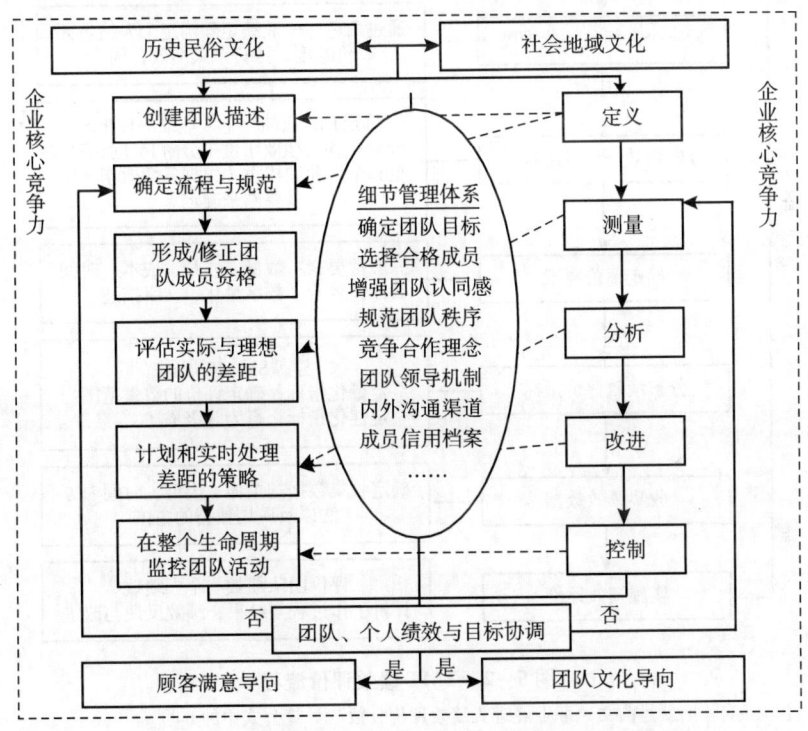

图 5-1 六西格玛管理思想在团队建设中的应用模型

资料来源：王彦伟：《六西格玛管理与团队建设》，载于《中国人力资源研究》，2006 年第 24 期。

因此，在构建职业经理人个人绩效评价指标体系时，应注重高层管理团队的协作导向①，通过各相关业务单元与管理领域的有效合作达成

---

① "Cooperative goals were found to contribute to successful appraisal for negative as well as positive job performance evaluations." Dean Tjosvold and James A. Halco and Performance Appraisal of Managers: Goal Interdependence, Ratings, and Outcomes, The Journal Of Psychology, 2001, 132 (5): 629-639.

管理团队的整体目标，即实现企业的整体目标。TMT 绩效评价流程见图 5-2。

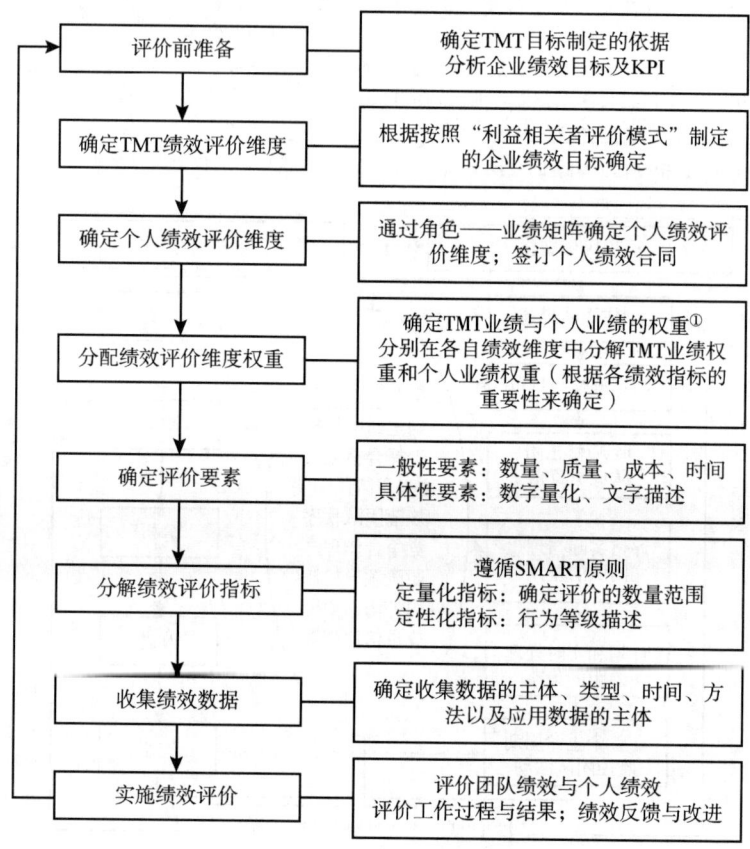

图 5-2　TMT 绩效评价流程

注：①实际上就是前文"职业经理人绩效评价分数"计算公式中的 b 与 a。

如图 5-2 所示，高层管理团队绩效评价包括以下几个阶段：

（1）评价前准备。该阶段主要是依据企业经营战略和企业内外利益相关者的要求来确定高层管理团队的目标，并为确定评价指标提供依据。对高层管理团队来讲，其团队绩效目标就是企业绩效目标。

（2）确定 TMT 绩效评价维度。从一般意义来看，确定团队绩效维度的方法主要有利益相关者关系图法、企业绩效目标分解法、业绩金字塔法、工作流程图法①等，高层管理团队绩效评价维度则主要根据客户关系图法和企业绩效目标分解法的思路，按照"利益相关者评价模式"，根据平衡计分卡技术来确定财务、客户、企业运营、学习创新与成长四个维度。

（3）确定个人绩效评价维度。在高层管理团队中，除了对团队绩效评价以外，每位团队成员也希望自己对团队的贡献能够被认可，因此，还需要对团队成员进行评价，可以通过角色—绩效矩阵（见表5-4）来确定高管团队成员的个人绩效评价维度。

表5-4　　　　确定个人绩效评价维度的角色—绩效矩阵

	团队绩效维度1 财务类指标	团队绩效维度2 客户类指标	团队绩效维度3 企业内部运营类	团队绩效维度4 学习/创新与成长类
团队成员A	个人绩效	个人绩效	个人绩效	个人绩效
团队成员B	个人绩效	个人绩效	个人绩效	个人绩效
团队成员C	个人绩效	个人绩效		个人绩效
团队成员D			个人绩效	个人绩效
团队成员E	个人绩效		个人绩效	个人绩效

资料来源：借鉴徐芳编著的《团队绩效测评技术与实践》中的相关内容，根据本书的研究对象与内容整理。

（4）分配绩效评价维度权重。权重用来表示各项绩效评价维度的相对重要性，以帮助团队明确各项业绩的相对重要程度，也可以帮助成员合理分配资源。可以通过专家评价法、层次分析法等科学的方法确定权重，也可以根据以往的管理经验来确定，一般来讲每个绩效评价维度的权重设计的范围为5%~30%。

（5）确定评价要素。评价要素主要是用来对每项业绩进行评价的具体衡量标准，一般有数量、质量、成本、时间等要素，具体的可以有定量化和定性化两种表现方式。

（6）分解绩效评价指标。定量化指标可以确定一个范围，定性化指标可以用行为等级描述法来确定。

（7）收集绩效数据。收集与绩效评价有关的数据是确保评价客观性的重要前提，应通过报表或其他途径收集绩效评价数据。

---

① 利益相关者关系图法是通过描述TMT的内外利益相关者以及说明TMT能为他们提供哪些产品和服务来确定绩效评价维度。企业绩效目标分解法主要是指根据团队可以对企业关键绩效指标做出哪些贡献来确定团队绩效评价维度。业绩金字塔法是通过明确企业业绩的层次，界定团队对企业业绩的责任，据此选择那些能够把团队目标与企业目标紧密联系起来的绩效评价维度的方法。工作流程图法是通过工作流程图来确定团队绩效的三个评价维度：向客户提供的最终产品；整个团队应负责的重要的工作移交；整个团队应负责的重要的工作步骤。

(8) 实施绩效评价。根据前面确定的评价指标分别对团队绩效和个人绩效进行评价，根据评价结果对绩效进行综合诊断，以便于采取针对性的绩效提升与改进对策。

5.3 职业经理人绩效评价与管理现状实证研究

为了了解职业经理人绩效评价与管理的现状，本书设计了调查问卷，问卷调查的主要目的有：（1）了解被调查企业绩效评价与管理的现状，包括考核指标体系的设置、绩效评价主体的构成、绩效评价结果的运用情况等；（2）由答卷者对所设计评价指标的重要性进行等级评价，并根据他们的评价构建不同类型职业经理人的绩效评价指标体系；（3）了解被调查企业近两年的绩效变化状况，通过被调查者对职业经理人所具备的基本能力与素质的评价，分析其与公司绩效之间的关联性，构建职业经理人胜任素质模型。（4）通过被调查者对培训相关选项的回答，在了解被调查企业培训现状的基础上研究职业经理人培训与素质提升的途径与方法。

本书运用平衡计分卡的四类评价指标框架于2006年3月设计了职业经理人绩效管理系统研究调查问卷，并于2006年4月至5月对山东省济南、东营、烟台、淄博、威海等城市部分企业高层职业经理人进行了试测，收回有效问卷218份，根据对答卷者的访谈和对回收问卷进行初步分析，对初试问卷进行了调整：删去了部分不符合企业实际情况的指标；改变了原来企业业绩"是（否）"两个简单选项为五级选项；增加了"职业经理人应具备的基本能力与素质要求"部分的内容，以了解职业经理人素质与企业业绩之间的关系，以便于构建职业经理人胜任素质模型。调整后的正式问卷"职业经理人绩效管理系统研究调查问卷"（见附件1）共包括个人基本信息、绩效评价者、评价指标、绩效评价结果的应用、公司业绩、企业环境、职业经理人应具备的基本能力与素质要求七部分内容，不仅要求答卷者根据企业的实际情况对这些选项的现状进行判断，同时要求他们评价相关选项的重要程度。

2006年6月至11月通过发放打印的纸质问卷和发送电子邮件的方式发放调查问卷，共回收有效问卷380份。调查的区域主要包括山东省济南、东营、烟台、淄博、济宁、临沂、德州、莱芜等城市100多家公司。调查企业的分布较广，具体见下面的分析。

5.3.1 职业经理人绩效评价与管理现状的问卷调查

1. 调查问卷的分布情况

（1）不同行业中调查问卷的分布情况。本次调查包含了制造业，批发与零售业，房地产业，住宿和餐饮业，采矿业，交通运输、仓储和邮电业，金融业，电力、燃气和水的生产和供应业，信息传输、计算机服务和软件业，农、林、牧、渔业等几乎所有的行业。具体分布情况见图5-3。其中，第二、第三产业是主体部分，尤其以第二产业中的制造业为主，占整个调查比例的33.86%。符合我国的产业结构以第二产业为主的现状。

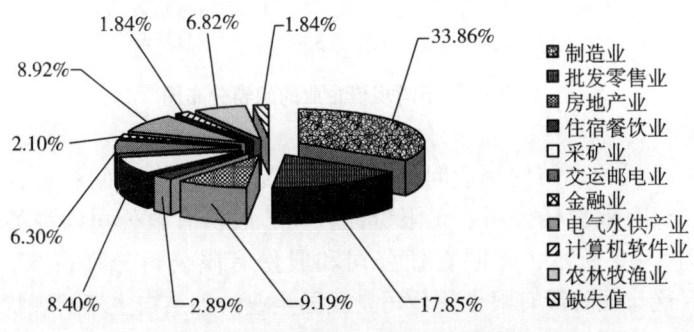

图5-3　不同行业中调查问卷分布图

（2）不同所有制企业中的调查问卷分布情况。本次调查包括了国有企业、民营企业、合资或外商独资企业三种类型的企业，具体分布情况见图5-4。其中国有企业和民营企业分别占40.68%和41.73%，占了本次调查的绝大部分比例，因此本次问卷调查的结果对国有和民营企业都有较重要的借鉴意义。此外，合资或外商独资企业占了本次调查问卷的14.2%，本次调查的结果对他们有一定的借鉴意义。

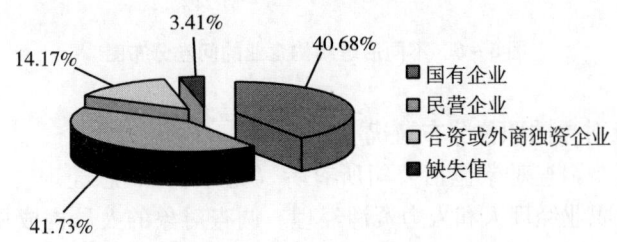

图5-4　不同所有制企业的调查问卷分布图

（3）不同规模企业调查问卷的分布情况。本次调查问卷既包括了拥有几千员工的大型企业，也包括了拥有100名员工以下的小型企业，具体分布情况见图5-5。其中比例较大的是小企业和2000~3000人的大企业，均为18.11%。因此，调查问卷选择的样本具有代表性，研究结果对于各种规模的企业来说，都具有一定的参考价值。

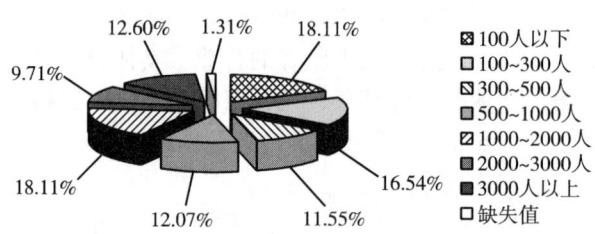

图5-5 不同规模企业的问卷分布图

（4）不同治理结构企业问卷的分布情况。本次调查问卷包含了个人独资公司、有限责任公司、无限责任公司、股份有限公司四种类型的企业。如图5-6所示，有限责任公司和股份有限公司分别占57.74%和31.5%，这与现阶段有限责任公司是我国企业治理结构主流的现状是相符的。因此，主要根据对有限责任公司进行问卷调查的结果得出的结论更具有说服力和指导性。

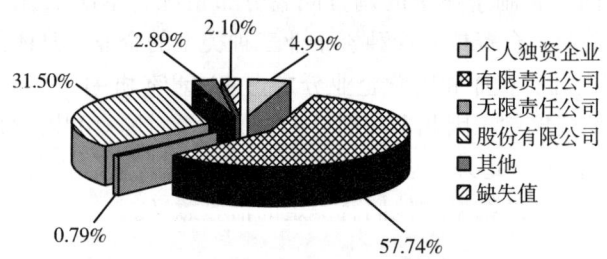

图5-6 不同治理结构企业的问卷分布图

2. 调查对象的职位分布情况

本次问卷调查对象包括公司所有者（董事长）、总经理、副总经理、总监等高层职业经理人和人力资源经理。调查对象的人员构成见图5-7。其中，总经理、人力资源经理和营销副总所占的比例稍大一些，分别为

17.59%、17.59%和13.91%。其他各职位所占比例相差不大，比较均匀的调查对象分布将有利于后面绩效指标设计。

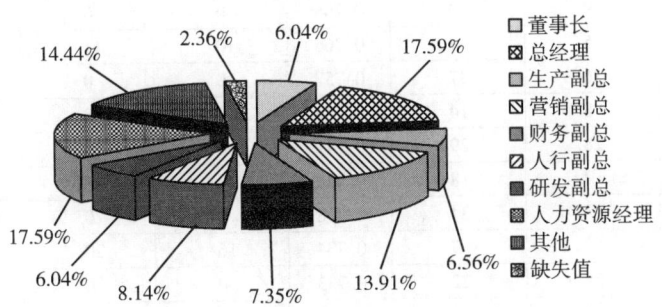

图5-7 调查对象的职位分布图

3. 职业经理人绩效评价指标设置现状

调查问卷中绩效评价指标设计的依据：一是根据平衡计分卡原理设计了财务、客户、企业运营和学习、创新与成长四大类指标；二是根据职业经理人胜任素质特征的要求设计了个人的能力与行为指标。为了更准确地进行指标分类，本书通过层次聚类分析中的 R 型聚类分析方法对绩效评价指标进行分类，聚类分析合并进程表见表5-5。

表5-5 聚类分析合并进程表（Agglomeration Schedule）

步骤	聚类分析		系数	类第一次出现的步骤		下一步
	类1	类2		类1	类2	
1	5	6	0.900	0	0	10
2	29	30	0.892	0	0	19
3	1	2	0.877	0	0	35
4	3	4	0.876	0	0	29
5	18	19	0.860	0	0	7
6	10	11	0.851	0	0	11
7	18	20	0.817	5	0	14
8	14	15	0.812	0	0	18
9	45	46	0.799	0	0	26
10	5	12	0.798	1	0	16
11	9	10	0.787	0	6	16
12	41	42	0.783	0	0	30
13	47	48	0.782	0	0	24
14	17	18	0.778	0	7	27

续表

步骤	聚类分析		系数	类第一次出现的步骤		下一步
	类1	类2		类1	类2	
15	39	40	0.768	0	0	25
16	5	9	0.766	10	11	22
17	36	37	0.757	0	0	37
18	8	14	0.753	0	8	20
19	28	29	0.741	0	2	33
20	7	8	0.738	0	18	22
21	33	34	0.738	0	0	31
22	5	7	0.734	16	20	28
23	21	22	0.733	0	0	40
24	47	49	0.727	13	0	30
25	38	39	0.722	0	15	42
26	44	45	0.721	0	9	32
27	16	17	0.712	0	14	35
28	5	13	0.712	22	0	29
29	3	5	0.673	4	28	37
30	41	47	0.670	12	24	36
31	31	33	0.664	0	21	34
32	43	44	0.645	0	26	36
33	27	28	0.635	0	19	41
34	31	32	0.626	31	0	40
35	1	16	0.621	3	27	38
36	41	43	0.619	30	32	42
37	3	36	0.616	29	17	38
38	1	3	0.598	35	37	41
39	24	26	0.577	0	0	43
40	21	31	0.576	23	34	46
41	1	27	0.555	38	33	43
42	38	41	0.542	25	36	44
43	1	24	0.478	41	39	48
44	35	38	0.474	0	42	45
45	25	35	0.466	0	44	47
46	21	23	0.455	40	0	47
47	21	25	0.426	46	45	48
48	1	21	0.303	43	47	0

注：上表中类1和类2列的数字"1~49"是调查问卷中绩效评价指标的序号。

根据表5-5的聚类步骤，本书原则上都是按照第一次聚类的结果对各绩效指标进行归类。因此，虽然第1项和第16项①、第3项和第36项②、第21项和第31项③相关系数较大，但也未将他们划在同一类指标中。但在聚类过程中出现一个特殊情况，第35项指标"员工合理化建议的次数、采纳程度及带来的效益"在调查问卷设计时将其归为"学习、创新与成长"指标类，在聚类分析中，该指标分别以0.474和0.466的系数与第38项"决策能力"和第25项"分管领域制度建设"分到同一类中，统计分析结果应该与"决策能力"分到"个人能力与行为"类指标中，但从管理实践的角度来看将其与"分管领域制度建设"划分到"企业内部运营类"指标中更合理。所以本书设计的调查问卷中只有第35项的归类与问卷的设计有所不符。具体的分类结果见表5-6。

表5-6　职业经理人绩效评价指标分类一览表

指标分类	绩效评价指标
财务类指标	(1) 销售目标完成率；(2) 销售利润率；(3) 净资产收益率；(4) 总资产报酬率；(5) 总资产周转率；(6) 流动资产周转率；(7) 存货周转率；(8) 应收账款周转率；(9) 资产负债率；(10) 流动比率；(11) 现金流动负债率；(12) 总资产增长率；(13) 销售增长率；(14) 货款回收率（回款率）；(15) 资金周转率
客户类指标	(16) 客户满意度；(17) 市场占有率；(18) 客户开发率；(19) 客户维持率；(20) 客户利润率
企业运营类指标	(21) 员工培训目标达成的程度；(22) 人才引进计划的完成程度；(23) 费用预算的执行情况；(24) 事故发生率 (30) 资金安全性；(25) 分管领域制度建设；(26) 项目、产品开发计划完成的程度；(27) 交货期；(28) 设备维护；(29) 会计核算准确性；(35) 员工合理化建议的次数、采纳程度及带来的效益
学习创新与成长类指标	(31) 员工满意度；(32) 员工留住率；(33) 人才战略规划；(34) 骨干人才适用率；(36) 新产品（项目）收入占总收入的比率；(37) 技术改造创造的收益
个人能力与行为指标	(38) 决策能力；(39) 沟通协调能力；(40) 授权与激励能力；(41) 学习与创新能力；(42) 人才培养能力；(43) 个人影响力；(44) 专业知识技能；(45) 工作主动性；(46) 团队协作意识；(47) 成就动机；(48) 自信；(49) 责任心

注：表中括号内的数字1~49是调查问卷中绩效评价指标的序号。

---

　　① 第1项和第16项的系数为0.621，它们之间关联性较大，但在这两项聚类之前，第1项和第2项、第16项和第17项分别以0.877、0.712的系数划分到财务类和客户类，因此，这两项绩效指标不划为同一类，而是按照前面的聚类结果进行分类。

　　② 第3项和第36项的系数为0.616，但在这两项指标聚类之前，第3项和第4项、第36项和第37项分别以0.712、0.757的系数划分到财务类和企业内部运营类，因此，这两项绩效指标不划为同一类。

　　③ 第21项和第31项的系数为0.576，但在这两项指标聚类之前，第21项和第22项、第31项和第33项分别以0.733、0.664的系数划分到企业内部运营类和学习、创新与成长类，因此，这两项绩效指标不划为同一类。

职业经理人各类绩效评价指标设置现状的调查结果汇总见表 5-7（1）~表 5-7（5）。

表 5-7（1）　职业经理人财务类绩效评价指标设置现状统计表

问卷中的编号	评价指标	在企业现行评价体系中包含该指标的选择数量（%）	在企业现行评价体系中未包含该指标的选择数量（%）	对此选项没有回答的试卷数量（%）
1.1	销售目标完成率	244（64）	112（29.4）	25（6.6）
1.2	销售利润率	213（55.9）	132（34.6）	36（9.4）
1.3	净资产收益率	111（29.1）	216（56.7）	54（14.2）
1.4	总资产报酬率	81（21.3）	241（63.3）	59（15.5）
1.5	总资产周转率	95（24.9）	229（60.1）	57（15.0）
1.6	流动资产周转率	104（27.3）	220（57.7）	57（15.0）
1.7	存货周转率	123（32.3）	203（53.3）	55（14.4）
1.8	应收账款周转率	127（33.3）	201（52.8）	52（13.6）
1.9	资产负债率	111（29.1）	216（56.7）	54（14.2）
1.10	流动比率	92（24.1）	226（59.3）	63（16.5）
1.11	现金流动负债率	97（25.5）	225（59.1）	59（15.5）
1.12	总资产增长率	99（26.0）	223（58.5）	59（15.5）
1.13	销售增长率	175（45.9）	159（41.7）	47（12.3）
1.14	货款回收率（回款率）	142（37.3）	188（49.3）	51（13.4）
1.15	资金周转率	130（34.1）	195（51.2）	56（14.7）

由表 5-7（1）可以看出，职业经理人现行绩效评价指标体系中超过 50% 的答卷者设置的财务指标只有销售目标完成率（64%）、销售利润率（55.9%），其次是销售增长率（45.9%），而包括其他指标的企业的数量却较少。这可能有两个原因：一是调查对象中生产、人事行政和研发副总占 31.7%，他们对财务绩效指标负有间接责任，这些职业经理人的绩效评价指标中财务指标较少；二是企业的绩效评价指标设置不全面，指标体系中未包括这些财务指标。

表 5-7（2）　职业经理人客户类绩效评价指标设置现状统计表

问卷中的编号	评价指标	在企业现行评价体系中包含该指标的选择数量（%）	在企业现行评价体系中未包含该指标的选择数量（%）	对此选项没有回答的试卷数量（%）
2.1	客户满意度	242（63.5）	109（28.6）	29（7.6）
2.2	市场占有率	169（44.4）	172（45.1）	39（10.2）

续表

问卷中的编号	评价指标	在企业现行评价体系中包含该指标的选择数量（%）	在企业现行评价体系中未包含该指标的选择数量（%）	对此选项没有回答的试卷数量（%）
2.3	客户开发率	140（36.7）	194（50.9）	47（12.3）
2.4	客户维持率	139（36.5）	193（50.7）	48（12.6）
2.5	客户利润率	107（28.1）	222（58.3）	50（13.1）

由表5-7（2）可以看出，只有客户满意度指标的设置比例超过50%，其次是市场占有率（44.4%），其余指标选择的数量都较少。说明相当一部分答卷者所在的企业对职业经理人的评价未包括客户类指标。

由表5-7（3）可知，费用预算的执行情况（72.2%）、员工培训目标达成的程度（62.7%）、分管领域制度建设（66.1%）、事故发生率（55.4%）、员工合理化建议的次数、采纳程度及带来的效益（53%）等指标选择的比例都超过了50%。其他指标除了与特定职位有关的交货期指标外，选择的数量也都超过了40%，高于前两类指标，这说明企业比较重视内部运营状况的评价。

表5-7（3） 职业经理人企业内部运营类绩效评价指标设置现状统计表

问卷中的编号	评价指标	在企业现行评价体系中包含该指标的选择数量（%）	在企业现行评价体系中未包含该指标的选择数量（%）	对此选项没有回答的试卷数量（%）
3.1	员工培训目标达成的程度	239（62.7）	112（29.4）	30（7.9）
3.2	人才引进计划的完成程度	174（45.7）	166（43.6）	39（10.2）
3.3	费用预算的执行情况	257（72.2）	75（19.7）	30（7.9）
3.4	事故发生率	211（55.4）	123（32.3）	44（11.5）
3.5	分管领域制度建设	252（66.1）	89（23.4）	38（10.0）
3.6	项目、产品开发计划完成的程度	168（44.1）	158（41.5）	55（14.4）
3.7	交货期	135（35.4）	190（49.9）	56（14.7）
3.8	设备维护	157（41.2）	167（43.8）	56（14.7）
3.9	会计核算准确性	165（43.3）	160（42.0）	56（14.7）
3.10	资金安全性	188（49.3）	146（38.3）	47（12.3）
4.5	员工合理化建议的次数、采纳程度及带来的效益	202（53.0）	138（36.2）	41（10.8）

表5-7（4） 职业经理人学习、成长与创新类绩效评价指标设置现状统计表

问卷中的编号	评价指标	在企业现行评价体系中包含该指标的选择数量（%）	在企业现行评价体系中未包含该指标的选择数量（%）	对此选项没有回答的试卷数量（%）
4.1	员工满意度	261（68.5）	97（25.5）	23（6.0）
4.2	员工留住率	172（45.1）	171（44.9）	38（10.0）
4.3	人才战略规划	189（49.6）	152（39.9）	40（10.5）
4.4	骨干人才适用率	183（48.0）	158（41.5）	40（10.5）
4.6	新产品（项目）收入占总收入的比率	115（30.2）	213（55.9）	53（13.9）
4.7	技术改造创造的收益	102（26.8）	222（58.3）	57（15.0）

由表5-7（4）可以看出，员工满意度指标的选择率超过50%，人才战略规划（49.6%）、骨干人才适用率（48%）的选择率接近50%。说明有一半左右答卷者所在的企业较重视学习、创新与成长类指标的评价。

表5-7（5） 职业经理人个人能力与行为类绩效评价指标设置现状统计表

问卷中的编号	评价指标	在企业现行评价体系中包含该指标的选择数量（%）	在企业现行评价体系中未包含该指标的选择数量（%）	对此选项没有回答的试卷数量（%）
5.1	决策能力	263（69.0）	84（22.0）	34（8.9）
5.2	沟通协调能力	295（77.4）	61（16.0）	24（6.3）
5.3	授权与激励能力	250（65.6）	98（25.7）	32（8.4）
5.4	学习与创新能力	277（72.7）	72（18.9）	31（8.1）
5.5	人才培养能力	255（66.9）	89（23.4）	37（9.7）
5.6	个人影响力（个人魅力）	214（56.2）	128（33.6）	39（10.2）
5.7	专业知识技能	285（74.8）	68（17.8）	28（7.3）
5.8	工作主动性	283（74.3）	656（17.1）	33（8.7）
5.9	团队协作意识	298（78.2）	56（14.7）	27（7.1）
5.10	成就动机	214（56.2）	124（32.5）	42（11.0）
5.11	自信	220（57.7）	117（30.7）	43（11.3）
5.12	责任心	300（78.7）	56（14.7）	24（6.3）

由表5-7（5）可以看出，在个人能力与行为指标部分，所有指标选

择的比例都超过了50%，说明超过半数职业经理人所在企业都比较重视职业经理人个人能力和行为的评价，并已把这些指标纳入到各类职业经理人的绩效评价体系中。但对魅力型领导较重要的成就动机、自信、个人魅力、人才培养能力等个人素质进行评价的比例相对较低。

4. 职业经理人绩效评价指标设计状况矩阵图

在调查问卷中，除了让答卷者回答企业现行绩效评价指标体系中是否包含各指标，还让他们对这些指标的重要性进行等级评价。为了进一步了解企业职业经理人绩效评价指标体系设计的现状，本书按照答卷的两个维度"现状'有——没有'、答卷者认为'重要——不重要①'"分别就6类职业经理人的绩效评价指标设置现状进行分析，统计结果见图5-8（1）~5-8（6）②。

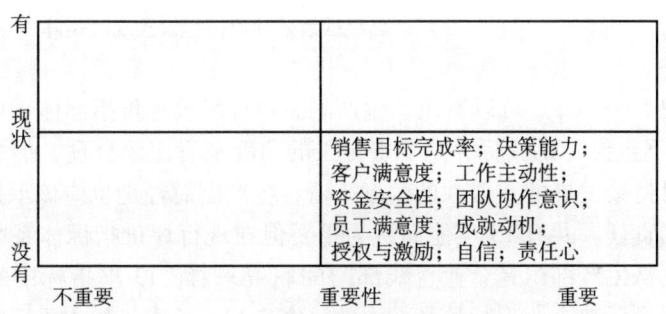

图5-8（1）　总经理绩效评价指标设置现状矩阵图

由图5-8（1）可以看出，总经理绩效评价指标体系中不存在"有——不重要"的指标，有11项答卷者认为重要的指标但没有被评价。其中，个人能力与行为类指标有7项，其他四类指标各一项，客户满意度、员工满意度是影响企业可持续发展能力的指标，但却没有被评价。在个人能力与行为指标中，"成就动机"对总经理来讲很重要，因为该指标的高低不仅影响到总经理个人在事业上的进取心，更重要的是会影响到他们在企业

---

① "不重要——重要"的定义：对答卷者认为各指标的重要性等级进行均值分析，由于答卷者对重要性的选择都偏高，所以本文把重要性评价等级均值小于4的绩效评价指标定义为"不重要"，均值大于等于4的绩效评价指标选项定义为"重要"。
② 图5-8（1）~5-8（6）设计说明：某类职业经理人绩效评价指标设置现状"没有"该指标的并且答卷者认为"不重要"以及现状"有"该指标并且答卷者认为"重要"的指标属于现状与认识一致的指标，在矩阵图中不再标示，图中主要标示现状与认识不一致的指标，如"没有——重要"和"有——不重要"的绩效指标。

发展方面的成就欲,会影响一个企业未来的发展。

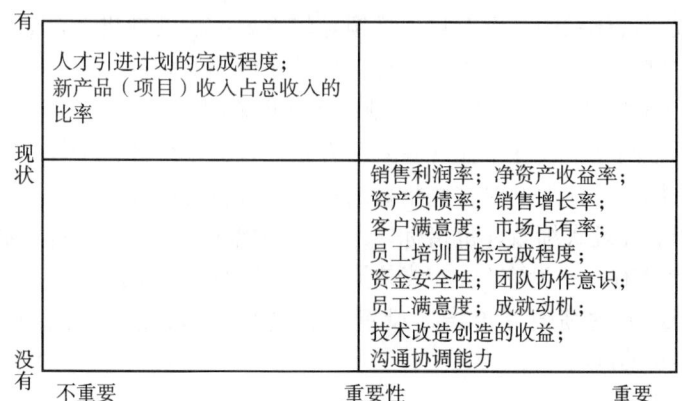

图 5－8（2） 生产副总经理绩效评价指标设置现状矩阵

由图5－8（2）可以看出,生产副总经理绩效评价指标体系中有2项"有——不重要"的指标,从职责分工的角度来看比较合理,但是从人才对企业可持续发展的重要性的角度来看,生产副总经理也应该承担部分引进人才的责任。共有13项他们认为重要但在现行评价指标体系中未包含的指标。从生产部门是企业直线部门的职责来看,13项指标中的财务类指标主要是反映企业现行盈利能力的,客户和成长类指标主要反映未来的盈利能力,这些指标的高低与生产副总经理职位有较重要的关系。3项个人能力与行为指标对该职位绩效的高低有较大的关联性,属于职业经理人胜任素质特征的要素。

由图5－8（3）可以看出,营销副总经理绩效评价指标体系中有12项"有——不重要"的指标,从职责分工的角度来看,比较合理。但从企业可持续发展的角度来讲,所有的高层职业经理人都应该重视人才引进、员工培训工作和项目、产品开发计划的完成。同时有20项他们认为重要但在现行绩效评价指标体系中未包含的指标。其中的3个财务指标、4个客户类指标、2个企业内部运营类指标都是与营销副总岗位职责密切相关的但却未被评价,说明目前对营销副总经理的绩效评价比较欠缺。4个学习、创新与成长类指标涉及企业未来盈利能力,7个个人能力与行为指标都属于职业经理人胜任素质特征要素,是影响其绩效的重要因素。

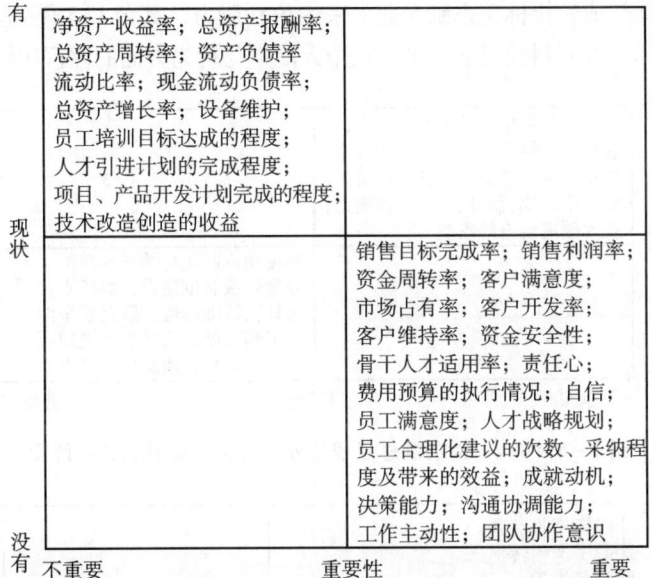

图5-8（3） 营销副总经理绩效评价指标设置现状矩阵图

由图5-8（4）可以看出，财务副总经理绩效评价指标体系中有10项"有——不重要"的指标。但从财务管理的角度来看，反映企业偿债能力的3项财务类指标总资产周转率、流动资产周转率与流动比率与财务副总经理的职责有关，应该予以评价。此外，从企业可持续发展的角度来看，员工留住率是每位管理者的责任，作为高层管理者的财务副总经理也应该承担该项职责。同时有10项财务副总经理认为重要但在现行绩效评价指标体系中未包含的指标。其中4项企业内部运营类指标都是财务副总经理职责范围内的工作，应该予以评价，2项学习、创新与成长指标关系到企业未来的盈利能力，4项个人能力与行为指标也都属于职业经理人胜任素质特征要素，是影响其绩效的重要因素。

由图5-8（5）可以看出，人事行政副总经理绩效评价指标体系中有4项"有——不重要"的指标，从职责分工的角度来看比较合理。他们认为在目前的绩效评价指标体系中不存在重要的指标但没有被评价的情况，说明人事行政副总经理的绩效评价指标设计比较全面。

由图5-8（6）可以看出，研发副总经理绩效评价指标体系中有4项"有——不重要"的指标，从职责分工的角度来分析，比较合理。同时有14项研发副总认为重要但在现行绩效评价指标体系中未包含的指标，其中2项学习、创新与成长指标关系到企业未来的盈利能力，其余12项都是个人能力与行为指标，说明目前对研发副总在个人能力与行为方面的评价比较欠缺。

有	净资产收益率；总资产报酬率；总资产周转率；流动资产周转率；流动比率；总资产增长率；员工留住率；成就动机；个人影响力；技术改造创造的收益	
现状		费用预算的执行情况；自信；分管领域制度建设；责任心；会计核算准确性；资金安全性；员工满意度；人才战略规划；工作主动性；团队协作意识
没有		
	不重要　　　　重要性　　　　重要	

图5-8（4）　财务副总经理绩效评价指标设置现状矩阵图

有	净资产收益率；总资产周转率；设备维护；新产品（项目）收入占总收入的比率	
现状		
没有		
	不重要　　　　重要性　　　　重要	

图5-8（5）　人事行政副总经理绩效评价指标设置现状矩阵

有	总资产周转率；应收账款周转率；总资产增长率；客户维持率	
现状		员工满意度；决策能力；人才战略规划；工作主动性；沟通协调能力；授权与激励能力；学习与创新能力；责任心；人才培养能力；个人影响力；专业知识技能；团队协作意识；成就动机；自信
没有		
	不重要　　　　重要性　　　　重要	

图5-8（6）　研发副总经理绩效评价指标设置现状矩阵图

5.4 职业经理人绩效评价模型

5.4.1 职业经理人绩效评价的内容——绩效评价指标体系设计

职业经理人绩效评价内容的确定实际上就是绩效评价指标的设计问题。由于不同类型职业经理人在企业绩效目标方面的责任差异很大，所以本书在设计职业经理人绩效评价指标时，按照职业经理人的分类——总经理、生产副总经理、营销副总经理、财务副总经理、人事行政副总经理、研发副总经理分别建立绩效评价指标体系。首先根据职业经理人对问卷中绩效指标选项重要程度的评价情况，通过描述性统计分析（均值分析）的方法确定各类职业经理人的绩效评价指标。由于被调查对象选择的重要性等级普遍较高，因此，在分析之前首先对问卷的各项指标进行了偏度分析，通过分析发现，各项指标的偏度基本都在1左右，所以，在均值取值时都采用4作为中值点。均值在中值点以上的指标说明比较重要，即被选为该类职业经理人的绩效评价指标。各指标均值的统计结果见表5-8。

表 5-8　各类职业经理人对各绩效指标重要性评价的均值一览表

指标分类	绩效指标	各类职业经理人重要性评价的均值					
		2	3	4	5	6	7[①]
财务类指标	销售目标完成率	4.57	4.41	4.54	4.20	3.43	4.00
	销售利润率	4.63	4.35	4.43	4.33	3.43	3.94
	净资产收益率	4.10	4.21	3.66	3.68	2.93	3.44
	总资产报酬率	3.78	4.15	3.48	3.35	2.82	3.69
	总资产周转率	3.80	3.93	3.35	3.35	2.79	3.38
	流动资产周转率	3.82	4.0	3.85	3.79	2.93	3.47
	存货周转率	3.87	4.0	3.79	3.68	3.03	3.38
	应收账款周转率	4.02	4.21	3.76	4.05	2.93	3.50
	资产负债率	4.00	4.33	3.47	3.44	2.93	3.44
	流动比率	3.76	3.92	3.57	3.53	2.89	3.50

---

① 表5-8中2~7的序号代表附件1调查问卷第一部分"个人基本信息"第11题中答卷者的"职位与职责分工"中本书研究的六类职业经理人选项的序号：2. 总经理；3. 生产副总；4. 营销副总；5. 财务副总；6. 人事行政副总；7. 研发副总。

续表

指标分类	绩效指标	各类职业经理人重要性评价的均值					
		2	3	4	5	6	7
财务类指标	现金流动负债率	3.94	4.0	3.60	3.56	2.85	3.40
	总资产增长率	4.07	4.31	3.71	3.33	2.86	3.50
	销售增长率	4.42	4.56	4.31	4.06	3.17	3.63
	货款回收率（回款率）	4.29	4.15	3.83	400	3.04	3.88
	资金周转率	4.30	4.20	4.16	3.95	3.00	3.75
客户类指标	客户满意度	4.64	4.44	4.52	4.11	3.69	4.19
	市场占有率	4.53	4.44	4.40	3.67	3.17	3.60
	客户开发率	4.22	4.06	4.13	3.59	3.14	3.75
	客户维持率	4.46	4.35	4.32	4.00	3.18	3.53
	客户利润率	4.18	3.94	3.98	3.71	3.04	3.73
企业内部运营类指标	员工培训目标达成的程度	4.09	4.11	3.79	4.28	4.13	4.06
	人才引进计划的完成程度	3.88	3.76	3.59	3.71	3.94	3.94
	费用预算的执行情况	4.16	4.00	4.25	4.15	3.69	3.94
	事故发生率	4.30	4.26	4.11	4.29	3.75	3.94
	分管领域制度建设	3.98	4.11	4.00	4.31	4.27	4.11
	项目、产品开发计划完成的程度	4.02	4.57	3.49	4.13	3.29	4.31
	交货期	4.0	4.47	3.89	4.19	3.14	4.06
	设备维护	3.81	4.25	3.67	4.00	3.04	3.67
	会计核算准确性	4.27	4.19	3.83	4.40	3.43	3.71
	资金安全性	4.54	4.06	4.18	4.50	3.50	3.71
	员工合理化建议的次数、采纳程度及带来的效益	4.0	4.06	4.18	3.83	4.07	4.00
学习创新与成长类指标	员工满意度	4.14	4.35	4.16	4.25	4.31	4.33
	员工留住率	3.91	3.94	3.73	4.06	4.04	4.06
	人才战略规划	4.14	3.75	4.20	4.32	4.17	4.32
	骨干人才适用率	4.16	4.13	4.05	4.32	4.21	4.21
	新产品（项目）收入占总收入的比率	3.85	3.88	3.76	3.50	3.00	3.80
	技术改造创造的收益	3.84	4.20	3.56	3.53	3.12	4.00
个人能力与行为指标	决策能力	4.58	4.47	4.27	4.32	4.30	4.40
	沟通协调能力	4.60	4.41	4.47	4.39	4.36	4.35
	授权与激励能力	4.37	4.18	4.16	4.20	4.27	4.28
	学习与创新能力	4.46	4.47	4.07	4.29	4.36	4.37
	人才培养能力	4.25	3.94	4.02	4.00	4.41	4.39

续表

指标分类	绩效指标	各类职业经理人重要性评价的均值				
		2	3	4	5	6	7
个人能力与行为指标	个人影响力	4.31	4.31	4.07	3.65	3.81	4.32
	专业知识技能	4.19	4.41	4.05	4.23	4.11	4.42
	工作主动性	4.55	4.53	4.27	4.09	4.36	4.74
	团队协作意识	4.53	4.41	4.41	4.18	4.29	4.47
	成就动机	4.40	4.29	4.25	3.88	4.04	4.21
	自信	4.47	4.33	4.41	4.05	4.11	4.32
	责任心	4.72	4.53	4.56	4.32	4.39	4.63

1. 总经理绩效评价指标体系设计

根据表5-8的统计结果，本书设计总经理的绩效评价指标体系，见图5-9。

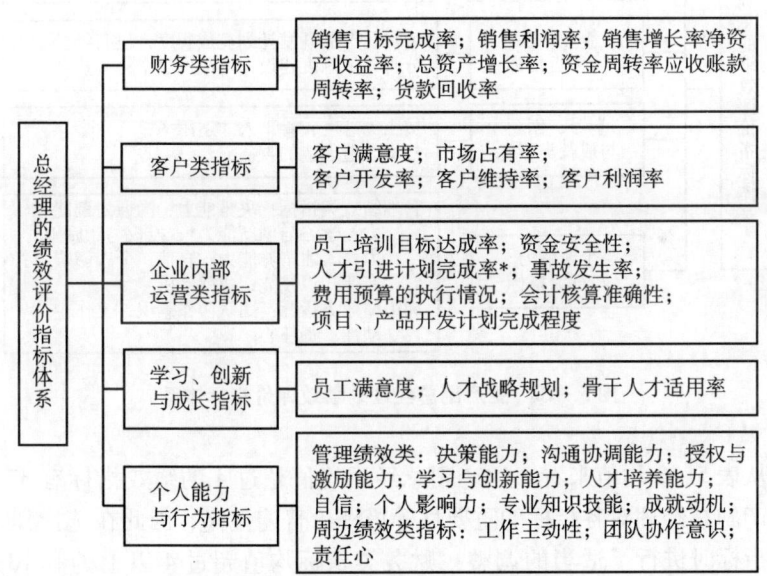

图5-9　总经理的绩效评价指标体系

由图5-9可以看出，总经理的绩效评价指标体系包含了全部12项个人能力与行为指标[①]，说明该职位能力要求的全面性，包括8项主要反映

---

① "个人能力与行为指标"中一部分指标是评价职业经理人的管理能力与素质的，将其归纳为管理绩效类指标，另一部分指标是反映职业经理人在工作中跟相关群体与个人工作协作与配合情况的，根据含义将其归为周边绩效类。这样的分类也是为后面的研究提供方便。

企业盈利能力、营运能力和偿债能力的财务指标,在很大程度上影响企业未来盈利能力的5项客户类指标和3项学习、创新与成长类指标,包括7项企业内部运营类指标①。因为总经理对企业生产经营目标的实现富有最终责任,因此这些指标主要涉及企业总体经营状况,但这些指标的重要程度是不一样的,企业要根据不同发展阶段各指标的重要性设计不同的权重,并且应根据具体情况进行指标的选择。

2. 生产副总经理的绩效评价指标体系

根据表 5-8 的统计结果,本书设计生产副总的绩效评价指标体系,具体见图 5-10。

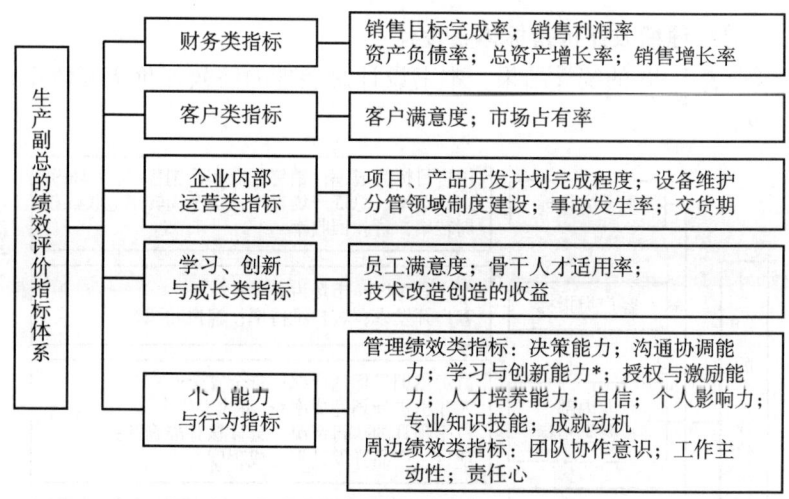

图 5-10　生产副总经理的绩效评价指标体系

从表 5-8 均值来看,生产副总经理均值超过 4 的绩效指标有 37 项,但生产副总经理对各指标的重要性等级评价普遍偏高,因此在选择其绩效评价指标时进行了适当的调整:财务类指标均值超过 4 以上的有 10 项,根据该类指标高于其他类型职业经理人评价均值的情况选择了与生产副总经理职位有关、均值在 4.3 以上的 5 个指标;客户类指标选择均值最大的 2 项作为评价指标;企业内部运营类指标选择了均值在 4.2 以上的 5 个指

---

① "人才引进计划完成率"是企业"人才战略规划"实施的保障。而人才引进的总责任人是总经理,具体执行责任人是人事行政副总,因此,虽然总经理对该指标的重要性评价均值为 3.88,仍然将其选为总经理的评价指标。人事行政副总经理对该指标的重要性评价均值为 3.94,也将其选为人事行政副总经理的评价指标(见表 5-13)。

标；学习、创新与成长类指标选择了均值 4 以上的 3 个指标；个人能力与行为指标选择了所有 12 个指标①。

3. 营销副总经理的绩效评价指标体系

根据表 5-8 的统计结果，本书设计营销副总经理的绩效评价指标体系，具体见图 5-11。营销副总绩效评价指标体系中涵盖了表 5-6 第 5 列营销副总经理对各绩效指标重要性等级评价中所有均值大于 4 的指标。企业内部运营类指标中的"分管领域制度建设"指标的均值恰好为 4，该指标是各分管副总经理都很重要的工作，因此将其纳入指标体系中。图中带"＊"号的 3 个指标均值低于 4，但这三个指标都是营销副总较重要的职责，所以也将其包含在绩效评价指标体系中。前面职业经理人绩效评价现状分析时已提到营销副总经理的绩效评价比较欠缺，从表 5-8 可以反映出营销副总经理对一些重要指标的认识还不够，应该加强相关培训。

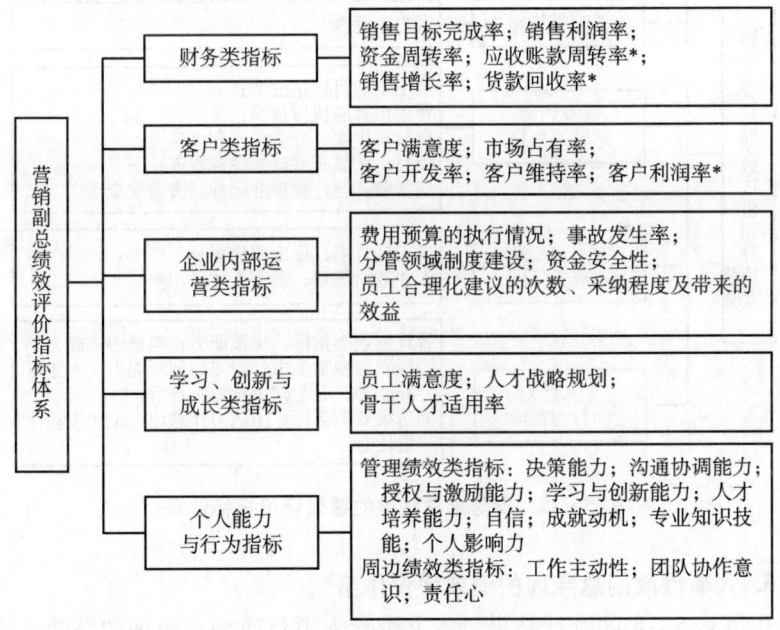

图 5-11　营销副总经理的绩效评价指标体系

---

① 在表 5-8 中，生产副总经理对"人才培养能力"指标重要性评价的均值为 3.94，是所有职位中唯一一个均值小于 4 的，而人才培养能力对高层管理人员来讲至关重要，因此将此指标选择作为生产副总经理的绩效评价指标。

4. 财务副总经理的绩效评价指标体系

根据表 5-8 的统计结果，本书设计财务副总经理的绩效评价指标体系，具体见图 5-12。财务副总绩效评价指标体系中涵盖了表 5-8 第 6 列财务副总经理对各绩效指标重要性等级评价中所有均值大于 4 的指标。财务类"货款回收率（回款率）"指标、个人能力与行为"人才培养能力"指标的均值恰好为 4，这两项指标是财务副总经理很重要的职责和能力要求，因此将其纳入指标体系中。图中带"＊"号的指标"资金周转率"均值低于 4（3.95），但该指标是财务副总经理较重要的职责，所以也将其包含在绩效评价指标体系中。

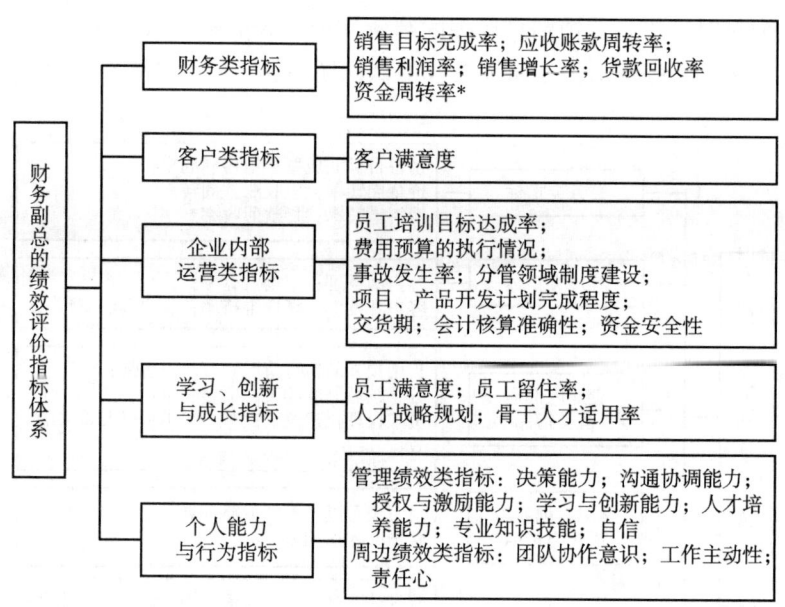

图 5-12 财务副总经理的绩效评价指标体系

5. 人事行政副总经理的绩效评价体系

根据表 5-8 的统计结果，本书设计人事行政副总经理的绩效评价指标体系，具体见图 5-13。人事行政副总经理绩效评价指标体系中涵盖了表 5-8 第 7 列人事行政副总经理对各绩效指标重要性等级评价中所有均值大于 4 的指标。该指标体系中没有财务和客户类指标，这主要是因为职责分工不同：人事行政工作主要是为企业发展提供人力资源以及做好相关行政管理工作，对企业效益目标提供支持与服务。图 5-13 中带"＊"

号的企业内部运营类"人才引进计划的完成程度"指标的均值低于 4 (3.94),但该指标是企业人才战略规划实施的保障,也是人事行政副总经理非常重要的职责,所以将其包含在绩效评价指标体系中。图 5-13 中带"*"号的企业内部运营类"费用预算的执行情况"指标的均值低于 4 (3.94),但作为人事行政副总经理应该对人事行政费用预算的执行情况负责,因此将其纳入绩效评价指标体系中。图 5-13 中带"*"号的个人能力与行为类"个人影响力"指标的均值低于 4 (3.81),但对于主要跟人打交道的人事行政副总经理来讲,该项能力对其工作来讲至关重要,因此将其纳入绩效评价指标体系中。之所以目前接受调查的人事行政副总经理对这几个指标的重要性评价不高,说明他们还没有从战略的高度认识人力资源管理的重要性,应通过培训实现他们观念的转变。

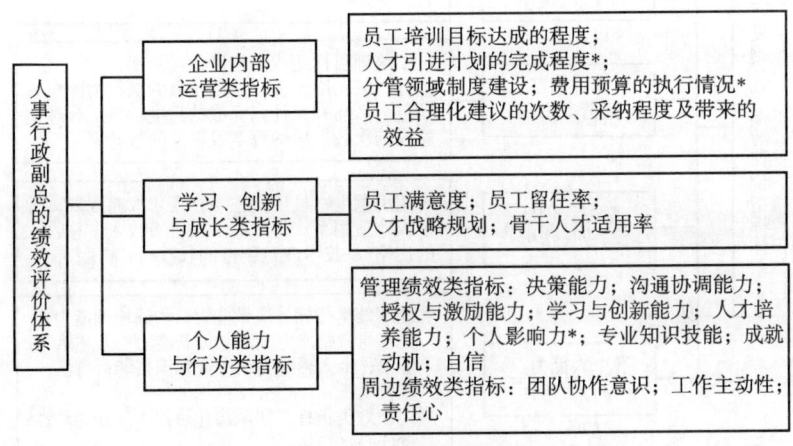

图 5-13 人事行政副总经理的绩效评价体系

6. 研发副总经理的绩效评价指标体系

根据表 5-8 的统计结果,本书设计研发副总经理的绩效评价指标体系,具体见图 5-14。研发副总经理绩效评价指标体系中涵盖了表 5-8 第 8 列研发副总经理对各绩效指标重要性等级评价中所有均值大于 4 的指标。3 个均值恰好等于 4 的指标"销售目标完成率"、"员工合理化建议的次数、采纳程度及带来的效益"、"技术改造创造的收益"是与研发副总职责密切相关的指标,所以将它们纳入绩效评价指标体系中。图 5-14 中带"*"号的财务类"销售利润率"指标的均值低于 4 (3.94),但企业研发的产品数量与质量直接影响到销售收入和利润,所以将该指标纳入绩效评价指标体系中。图 5 – 14 中带 " * " 号的企业内部运营类 "费用预算的执行情况" 指标的均值低于 4 (3.94),但作为研发行政副总经理应该对研发费用预算的执行情况负责,因此将其纳入绩效评价指标体系中。图 5 – 14 中带 " * " 号的学习、创新与成长类 "新产品(项目)收入占总收入的比率" 指标的均值低于 4 (3.80),但企业研发的新产品能否给企业创造效益关键看其是否为市场所接受,为了强化研发工作的市场导向,因此将其纳入绩效评价指标体系中。从目前的调研结果来看,研发副总经理的市场导向意识还比较欠缺,所以应通过绩效评价帮助他们转变观念,形成市场意识。

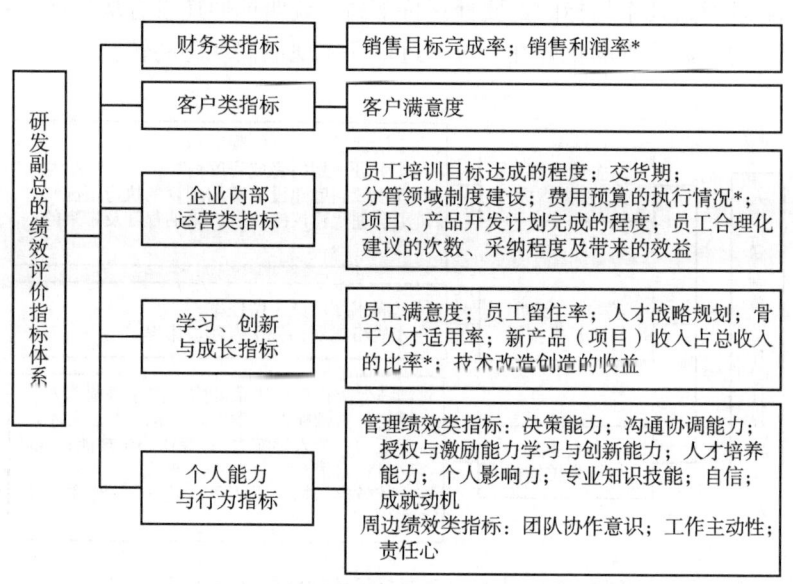

图 5 – 14　研发副总经理的绩效评价指标体系

从上述各类职业经理人绩效评价指标体系的设计可以看出:首先,除了财务副总经理职位(包含了 10 个)以外,其他职位都涵盖了问卷中设计的 12 个个人能力与行为指标,体现了以胜任素质为基础的现代企业绩效评价的特点。其次,除了生产副总经理职位①,其他所有职位都包含了

---

① 前文的分析已知,生产副总经理在问卷调查中对各绩效评价指标重要性的评价等级普遍偏高,在进行指标选择时对标准进行了调整。因此,在图 5 – 8 (3) 中生产副总经理认为 "重要" 但现行绩效评价指标体系中没有涵盖的指标 "净资产收益率"、"员工培训目标完成程度" 和 "资金安全性" 没有纳入本文设计的生产副总经理绩效评价指标体系。

在前面图 5-8（1）~5-8（6）中"没有——重要"维度的指标，解决了目前职业经理人绩效评价指标体系设计中存在的指标缺失问题。最后，在设计各类职业经理人绩效评价指标体系时既尊重统计分析结果，同时又充分考虑管理实践中各职位分工的要求和现代管理发展趋势与管理理念对各职位提出的要求，适当调整了选择指标的标准，因此设计的指标体系能够体现不同职位的特点。

5.4.2 职业经理人绩效评价主体

根据前文提出的"利益相关者评价模式"，本书在调查问卷中设计了职业经理人绩效评价评价主体选项，统计结果见图 5-15。由于是多选题，所以图中的百分比是评价主体占整个调查问卷的比例。从图中可以看出，职业经理人的绩效评价主体中首先是直接上级最多，占 31.65%。其次是绩效评价委员会和同事，比例分别为 11.47% 和 11.01%。而自己和直接下级评价所占比例相差不大。有 11.24% 答卷者的评价主体还选择了上级主管部门，这主要是因为有一部分职业经理人来自国有企业的原因。董事会评价的比例为 8.37%。

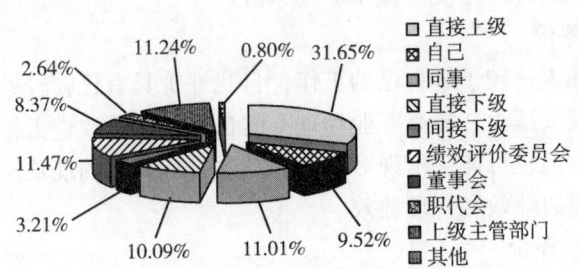

图 5-15 职业经理人绩效评价主体选择情况统计图

对职业经理人进行绩效评价的利益相关者主要有：

1. 直接上级评价

直接上级评价的内容主要侧重于任务绩效（财务类、企业内部运营类、客户类和学习、创新与成长类指标）与管理绩效（个人能力与行为指标中的管理绩效类指标）。直接上级评价主要有以下优点：直接上级对下属的工作职责与内容、工作表现、工作任务的完成情况比较了解；直接上级评价可以与加薪、奖惩等相结合，有利于强化直接上级的权威；直接上级评价有机会与下属更好地沟通，了解下属的想法与需求，激励下属，挖掘下属的潜力，缩短与下属之间的心理距离等。但直接上级评价也存在一定的缺陷：由于上级掌握着奖惩权，评价时下属往往会感觉到一定的威胁性，心理负担较重；直接上级的评价常常成为说教式的单项沟通，达不到预期的双向沟通效果；直接上级可能会有偏见，根据个人好恶进行评价，不能保证评价的客观公正，可能会影响下属的积极性。

2. 同事评价

同事评价具有对被评价者了解比较全面与真实、有利于培养工作中的协作意识和服务意识、避免单一主体评价的片面性等优点。但也存在着可能会受人情关系影响、可能会导致竞争加剧等缺陷。因此比较适合于工作联系比较多、对彼此工作比较了解的职业经理人之间的互相评价，评价的内容主要侧重于周边绩效（个人能力与行为指标中的周边绩效类指标）。

3. 下属评价

下属评价具有能促进上级提升管理能力、强化上级的指导与服务意识、达到权力制衡的目的等优点。但也存在着下属在评价中不敢实事求是地表达真实想法、下级可能从自身利益出发对上级进行评价、可能导致上级在工作中缩手缩脚、下级对上级的工作了解不全面而产生片面看法等缺陷。因此，下属评价主要侧重于管理绩效。

4. 自我评价

职业经理人比较了解自己的工作，自我评价具有比较轻松不会使职业经理人感到很大压力、提高职业经理人的自省意识、改进工作、提升工作绩效等优点。但也可能会出现对自己的绩效进行高估的现象。自我评价可主要侧重于周边绩效和管理绩效。

5. 董事会评价

股份公司的董事会接受股东大会的委托经营企业，但董事会只是决策机构，而把企业的日常生产经营活动委托给经理层。因此，董事会对高层职业经理人进行绩效评价有利于强化经理人的责任意识，对其行为产生约束作用，在一定程度上规避其机会主义行为与道德风险。但也会存在因为信息不对称不能客观地对职业经理人进行评价的问题。董事会的评价可主要侧重于任务绩效和管理绩效。

6. 绩效考核委员会评价

有些企业为了提高绩效评价工作的客观性，设立由董事会成员、经理层、骨干业务单元和核心职能部门负责人等成员组成的绩效考核委员会，由委员会对高层职业经理人的绩效进行评价，评价内容主要包括任务绩效、周边绩效和管理绩效。委员会评价在一定程度上可以集中不同评价者的意见，提高评价的客观性。

7. 外部顾客评价

外部顾客主要是对企业所提供产品和服务的质量进行评价，外部顾客评价（客户满意度）可以增强职业经理人的顾客服务意识，提高市场敏感度。

由此可见，企业绩效评价主体的评价各有利弊，企业可以根据自身规模、发展阶段、管理的规范化水平、绩效评价的目的等因素选择合适的评价主体，并根据管理的需要采用专家评价法、层次分析法或经验法等确定各评价主体评价分数在总分数中所占的权重。从现代绩效管理发展趋势来看，多角度的360度评价被越来越多的企业所采用，这也符合本书前面所设计的"利益相关者评价模式"。

5.4.3 职业经理人绩效评价方法

本书根据问卷调查结果构建了各类职业经理人一般的绩效评价指标体系，在具体操作过程中，企业可以根据自身的战略目标、行业特点与业务性质、管理的规范化程度、企业文化及员工行为等因素选择各类职业经理人合适的评价指标，形成个性化的各职位绩效评价指标体系。西蒙斯认为[1]，设计与完善绩效管理系统（Performance Management System，PMS）如果不考虑人们的行为是不可能"有效"[2]的。对于任务类评价指标（"人才战略规划"指标除外），可采用目标管理法、外部标杆法等确定量化评价标准，再根据各指标的重要程度利用德尔菲（Delphi）法、层次分析法等方法确定各指标在总评价指标体系中的权重，据此可进行分数汇总：

任务绩效评价分数 $(P_t) = \sum$（权重×各评价主体的评价分数）/评价人数

周边绩效评价分数 $(P_c) = \sum$（权重×各评价主体的评价分数）/评价人数

---

[1] Simons, R. (2000). Performance Management and Control Systems for Implementing Strategy: Text and Cases, Prentice Hall, New York.

[2] "有效"被定义为"对实现组织目标有贡献"。Andr'e A. de Waal. The Role of Behavioral Factors and National Cultures in Creating effective Performance Management Systems. Systemic Practice and Action Research, Vol. 19, No. 1, February 2006: 62.

管理绩效评价分数（Pm）= ∑（权重×各评价主体的评价分数）/评价人数

但对于必须达成既定标准的指标（如"员工满意度"、"客户满意度"指标）需要单独评价，不能简单地与其他指标一起进行评价分数的汇总。

管理绩效、周边绩效、任务绩效中的"人才战略规划"、"客户满意度"、"员工满意度"指标属定性评价指标，这些指标难以量化，一般采用行为描述的方法进行等级评价①，然后再转化为评价分数的方法。这些指标是对职业经理人工作的基本要求，大部分指标属于前文的胜任素质要素。

因此，职业经理人绩效的综合评价不能运用简单地计算综合分数的方法，应该通过构建"绩效评价雷达图"（见图 5 - 16）进行评价。在对职业经理人进行评价时，所有评价指标的分数值如果落在雷达图"职业经理人绩效评价标准"网络线上及其外侧，说明达成了绩效目标或者能力达到了要求。此外，还可以根据实际评价分数与标准进行比较找出差距并予以改进。

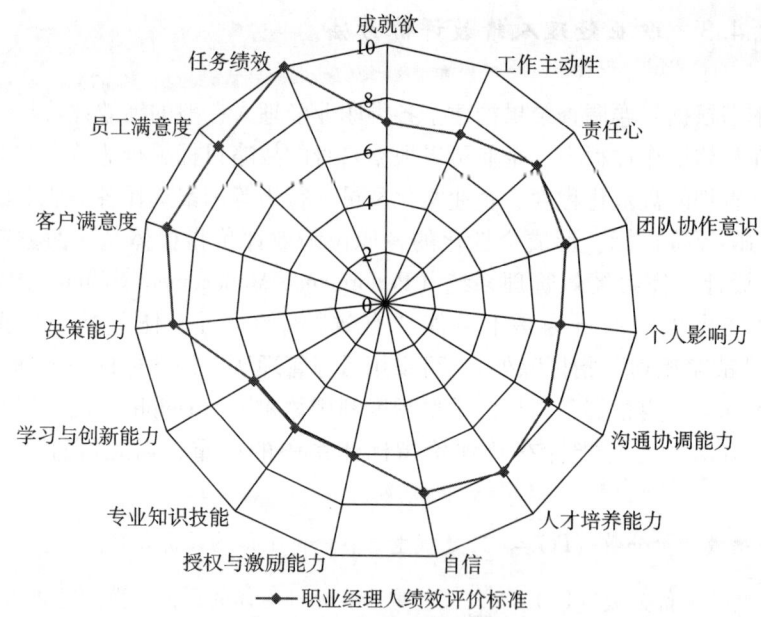

图 5 - 16　职业经理人绩效评价雷达图

注：雷达图中各等级数据由企业根据职业经理人胜任素质词典确定的胜任素质等级和绩效评价标准确定。

---

① 现实操作中一般采用 Likert 五级量表法进行行为描述与定义，评价者进行等级评价。

5.4.4 职业经理人绩效评价模型

综合上述研究结果,本书构建职业经理人绩效评价模型,见图 5-17。

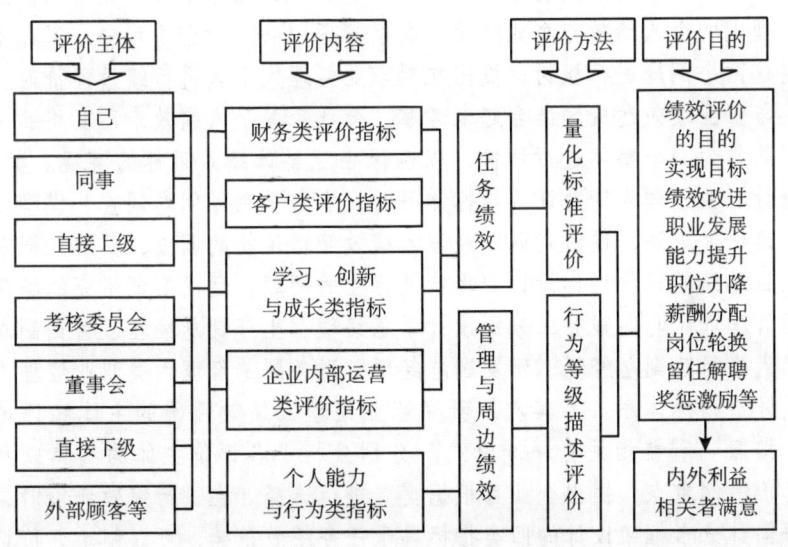

图 5-17 职业经理人绩效评价模型

如图 5-17 所示,职业经理人绩效评价模型包括评价主体、评价内容、评价方法、评价目的四部分内容。对职业经理人进行绩效评价的主体是多元化的,主要有职业经理人自己、直接上级、同事、绩效考核委员会、董事会、直接下级、外部顾客等,企业可以根据需要进行选择。评价的内容包括两大部分:第一部分是由财务类、客户类、企业内部运营类和学习、创新与成长类评价指标构成的任务绩效指标;第二部分是个人能力与行为类评价指标中包含的管理绩效和周边绩效类指标。对于能够量化的绝大部分任务类评价指标可以通过设计量化标准进行评价,而不能量化的管理绩效与周边绩效指标则采取行为等级描述的方法进行评价。绩效评价的目的是为了实现企业的战略目标、改进与提高绩效,为企业进行职位升降、薪酬分配、岗位轮换、留任解聘、奖惩激励等人事决策提供客观的依据,同时也可以为职业经理人的职业发展和能力提升等提供依据。最终达到企业内外利益相关者满意的目标。

5.5 本章小结

　　本章主要研究职业经理人绩效评价。首先，由于本书研究对象高层职业经理人的个人绩效与企业绩效、高层管理团队绩效密不可分，因此本章先对这两个问题进行探讨，提出在对职业经理人个人进行绩效评价时，应将其与企业绩效达成度结合起来考察，既评价其个人绩效，还要将高层管理团队作为一个整体进行评价，以确保企业整体绩效目标的实现。其次，在设计职业经理人绩效评价指标体系时，本书采用了问卷调查、模型设计等实证研究方法，通过对职业经理人绩效管理现状的调查，了解了职业经理人目前绩效评价指标设计的现状及存在的问题，运用实证研究的结果并根据管理理论与实践要求分别设计了总经理、生产副总经理、营销副总经理、人事行政副总经理、研发副总经理、财务副总经理六类职业经理人的绩效评价指标体系。再其次，研究职业经理人绩效评价的主体和评价方法。按照"利益相关者评价模式"分别分析了各评价主体的利弊以及各自评价的侧重点，提出企业可根据需要进行选择。在进行绩效评价时，按照平衡计分卡框架设计的四类指标属于任务绩效范畴，可以制定评价标准采用量化评价法进行评价，根据职业经理人胜任素质模型设计的包括管理绩效和周边绩效指标的个人能力与行为指标难以量化评价，可采用行为等级描述法进行评价，在进行绩效综合评价时不能简单汇总评价分数，本书提出用"雷达图"进行评价。最后，在上述研究的基础上构建了职业经理人绩效评价模型。

第 6 章

职业经理人信用评价

6.1 我国职业经理人信用评价现状的研究

职业经理人信用评价是指对职业经理人在职业活动中遵守和执行信用契约能力的综合评估,包括职业经理人职业信用评价、个人信用评价、职业资格认证等内容。职业信用评价主要是指在职业要求的范围内,在职业规范、职业标准的基础上履行职务行为过程的记录和评估。个人信用评价主要是指能证明、解释和查询的个人金融、公共消费、遵守法纪等方面信用资料的记录和评估。职业资格认证等级证书是职业经理人职业能力的证明,是其任职的门槛标准,是职业经理人与企业家之间信任建立的基础信息。

6.1.1 我国职业经理人职业信用评价的现状

市场经济的实质是信誉经济,职业经理人和企业靠信誉获得生存和发展。经验积累和信誉积累是职业经理人的资本。前几年探讨比较热烈的"红黑榜"是一种信誉激励。由国际劳工组织、国家劳动与社会保障部、中国人民大学、中国职业经理学院和中国劳动争议网专家共同研发的职业信用管理项目是国内比较前沿的研究项目,向单位和个人提供的关于入职、在职和离职期间的信用管理服务,主要为会员企业提供员工的诚信简历查询、诚信简历认定、职业信用担保、员工背景调查和离职去向调查等服务。会员企业可以享受到查询员工职业信用、登记员工职业信用、不良职业信用预防、争议处理免费指导服务以及其他关联服务[①]。中国劳动争议网反馈给客户的职业信用信息见表6-1。

表6-1　　　　　中国劳动争议网反馈的员工职业信用信息

解除劳动合同		终止劳动合同	
个人提出	公司提出	个人提出	公司提出
擅自离职 □ 正常辞职 □	违纪解除 □ 裁员解除 □ 协商解除 □ 其他 □	合同到期 □ 项目结束 □ 约定终止条件发生 □ 其他 □	合同到期 □ 项目结束 □ 约定终止条件发生 □ 其他 □
是否有以下事实: 　　未办理工作交接　　　　　　□ 　　假文凭、假学历或简历　　　□ 　　劳动争议仲裁　　　　　　　□ 　　侵占公司财产　　　　　　　□ 　　赔偿金未付　　　　　　　　□		工作中的违规记录　　　　　□ 　　签订了竞业禁止合同　　　　□ 　　借公司款未还　　　　　　　□ 　　违约金未付　　　　　　　　□ 　　其他经济纠纷　　　　　　　□	
备注:按员工的姓名和身份证号码查询			

资料来源:《职业信用管理介绍》,中国劳动争议网,职业信用管理专区,http://www.btophr.com。

社会上各种专业咨询机构也在进行职业信用管理,为企业进行员工的诚信背景调查。安徽省从2002年开始,陆续对全省的职业经理人信用等级进行评定。将职业经理人的信用等级分为A、AA、AAA、AAAA、AAAAA五个等级,信用等级的内容包括入职信用、劳动合同信用、职务信用、业绩信用、团队信用、财务信用、离职信用等,并有一系列的评定程序。等级评定后,供信用推荐、信用查询、信用晋级、信用奖励之用[②]。

(全国)商业信用中心和中经国际投资培训管理中心于2005年8月9日联合下发了"关于开展中国职业经理人信用征集与评价的通知:(全

[①] 《职业信用管理介绍》,中国劳动争议网,职业信用管理专区,http://www.btophr.com。
[②] 《谁来认定职业经理人的执业资格》,http://sports.eastday.com/epublish/gb/paper368/20030413/class036800002/hwz1080699.htm。

国）商业信用中心与中经国际投资培训管理中心（中国职业经理人联合会授权认证培训管理机构）决定联合开展'CCMC中国职业经理人信用评价'，主要依据《CCMC中国职业经理人信用征集与评价规范》①（以下简称《规范》）和《中国职业经理人信用征集与评价管理办法》（以下简称《管理办法》）进行职业经理人信用信息的征集和评价。评价程序分为三步：第一步，由本人填写统一制发的'中国职业经理人信用征集与评价申请书'；第二步，受理机构对本人申请书填写事项进行核查核实；第三步，由两'中心'组织的评定专家委员会进行评定，并写出评价报告，发给证书，加盖商业信用中心印章。"《规范》中职业经理人信用的评价内容主要包括职业经理人的自然基本情况、领导能力状况、道德状况、履约信用状况、本人经济信用状况等，具体见表6-2。信用信息提供人主要包括向信用征集机构提供职业经理人信用信息的单位、组织、法人或自然人。信用评价由征信机构组织专家委员会进行集体评价，评价结果分为特别优良、优良、比较优良、一般、较差五个等级。《规范》中还对职业经理人信用评价报告及信息的使用和披露做了相关规定。《管理办法》中提出由评价机构建立中国职业经理人信用档案和信用信息数据库，以便按《规范》规定原则动态调整相关信用信息。由此可见，职业经理人信用征集与评价的内容很广泛，其中的领导能力状况、道德状况和履约信用状况信息都属于职业信用信息。

表6-2　　　　　　　　职业经理人信用评价内容一览表

评价维度	信用评价的具体内容
自然基本情况	出生日期、出生地址；身份证号码、机动车驾驶证号码 家庭住址、居所所有形式；婚姻状况；通讯电话、电子邮箱 受教育情况，包括学历、学位、受教育方式、获得证书、证明人 工作简历，包括工作单位起止时间、担任职务、受到的奖惩
领导能力状况	职业经理人的专业特长；具备的外语水平 担任领导职务期间提出、决定、实施的重大经营管理决策 撰写的主要论文、著作；技术发明、获得的专利；取得的经营管理业绩
道德状况	具有良好的个人品德，没有法律、法规禁止的道德败坏行为 具有良好的职业道德，忠诚于服务的企业、工作岗位和服务对象，担任领导职务期间没有决定、指示或授意他人做出损害所服务企业和消费者利益的行为 具有良好的社会公德，关心社会公共事业，没有发生损害公共利益和公共道德的行为

---

① 由商业信用中心、中经国际投资管理培训中心、中国职业经理人联合会共同提出。

续表

评价维度	信用评价的具体内容
履约信用状况	担任领导职务期间签订的各项合同非已方原因和不可抗力以外,按期履行兑现 担任领导职务期间,没有因本人原因造成企业破产倒闭情况发生 担任领导职务期间经手的银行借款按时偿还,没有逾期偿还、追账偿还或赖账不还的行为 担任领导职务期所经签订的对外抵押、质押、担保投资等合同没有发生重大失误行为 担任领导职务期间经手签订的合同没有因合同欺诈给企业带来损失的行为 担任领导职务期间没有发生个人拖欠所在单位款项的行为 担任领导职务期间没有发生涉及民事、刑事及经济行政处罚的行为 担任领导职务期间,足额纳税,提供的公共报表数字真实、准确,没有虚报造假行为
本人经济信用状况	足额缴纳个人应缴税款,没有偷税、漏税行为 按时缴纳个人享用公共服务的费用,没有无故拖欠行为 本人信用卡没有非经允许的透支行为;购买保险,没有无故拖欠保费的行为 购买住房贷款,按期缴纳月供按揭款;购买汽车贷款,按约定数额和期限归还 购买其他消费贷款,按期归还

资料来源:中国职业经理人评价网,http://www.chinaccmc.org/lhh/news/info.asp?aunid=890。

从职业信用评价现状来看,我国目前职业经理人职业信用评价体系的构建只是在个别省份或由中介机构在一定范围内开展,既没有统一的评价内容与评价标准,也没有形成联网的信息网络系统,其应用自然也就具有很大的局限性。有关职业经理人职业信用评价体系的构建还需要统一规划与组织。

6.1.2 我国职业经理人个人信用评价的现状

个人信用制度主要目的是为证明、解释和查验自然人信用情况提供依据,并通过一系列法规、制度来规范个人信用活动当事人的信用行为,提高守信意识,为建立良好的市场经济运行秩序提供制度保障。一些发达国家个人信用制度建设已有100多年的历史,形成了科学化、规范化、法制化的运行机制,已成为发达国家市场经济正常运行的坚实基础。随着我国商业银行消费信贷业务的开展和整顿市场经济秩序的深入进行,我国一些省市在个人信用制度建设方面做了很多有益的尝试,这里主要介绍上海、深圳和银行系统的做法。

1999年7月,经上海市人民政府批准、中国人民银行总行核准,在上海市信息办和人民银行上海分行的支持参与下,正式成立了上海资信有限公司。该公司成为大陆首家开展个人信用联合征信的专业资信机构,承担上海市个人信用档案信息数据中心的建设和管理工作,运用国际先进技术和管理经验,通过现代通信手段,开展个人信用信息咨询、资质认证和风险评估业务。1999年8月,上海市在全国率先开展了个人信用体系建设试点工作。2000年7月1日,个人信用联合征信服务系统建成开通,面向社会提供个人信用报告①,并组建了"上海市个人信用联合征信数据中心理事会"。2002年3月,公司承建的上海市企业联合征信系统正式开通,业务范围扩展至企业征信领域。截至2007年8月底,上海市个人信用联合征信系统已拥有超过879万人的信用信息,并联通了所有中、外资银行640多个信用报告查询网点,设立了4个面向广大市民的个人信用报告查询窗口,日均提供信用报告查询10000笔,累计提供信用报告735万份。不仅如此,个人征信业务又进一步向外资银行及非银行领域拓展,与典当、担保、租赁等机构开展了合作。企业征信系统已采集了上海60万家企业的信用信息,包括企业注册信息、年检等级、产品达标信息、税务等级信息、国有资产绩效考评信息、进出口报关记录、信贷融资记录和行业统计分析信息等②。为企业提供高新技术企业信用评级、政府采购项目信用评级、申请科技发展基金企业信用评级、借款企业评级等服务,提供企业信用报告③。

  2006年6月30日,上海市征信管理办公室、江苏省社会信用体系建设领导小组办公室、浙江省信用建设领导小组办公室共同主办,上海市徐汇区人民政府承办的"信用长三角"高层研讨会在上海召开。研讨会上,三地信用主管部门联合发布了"信用长三角"徐汇宣言,宣告将携手打造"信用长三角"。说明上海的社会信用体系建设又拓展到了更大的范围。在实践探索的同时,上海制定并于2004年2月1日起开始实施《上

---

① 个人信用报告是征信机构把依法采集的信息,依法进行加工整理,最后依法向合法的信息查询人提供的个人信用历史记录。上海资信有限公司提供的消费者个人信用报告主要有以下内容:消费者基本身份信息、商业银行各类消费信贷申请与还款记录、可透支信用卡的申请、透支和还款记录、移动通信协议用户的缴费记录、部分公用事业费的缴费记录、执业注册会计师和保险营销代理人的职业操守记录、上海市高级人民法院提供的上海市范围内的执行信息[拒不执行法院经济纠纷中的执行难信息("拒不执行法院生效法律文书而被限制高消费的个人和企业"的相关信息)]和生效刑事有罪判决信息。个人信用报告目前主要用于银行的各项消费信贷业务。随着社会信用体系的不断完善,信用报告将更广泛地被用于各种商业营销、信用交易和招聘求职等领域。此外,个人信用报告也为查询者本人提供了审视和规范自己信用历史行为的途径,并形成了个人信用信息的校验机制。

② 上海资信有限公司,http://www.shanghai-cis.com.cn/gsjs.htm。

③ 包括基本信用报告、商业信用报告、深度信用报告,以满足企业的不同需要。

海市个人信用征信管理试行办法》①。该试行办法明确指出,征信机构开展个人信用征信要"尊重个人隐私",不得采集下列个人信息:与个人信用无关的信息;民族、种族、家庭出身、宗教信仰、政治信仰以及身体形态、基因、血型、疾病和病史等可能使被征信个人受到歧视的信息;法律、法规规定应当保密或者禁止采集的其他个人信息。同时规定,征信机构不得以骗取、窃取、贿赂、利诱、胁迫、利用计算机网络侵入或者其他不正当手段采集个人信用信息。征信机构在采集个人信用信息时,应当征得被征信个人的同意。但是,"在信贷、赊购、缴费等活动中形成的不良信用信息","鉴证、评估、经纪、咨询、代理等中介服务行业的执业人员,因违反诚实信用原则受到行业组织惩戒的记录","行政机关、行政事务执行机构、司法机关在行使职权过程中形成的可供公众查阅的公共记录信息"以及"已经公开的个人信用信息",无须经征信个人同意即可采集。其中,对社会公众关心的所谓"不良信用信息",这个办法特别解释为"恶意拖欠数额较大款项的信息",具体拖欠数额,"由市征信办会同有关部门确定并予以公布"。

深圳市个人信用体系建设以中国人民银行深圳支行为主要推动单位,联合深圳市工商、税务、公安、社保以及法院等政府部门,以联席会议的方式组织推进。同时,授权原 17 家银行组建的深圳鹏园资信评估有限公司负责个人信用征信服务系统建设。2001 年 3 月开始筹建个人信用体系服务系统,2002 年 8 月试运行,为联网单位提供个人信用报告查询服务。2003 年 10 月个人信用体系服务系统正式向社会公众开放查询。目前,深圳市个人信用体系服务系统覆盖深圳 568 万人口的基本信息,国内商业银行 53 万个个人账户和贷款信息,周查询量高达 5000 多份。深圳在个人信用系统建设的同时非常注重相关法律的建设,于 2002 年 1 月 1 日正式颁布实施了《深圳市个人信用征信及信用评级管理办法》②。该办法中将个人信用信息分列为四大类:一是个人身份情况,包括姓名、婚姻及家庭成员状况、职业、学历等;二是商业信用记录,包括在各商业银行的个人贷款及偿还记录、个人信用卡使用等有关记录;三是社会公共信息记录,包括个人纳税、参加社会保险以及个人财产状况变动等记录;四是有可能影

---

① 该试行办法是以上海市人民政府第 15 号令的形式于 2003 年 12 月 28 日颁布的,法律图书馆,http://www.law-lib.com/law/law_view.asp?id=82384。
② 《深圳市个人信用征信及信用评级管理办法》经深圳市政府三届 42 次常务会议审议通过,自 2002 年 1 月 1 日起实施。无忧在线法律查询系统,http://www.69law.com/Article/LAW_lar/84726.htm。

响个人信用状况的涉及民事、刑事、行政诉讼和行政处罚的特别记录。

2002年国务院成立了企业和个人征信体系专题工作小组,并且银行信贷登记咨询系统实现全国联网运行。2003年中国人民银行成立了征信管理局,形成对全国征信市场的垂直监管体制,在北京、山西、长春、成都、台州等5个省市进行中小企业信用服务体系建设试点。2004年12月中旬,15家国有和股份制商业银行以及8家城市商业银行的个人征信系统在7个城市试运行。2005年,115家城市商业银行实现与个人信用信息基础数据库的全国联网,中国人民银行发布《个人信用信息基础数据库管理暂行办法》①,个人信用信息基础数据库正式运行。《个人信用信息基础数据库管理暂行办法》中的个人信用信息包括个人基本信息、个人信贷交易信息以及反映个人信用状况的其他信息。个人基本信息是指自然人身份识别信息、职业和居住地址等信息;个人信贷交易信息是指商业银行提供的自然人在个人贷款、贷记卡、准贷记卡、担保等信用活动中形成的交易记录;反映个人信用状况的其他信息是指除信贷交易信息之外的反映个人信用状况的相关信息。截至2006年1月底,收录自然人数4.86亿,信息涵盖个人基本信息、结算账户开立信息、银行信贷信息和来自银行系统以外的住房公积金缴存信息等,基本实现了为城市和部分农村每一个有经济活动的个人建立一套信用档案的目标②。2006年1月,全国统一的个人信用信息基础数据库正式投入运营。

从现状来看,我国个人银行信用系统的建设已日趋成熟,该系统提供的职业经理人个人信用信息可以作为职业经理人个人信用评价的信息来源之一。但该系统所提供的信息只是职业经理人个人信用信息的一部分,还需要与工商、税务等其他信息系统联网,以实现信息共享。

6.1.3 我国职业经理人职业资格认证的现状

《劳动法》第八章第六十九条规定:"国家确定职业分类,对规定的职业制定职业技能标准,实行职业资格证书制度,由经过政府批准的考核鉴定机构负责对劳动者实施职业技能考核鉴定"。《职业教育法》第一章

---

① 《个人信用信息基础数据库管理暂行办法》是由中国人民银行制定,经2005年6月16日第11次行长办公会议通过,于2005年8月18日发布,自2005年10月1日起实施的。http://www.gov.cn/gongbao/content/2006/content_363687.htm。
② 中国4.86亿人拥有信用档案数据库已正式运行,2006年2月28日,中国新闻网,http://news.sina.com.cn。

第八条规定："实施职业教育应当根据实际需要，同国家制定的职业分类和职业等级标准相适应，实行学历文凭、培训证书和职业资格证书制度"。这些法律的相关规定是我国推行职业资格证书制度和开展职业技能鉴定工作的重要法律依据。职业资格证书制度[①]是劳动就业制度的一项重要内容。它是指按照国家制定的职业技能标准或任职资格条件，通过政府认定的考核鉴定机构，对劳动者的技能水平或职业资格进行客观公正、科学规范的评价和鉴定，对合格者授予相应的国家职业资格证书。国家职业资格证书分为五个等级，即初级（国家职业资格五级）、中级（国家职业资格四级）、高级（国家职业资格三级）、技师（国家职业资格二级）、高级技师（国家职业资格一级）。职业资格证书由中华人民共和国人力资源和社会保障部统一印制，劳动保障部门或国务院有关部门按规定办理和核发。考取该中心颁发的国家职业资格证书，可在全国范围通用。职业资格是对从事某一职业所必备的学识、技术和能力的基本要求，反映了劳动者为适应职业劳动需要而运用特定的知识、技术和技能的能力。与学历文凭不同，学历文凭主要反映学生学习的经历，是文化理论知识水平的证明。职业资格与职业劳动的具体要求密切结合，更直接、更准确地反映了特定职业的实际工作标准和操作规范，以及劳动者从事该职业所达到的实际工作能力水平[②]。职业资格证书是劳动者求职、任职、开业和用人单位录用劳动者的主要依据，也是境外就业、对外劳务合作人员办理技能水平公证的有效证件[③]。职业经理人是一种市场化的资源，经理人职业化就是要让职业化的经理人以人力资本的形式通过市场进行配置，达到在流动中保值增值的目的。对职业经理人来讲，能够取得职业能力和基本素质证明的职业资格证书，是获得社会承认和企业认同的条件之一。目前我国的职业经理人职业资格认证主要有：

1. 中国职业经理人资格认证（CPMC）

中国职业经理人协会在全国第一家推出职业经理人资格认证体系——中国职业经理人资格认证体系（CPMC）。该体系由国内外众多知名专家历时多年共同研究开发而成，于2001年开始推出，资格认证机构为中国

---

① 中华人民共和国人力资源和社会保障部官方网站，http://w1.mohrss.gov.cn/gb/ywzn/2006-02/14/content_106387.htm，职业资格证书制度基本概念。
② 中国人力资源和社会保障部职业技能鉴定中心国家职业资格工作网，http://www.osta.org.cn/siteApp/htm/1890_5326_76841_79b03912b0d57dc76c60c7483686c85e.html.
③ 中华人民共和国人力资源和社会保障部官方网站，推行职业资格证书制度背景资料，http://w1.mohrss.gov.cn/gb/ywzn/2006-02/14/content_106390.htm。

职业经理人协会，领导机构为中国职业经理人研究会。培训组织单位为中国职业经理培训学院。CPMC认证体系主要通过对职业经理人的职业操守、专业知识、职业能力、业绩表现、商业信誉等进行综合评定[①]。采用笔试、信用审核等方式进行考核。考试通过且经过信用评审者均可获得全国通用的中国职业经理人（CPMC）资格证书，获取CPMC证书的职业经理人也将在中国职业经理人协会网站登记注册，向全国公布。CPMC证书有效期3年，对授证经理人每年年审一次，主要是要对授证人员进行动态管理。每年要求其所在单位进行业绩评定，并将相关信息录入协会网站，通过对认证人员的信用长期管理，可以降低企业的用人风险。

2. 职业经理人资格认证（CPMQ）

（1）职业经理人资格认证组织体系。如图6-1所示，职业经理人资格认证指导委员会是由中国企业联合会、中国企业家协会发起设立，由有关政府部门的领导以及经济界和企业界有社会影响力的权威人士组成的全国职业经理人资格认证工作的领导机构。职业经理人资格认证专家委员会是资格认证工作的专业技术咨询机构，分设认证标准专家委员会、认证培训专家委员会、认证考试专家委员会三个专业委员会。职业经理人资格认证管理办公室是全国职业经理人资格认证的日常管理机构，在指导委员会领导下开展工作。职业经理人资格认证工作采取管理、培训、认证分离的方式。在各省、市、自治区（全国性行业协会）分别设立地方（行业）职业经理人资格认证管理机构、职业经理人资格认证培训机构和职业经理人资格认证机构，分别独立负责本地区（行业）职业经理人资格认证的管理、培训和认证工作[②]。中国企业联合会职业经理人资格认证管理办公室先后制定并颁布了《职业经理人资格认证组织管理办法》（现在执行的是2007年修订版）、《职业经理人资格认证机构工作人员管理办法》（现在执行的是2005年修订版）《职业经理人资格认证标准（试行）》、《职业经理人资格认证机构教师管理办法》、《职业经理人资格认证培训教师管理办法（试行）》（2007年颁布）、《职业经理人资格认证工作规程》（现在执行的是2005年修订版）、《职业经理人资格认证培训工作流程图》（现在执行的是2007年修订版）、《职业经理人资格认证工作流程图》（现

---

① 整理自：《CPMC中国高级职业经理资格认证培训》，http://www.boraid.com/training/list.asp? id=445. www.51ea.com。

② 整理自：《职业经理人资格认证组织管理办法》（2005年修订），（中国企业联合会—中国企业家协会）职业经理人职业资格认证网，http://www.cec-ceda.org.cn/zyjlr/rzgl.htm。

在执行的是2007年修订版)等一系列规范化管理规定。

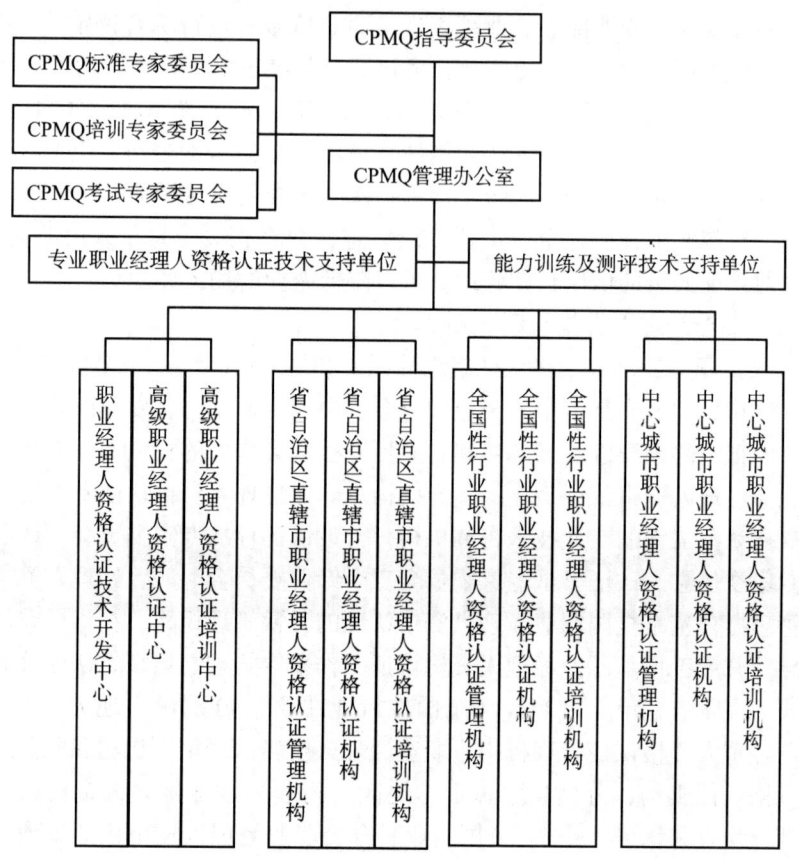

图6-1 职业经理人资格认证（CPMQ）组织体系图

资料来源：《中国企业联合会—中国企业家协会》职业经理人职业资格认证网，http://www.cpmq.net.cn/jobs/2007/0831/article_62.html。

(2) 职业经理人的职业等级。职业经理人按等级划分为准职业经理人、职业经理人和高级职业经理人三个等级。通过认证的职业经理人进入"全国企业职业经理人人才库"，名单在网站进行公布。

(3) 职业经理人的职业特质。职业经理人按职业特质划分为通用职业经理人和专业职业经理人。通用职业经理人是指在企业主持全面领导工作并对出资人负责，符合相应职业经理人资格认证标准的企业主要领导人（如董事局主席、董事长、CEO、厂长、经理等）；专业职业经理人（包括企划职业经理人、采购职业经理人、物流职业经理人、营销职业经理人、公关职业经理人、广告职业经理人、财务职业经理人、客服职业经理人、质量职业经理人、生产职业经理人、行政职业经理人、人力资源职业经理人、信息职业经理人等）是指担任企业某一专业方面领导工作或担任企业某一专业部门领导工作，对其直接领导负责，符合相应职业经理人资格认证标准的企业分管专业领导人（如董事局副主席、副董事长、董事、副厂长、副经理等）或企业专业部门领导人（如企划部门经理、副经理等）。

3. 中国职业经理人资格评价体系（CCMC）

国家人事部中国人才研究会经济人才专业委员会[①]和中国职业经理人资格评审委员会会同有关人才评价权威机构从2002年开始进行职业经理人资格评价、培训和考试认证工作。组织机构包括中国职业经理人CCMC（Chinese Career Manager Certification）资格认证管理办公室和中国职业经理人CCMC资格评审委员会，从2004年开始两机构正式归属中国人才研究会经济人才专业委员会。2002年12月25日，中国首批高级职业经理人在西安诞生[②]。2005年6月起职业经理人资格认证在全国统一考试和专家评审的基础上，由经济人才专业委员会提供评价、评审并联合CCMC联合会、职业经理人资格评审委员会共同颁发相应的资格评价证书。职业经理人资格认证（CCMC）分为四个层次：助理（初级）职业经理人、（中级）职业经理人、高级职业经理人、特级经营管理大师，并且规定了各层次的申请条件及培训要求[③]。CCMC职业经理人资格评价体系包括：知识评价考核体系（包括基本知识、行业知识及区域经济发展，"现在评估"）+管理和领导能力测评体系（国家人事部人才所引进国际最先进的管理与领导能力测评系统结合中国企业经营管理者的实际情况定制开发的，"将来评估"）+（连续三年）经营管理绩效评价体系（"过去评估"）的综合评价模式[④]。职业经理人资格评价和认证培训考试实行统一评价标

[①] 国家人事部中国人才研究会经济人才专业委员会，是经中华人民共和国民政部核准注册登记的具有人才资格评价职能的全国性社团组织。是以经济管理人才（职业经理人）为主体，有专家、学者、新闻工作者参加的，联合广大经济研究机构、经济学家、经济管理人才（职业经理人），为推进经济改革与发展，提高经营管理水平，沟通经济研究机构、经济学家、企业与政府的联系，维护经济管理人才（职业经理人）合法权益的全国性群众团体。

[②] 中国职业经理人认证网，http://www.chinaccmc.org/ccmczong1/ccmcnew/ccmcnew20.htm。

[③] 具体内容见中国职业经理人认证网，http://www.chinaccmc.org/ccmczong1/ccmc2/ccmc21.htm，http://www.chinaccmc.org/ccmczong1/ccmc2/ccmc22.htm。

[④] 中国职业经理人认证网，http://www.chinaccmc.org/ccmczong1/ccmc1/ccmc15.htm。

准、统一教材、统一试卷、统一测评评估、统一资格评审（即"全国五统一"），合格者颁发《CCMC 职业经理人资格证书》。职业经理人资格培训考核认证工作采取以下模式：面授培训考核 + 全国统考 + 测评、评估、认证。职业经理人的培训与考核通过在各地授权机构和组织设立的"全国职业经理人培训考核定点单位"的形式建立培训考核体系，定点单位按照统一标准和要求承担本地区职业经理人的培训考核工作。职业经理人培训和资格认证工作，由国家人事部中国人才研究会经济人才专业委员会统筹规划管理，中国职业经理人资格认证管理办公室承担具体组织实施工作。

4. 职业经理资质评价体系

职业经理资质评价体系是职业经理研究中心[①]于 2003 年 8 月 1 日开始在全国范围推出的[②]。如图 6-2 所示，在职业经理研究中心和人事部全国人才流动中心的领导下成立了职业经理资质评价工作指导委员会负责组织职业经理资质认证工作，具体由其下设的职业经理评价与培训管理办公室组织实施。设有培训专家委员会、教材专家委员会、命题专家委员会、评价专家委员会四个专家委员会。下设培训管理、教材编写、教务管理、评价技术、考务管理、客户服务、人才库等相关部门，负责评价培训工作的拓展和支持系统的构建，统一开展与协调全国的评价与培训工作[③]。2004 年底以职业经理研究中心为主拟定了《职业经理资质标准》。至 2005 年 3 月，先后在全国 20 多个省市授权建立了培训网点，突出对职业经理人的团队领导能力、经营决策能力、资本运营能力、市场营销能力、自主创新能力、沟通公关能力、危机管理能力和企业文化建设能力等八大能力的培训和经营业绩的考核与评价，并初步建立了一套职业经理人资质评价与培训体系[④]。

职业经理的评价分为初级职业经理、中级职业经理、高级职业经理三个级别。《职业经理资质标准》中分别界定了三个等级职业经理人的评价

---

① 职业经理研究中心是原国家经贸委（现国资委）主管，全国唯一一家以职业经理研究、职业资格评价、职业经理培训、职业经理的评价、构建职业经理人才市场为中心任务的正司级事业单位，是原国家经贸委培训序列单位，是国家劳动与社会保障部经理人国家标准组织制定单位。职业经理研究中心以促进中国职业经理阶层的形成、发展和成熟为使命，以提高职业经理人的职业道德、职业知识、综合素质和能力为主要任务。

② 职业经理研究中心温亚震主任的讲话，中国职业经理培训认证网，http://www.zyjl-china.com/news/news10.htm。

③ 中国职业经理培训认证网，http://www.zyjl-china.com/? action-category - catid - 112。

④ 中国职业经理培训认证网，http://www.zyjl-china.com/? viewnews-234。

标准。职业经理资质评价方式有资格申报、系统培训、笔试、测评、面试答辩等。考核通过者获得人事部全国人才流动中心和职业经理研究中心联合颁发的职业经理资质证书（高级职业经理资质证书、职业经理资质证书、助理职业经理资质证书）。《职业经理资质证书登记管理办法》中规定每两年登记一次。

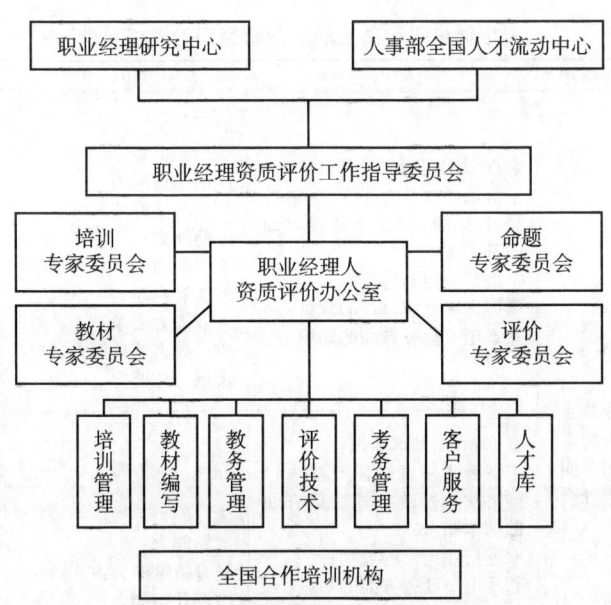

图6-2　职业经理资质评价体系组织结构示意图

5. 中国职业经理人（CPM）资格认证体系

中国职业经理人资格认证体系是由中国人力资源开发研究会[①]于2006年3月推出的。该体系包括统一的职业资格认证标准、统一的职业资格培训管理体系、统一的职业资格考试评审认证体系、统一的职业经理人后续服务体系等。认证分为初级（预备级）职业经理人、中级职业经理人和高级职业经理人。中国人力资源开发研究会资格认证评审委员会颁布的《中国职业经理人资格认证》中规定[②]：职业经理人的任职资格主要包括

---

① 中国人力资源开发研究会是在国家发展和改革委员会指导下，以全面促进中国人力资源开发为宗旨的国家级社团，主要从事中国人力资源问题的理论和政策研究工作，为理论、战略和政策的确定提供科学依据。

② 中国职业经理人资格认证官方网站，www.cpmqa.gov.cn。

职业道德、知识、能力、绩效四个要素,其中职业道德与绩效是通用要素,知识和能力要求根据企业经营管理职能分类和分级,并且突出行业和专业特色,中级和高级职业营销经理的具体要求见表6-3。申请者必须达到要求的培训时间:初级职业经理不低于350学分,中级职业经理不低于500学分,高级职业经理不低于700学分。

表6-3　　　　　　　　申请中级和高级职业营销经理的资格要求

	职业道德	知识	能力	绩效
中级职业经理人[①]	遵纪守法 诚实守信 竞业禁止 以人为本 公私分明 服务社会	掌握MBA基本知识; 了解商法(含知识产权法)、经济法、行政法等法律方面的基本知识; 掌握行业运营的规则; 掌握区域经济合作的规则; 熟悉电子商务方面的知识	通用能力要求: 执行能力; 组织协调能力; 应变与适应能力; 创新能力; 学习能力; 团队管理能力。 专业能力要求: 市场渠道管理能力; 市场开拓能力	包括社会效益和经济效益两部分。以国务院国有资产监督管理委员会统计评价局《企业绩效评价标准值》为依据
高级职业经理人[②]		掌握MBA基本知识; 了解商法(含知识产权法)、经济法、行政法等法律方面的基本知识; 掌握行业运营的规则; 熟悉电子商务方面的知识; 掌握市场营销组织和渠道的基本要求、构建原则和基本模型方面的知识; 掌握市场营销目标和目标市场定位方面的知识	领导能力; 创新能力; 经营决策能力; 市场开拓能力; 应变与危机处理能力; 公共关系能力	

注:①中级职业经理人是指具备良好的职业道德、经营管理知识和良好的经营管理能力,从事经营管理工作,可受聘于组织,以经营管理工作为职业的人才。
②高级职业经理人是指具有良好的职业道德、丰富的经营管理知识和较强的经营管理能力,可受聘于组织,在出资人的授权范围内行使对法人财产的经营权,并以契约的形式承担法人财产保值和增值责任,以经营管理工作为职业的人才。

由中国人力资源开发研究会组建的中国职业经理人资格认证评审委员会负责申报学员的认证评审工作,并成立了中国职业经理人资格认证管理办公室承担具体组织实施工作。对职业经理人职业资格的评价采取综合评价指标体系,评价的方式包括而不限于笔试、结构化面试、心理素质测评、情景模拟、案例分析、论文答辩和绩效评价。

除了全国统一的职业经理人资格认证以外，还有行业认证体系，如中国商业职业经理人认证（Chinese commercial professional manager，CCPM）是由中国商业联合会[①]于 2004 年 7 月 1 日正式推出的。由国家发展与改革委员会批准，中国商业联合会进行归口提出并管理的《商业职业经理人执业资格认定规范（Career qualification authentication for commercial professional manager）》（行业标准编号为：SB/T10372-2003）是我国商业领域唯一的针对商业职业经理人群进行培训与认证的行业标准。培训研发机构为中国商业联合会职业经理人研究委员会。认证机构为中国商业联合会商业职业技能鉴定指导中心（国家人力资源和社会保障部授权职业资格鉴定机构）。CCPM 职业经理人执业资格认证培训项目在全国设有 30 多个培训基地。商业职业经理人资格认证 CCPM 分为三个层次：初级商业职业经理人、中级商业职业经理人和高级商业职业经理人。依照国际惯例颁发"双证"：中国商业联合会颁发《执业资格证书》、中华人民共和国劳动和社会保障部教育培训中心颁发《岗位培训证书》[②]。

从职业经理人资格认证现状来看，目前存在着多个机构多种认证并存的局面，缺乏统一的标准和统一的管理，虽然中国职业经理研究中心推出了《职业经理资质标准》，但该标准并未全面推广，只是在职业经理研究中心的职业经理资质评价体系中运用，其他几种认证都是执行自己的标准。此外，中企联的职业经理人资格认证（CPMQ）分别按照行业和地区设立认证机构，则会出现条块协调与配合的问题。CPMQ 除了高级职业经理人资格认证由中企联统一组织认证以外，各全国性行业协会制定本行业职业经理人初级、中级职业经理人资格认证评价标准，还存在着不同行业性协会拟订职业经理人标准的授权来自于不同主管部门的情况。

6.2 职业经理人信用评价模型

职业经理人的成长是一个丰富学识、积累经验和不断进步的过程，而且这个过程贯穿其职业生涯的始终。特别是知识经济时代知识更新的速度

[①] 中国商业联合会成立于 1994 年，它是全国性、跨地区、跨部门、跨行业、跨所有制的商业社会团体，由从事商品生产流通业、饮食业、服务业企业或企业集团和各级商业联合会（商业总会）、全国性专业协会、其他类型的中介组织及从事商品流通活动的个人自愿组成，是联系政府和企业的桥梁纽带，是企业的代表，是政府的助手。

[②] 中国商业职业经理人认证网，http://www.chinaccpm.com/xmjs/xmjj.htm。

越来越快，对职业经理人能力和自身素质的要求也越来越高。职业经理人职业发展中的经营业绩、职业道德等方面的信用信息对评价职业经理人至关重要。因此，有必要建立职业经理人信用评价体系。

6.2.1 职业经理人信用评价的主体

1. 职业信用评价的主体

职业经理人职业信用评价按照"利益相关者评价模式"进行。职业经理人处在企业各方经济利益关系的核心，需要协调好各方的关系，因此应该由各主要利益相关者对其职业信用进行评价。首先，供职企业的评价。一个合格的职业经理人，不应该是由哪个部门或个人命名，应该是通过市场上正常、规范的经营竞争筛选出来，是通过一定时期的企业运营表现达到业绩目标并得到投资人认同而认定的。供职企业定期的绩效评价、职业道德评价是职业经理人职业信用信息的主要来源。其次，职业经理人协会的评价。目前由（全国）商业信用中心和中经国际投资培训管理中心（中国职业经理人联合会授权认证培训管理机构）联合进行职业经理人信用征集与评价，范围主要是申请CCPC认证的职业经理人或其他自愿申请的职业经理人。从经理人职业化、市场化的要求来看，职业经理人职业信用评价应纳入职业经理人统一管理体系，所以应逐渐过渡到由中国职业经理人协会会同（全国）商业信用中心联合开展职业经理人信用征集与评价工作。职业资格认证评价是对职业经理人职业信用进行初始评价：职业经理人协会在对职业经理人进行职业资格认证时全面考察其知识、技能与经验，同时对申请进行信用评价的职业经理人进行信用审查与评价，出具信用评价报告，颁发信用评价等级证书，并且为通过认证的职业经理人建立信用档案，这是职业经理人的初始档案。在初始信用档案中职业经理人以往工作经历中职业道德、绩效状况、领导能力等都属于职业信用的范畴。对于建档的职业经理人由职业经理人协会进行跟踪，定期从供职企业取得其绩效评价结果，定期从政府相关主管部门或中介机构等利益相关者处取得职业经理人职业道德方面的信息，并将其纳入职业经理人职业信用档案，从而使职业信用档案能够动态更新。最后，相关主管部门或中介机构的评价。职业经理人在工作中需要跟工商、银行、税务、检察院等政府相关主管部门和会计师事务所、律师事务所等中介机构打交道，这些部门掌握着其纳税、信贷、履约等方面的信用信息，能够为职业经理人职业信用评价提供基础信息并对他们进行信用等级评价。

2. 个人信用评价主体

个人信用评价体系的核心是由独立于市场之外的第三者通过各种信用记录的客观收集与分析以及保证措施，为客户提供信用信息和信用交易服务。该体系应以民间设立的独立中介机构为主体，在法律允许的范围内通过收集和分析个人信用资料，为客户提供当事人信用状况等证明材料，帮助客户判断和控制信用风险。个人信用评价体系是一个复杂的系统工程，职业经理人个人信用评价属于职业经理人信用体系的一部分，其相关信息就主要来源于社会个人信用评价体系。征信是职业经理人个人信用评价首先要做的工作。银行系统、保险系统、人才市场、电信系统等凡涉及个人信用的所有行业与部门都有必要建立起一套个人信用记录。个人信用评估公司作为第三方中介机构，通过与这些单位之间建立起信息交换网络，建立庞大的数据库作为个人信用资料的储存、提供平台。职业经理人个人信用评价主体主要是职业经理人协会，信用信息则来源于与其个人经济活动、消费行为等有关的利益相关者。主要包括：与职业经理人发生信贷关系的银行、保险、证券公司等金融类公司；交通、公安、法院、社保等政府管理部门；水、电、暖、煤气、电信、物业管理、保险等公司。职业经理人协会定期从这些机构获取职业经理人个人信用的信息，并对其个人信用状况进行等级评价。

3. 职业资格认证的主体

经理人的职业化要求构建统一的职业经理人评价体系，并将市场中的所有职业经理人都纳入这个系统中，在统一的标准下，对职业经理人做出客观的评价。标志着职业经理人实际管理能力水平的职业资格认证工作的客观性、科学性直接影响证书的信度，影响企业在选拔职业经理人时对职业经理人的信任度。而目前我国的职业经理人职业资格认证标准多元化、认证机构多样化、培训与考试不规范[①]等导致职业经理人职业资格证书的信度较低，企业也难以通过证书判断职业经理人的实际能力与水平。因此，为改变这种混乱的现状本书提出需要按照"统一组织、统一标准、统一认证、统一管理"的"四统一"原则来规范职业经理人职业资格认证工作。

（1）统一组织。职业经理人源于市场经济发展至资本所有权与经营权

---

① 针对我国职业资格活动的混乱情况，国务院办公厅于2007年12月31日下发了《国务院办公厅关于清理规范各类职业资格相关活动的通知》，要求2008年4月30日之前完成清理规范工作。

的分离，是一种人力资本商品，是一个市场的概念而不是行政职务。因此，职业经理人评价首先要引入市场认可机制。职业经理人不存在全球统一标准，不能仅仅靠简单的"考证书"来认证，而须通过市场的流动体现其自身的价值，最终由市场认可。其次是在市场认可下的行业职业经理人协会认可。按照国际惯例，职业经理人职业资格认证统一由行业协会等中介机构负责，我国也应该重视中介机构评价的作用①。在2002年12月30日由中国经济体制改革研究会举办的国内首次关于"中国职业经理人制度安排"的研讨会上，我国著名经济学家厉以宁、魏杰等都强调了组建行业协会在职业经理人建设方面的重要性。但从我国的现状来看由中国职业经理人协会统一负责有一定的难度。目前职业经理人职业资格认证的主管部门主要有人事部全国人才流动中心、人事部中国人才研究会经济人才专业委员会、国家发展与改革委员会、国有资产管理委委员会（国资委）等，主管部门多，政出多门自然标准就难统一。建议国务院授权已组织制定了全国统一的《职业经理资质标准》的人事部人才流动中心作为职业经理人职业任职资格认证的主管部门②，负责认证的统一领导与组织，职业经理研究中心作为研究支持部门，中国职业经理人协会作为日常管理机构，形成政府与中介机构联合组织认证工作的格局。具体组织体系见图6-3。

（2）统一标准。人事部人才流动中心牵头组织目前从事职业经理人认证的各认证机构对现行职业经理人认证标准进行研究，以现行《职业经理资质标准》为基础，根据近几年的实践情况，借鉴国际标准，进一步补充、完善，制定统一的职业经理人评价标准。具体的评价内容与标准将在后面阐述。

（3）统一认证。由人事部人才流动中心牵头组织中国职业经理人资格认

---

① 人力资源报，http://scjob.scol.com.cn/2005/04/04/2005040421021641788857.htm。深圳改革开发研究院研究员刘占军在2002年12月30日中国首次"中国职业经理人制度安排"研讨会上谈到：除了人力资源本身的约束外，企业与企业之间、老板作为投资者之间市场化、规范化约束的一个关键因素是中介评价机制。迄今为止，我国一直没有形成由社会评价企业家的机制，很多机构是为向企业要钱而做评价，对于职业经理人的社会评价机制是最缺乏的。职业经理人本身的道德风险几乎是完全靠自觉进行约束的，而社会的约束相对来讲比较低。中介机构形成一种有效评价机制是很重要的，如企业协会、职业经理人协会。

② 原因有三：第一，人事部全国人才流动中心是人事部直属的专门从事全国人才资源开发与人才流动服务的综合性人才管理与服务机构；第二，该中心与职业经理研究中心联合推出的职业经理资质评价体系已运行3年多的时间，积累了大量的经验；第三，职业经理研究中心是原国家经贸委（现国资委）主管，全国唯一一家以职业经理研究、职业资格评价、职业经理培训、职业经理的评价、构建职业经理人才市场为中心任务的正司级事业单位，是原国家经贸委培训序列单位，是国家劳动与社会保障部经理人国家标准组织制定单位；第四，目前我国的CCMC证书已获WTO成员国及国际职业经理人联盟的90余个会员国互认。

证（CCMC）指导委员会对目前的认证机构进行考核评价，达不到标准的予以撤消，符合标准要求的保留。并且在指导委员会的领导下由认证管理办公室（中国职业经理人协会）开发符合条件的新的认证机构，并对现行培训机构进行评价和筛选。由这些认证机构运用统一的评价标准组织初（中）级职业经理人认证工作，颁发统一的资格证书。高级职业经理人认证工作则由中国职业经理人认证管理办公室统一负责。对于在此之前通过各机构认证的职业经理人采取逐渐过渡的办法：原有的资格证书在年检期内有效，到年检时间的则需要参加统一认证考试，合格者换发统一的资格证书。

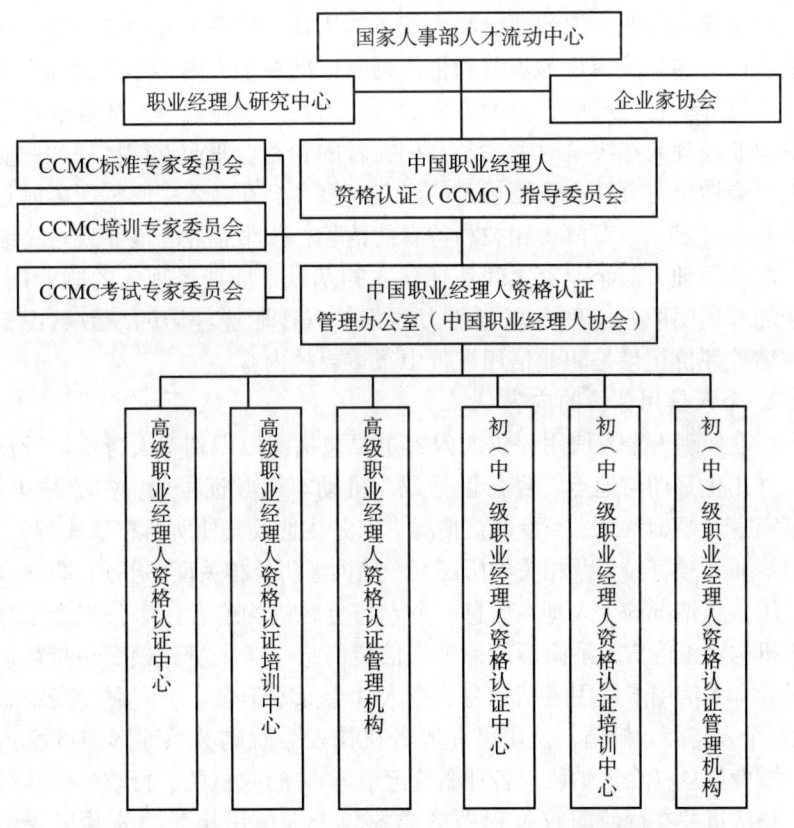

图 6-3 中国职业经理人资格认证（CCMC）组织体系示意图

（4）统一管理。职业经理人资格认证管理办公室（中国职业经理人协会）负责认证工作的统一管理。包括资格认证工作的协调、资格认证管理制度的制定、编制中长期计划并组织实施、组织编制认证标准及培训大纲、审查认证机构并进行日常监督与管理、审查认证管理机构并进行日常监督与管理、审查认证培训机构并进行日常监督与管理、负责职业经理人资格证书的统一管理、负责通过认证职业经理人的统一管理等。

6.2.2 职业经理人信用评价的内容

1. 职业信用评价的内容

职业经理人职业信用评价的内容主要包括职业道德评价与绩效评价。把职业经理人的职业道德评价纳入职业信用评价体系十分必要。道德是成文或不成文的非法律行为规范和价值判断标准在个人内心形成的约束机制和个人信守的行为准则，是约束人的内在因素。职业经理人的职业道德会约束职业经理人在决策时考虑利益相关者的利益。职业道德良好的职业经理人，会做出符合社会道德规范的经营决策，会在经营中竭尽所能满足各方的利益要求。只有取得相关利益者的信赖，一个企业才能实现可持续发展。职业经理人与企业家之间信任建立的基础是职业经理人的职业能力，而最能够证明职业经理人职业能力的是其以往职业经历的绩效状况，因此，绩效评价记录是职业信用评价中很重要的内容。

2. 个人信用评价的内容

职业经理人个人信用评价的内容主要包括据以识别个人身份以及反映个人（出生日期与地点、身份证号码、机动车驾驶证号码、护照号码等）及其家庭（婚姻状况、家庭成员情况、家庭住址及其住所所有形式等）、教育与培训（教育经历及相关学历证书、培训经历及相关证书等）、职业（工作经历）等情况的个人基本信息；个人与金融机构或者住房公积金管理中心等机构发生信贷关系而形成的个人信贷信息（个人贷款额度与贷款偿还记录、个人信用卡使用缴费信息、个人社会保险记录、个人财产变动状况等）；个人与商业机构、公用事业服务机构发生赊购关系而形成的个人赊购、缴费信息（个人纳税、各种缴费记录等）；行政机关、行政事务执行机构、司法机关在行使职权过程中形成的与个人信用相关的公共记录信息（民事、刑事、行政诉讼和行政处罚等记录）；其他与个人信用有关的信息。

3. 职业资格认证评价的内容

如前所述，职业经理人职业资格认证应统一评价标准，但并不是由职业经理人协会和职业经理研究中心统一制定所有的评价标准，标准的制定需要分层次。根据业务具体性、公司具体性、行业具体性①可以将职业经理人的胜任力（胜任素质）分为通用胜任力、行业通用胜任力、普通业务胜任力、行业业务胜任力、公司内部胜任力、特殊业务胜任力六种类型②。因此，职业经理人胜任素质评价应该分为四个层次，如图6-4所示。首先，由职业经理研究中心和职业经理人协会统一制定职业通用素质标准，这是所有职业经理人必备的基本素质要求，包括基本的知识技能、心理素质、职业操守等方面的要求。其次，人事部人才流动中心授权职业经理人研究中心会同各行业协会研究制定各行业职业经理人的行业通用素质标准，该标准是针对各行业的行业特点和发展规律对职业经理人的特殊要求而制定的，适用于该行业领域职业经理人职业资格认证。再其次，人事部人才流动中心授权职业经理人研究中心会同相关专业研究机构研究制定各专业的素质标准，如会同中国人力资源开发研究会研究制定人力资源专业职业经理人的素质标准，该标准适用于从事该专业领域管理的职业经理人。最后，企业在招聘选拔职业经理人时自行确定标准评价候选人的公司胜任素质，主要包括候选人与企业文化的匹配度、企业特殊业务能力水平等。确定了各类统一的评价标准后，根据标准确定分类培训体系，编制统一的分类培训教材，逐步开发建立标准的试题库，统一命题并且标准化统一考试、统一阅卷，以确保分类统一标准的实施。

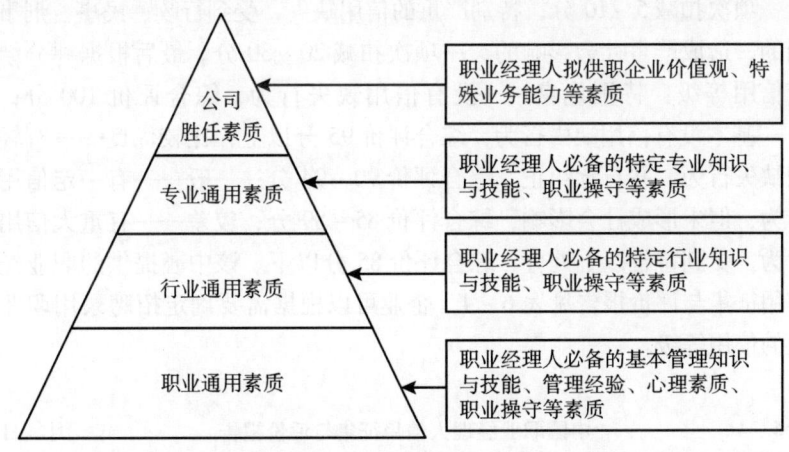

图6-4 职业经理人职业资格认证评价标准层次示意图

---

① 业务具体性是指管理胜任力与完成一个具体工作任务的相关程度。公司具体性则是指胜任力与具体公司的关联程度。行业具体性则是指某种能力与某个行业的相关程度。
② 于正东：《论中小企业管理者胜任力的培育与提升》，载于《经济与管理》，2005年第12期，第55页。

6.2.3 职业经理人信用评价的方法

1. 职业信用评价方法

（1）背景调查。企业招聘选拔职业经理人时，可以通过对其供职过的企业进行调查，了解其在以往工作经历中的职业信用状况，进而对其进行信用评价。企业自行调查有困难，可以委托专业机构来调查。中国劳动争议网是国内最早提供有偿背景调查的专业服务机构，调查内容包括教育背景、工作背景、离职背景、管理能力和技能、劳动纠纷、财务问题、犯罪记录调查等，调查的目的是以第三方的身份对候选雇员进行公正、公平的背景调查服务，以避免聘用不良雇员的风险[①]。

（2）信用评分与信用评级法。如前所述，由商业信用中心、中经国际投资管理培训中心、中国职业经理人联合会共同提出的《CCMC 中国职业经理人信用征集与评价规范》中对职业经理人进行信用评价时采用的是评分和评级法。《规范》中对信用评分作了以下规定[②]：轻微信用缺失，能自觉或经提示自觉纠正的，一项次扣减 1 分；一般信用缺失，经多次提示纠正的，一项次扣减 3 分；严重信用缺失，经强制纠正，造成一定社会影响的，一项次扣减 5~10 分；特别严重的信用缺失，受到行政、民事、刑事等处罚的，造成严重社会影响的，一项次扣减 20~30 分。最后根据评分结果确定信用等级：特别优良——没有信用缺失行为，综合评价 100 分；优良——基本没有信用缺失行为，综合评价 95 分以上；比较优良——有轻微信用缺失行为，并自觉纠正，综合评价 90~94 分；一般——有一定信用缺失行为，但未形成社会影响，综合评价 85-89 分；较差——有重大信用缺失行为，受到警告以上处分，综合评价 85 分以下。该中心提供的职业经理人信用征集与评价报告见表 6-4。企业可以根据需要确定招聘录用职业经理人的信用等级。

表 6-4　　　　　中国职业经理人信用征集与评价报告　　　　年　月　日

被评价人姓名		联系方式			
基本资质	扣减分数			实得分数	
	扣减原因				

[①] 中国劳动争议网，http://www.btophr.com。
[②] 中国职业经理人评价网，http://www.chinaccmc.org/lhh/news/info.asp?aunid=890。

续表

领导能力评价	扣减分数		实得分数			
	扣减原因					
道德状况评价	扣减分数		实得分数			
	扣减原因					
担任领导职务期间履约状况	扣减分数		实得分数			
	扣减原因					
个人经济状况评价	扣减分数		实得分数			
	扣减原因					
综合评价	扣减分数		实得分数		信用级别	
	评委专家签字：					
	评定机构盖章					

资料来源：中国职业经理人评价网，http://www.chinaccmc.org/lhh/news/info.asp?aunid=890。

2. 个人信用评价方法

上海资信有限公司的个人信用评价采用评分法。个人信用评分[①]是一种建立数学模型，并运用计算机技术对个人的信用信息进行统计、计算及量化分析的方法。通常，它通过对个人以往信用记录量化分析，以预测未来某一事件发生的可能性。个人信用评分是以一个分数来反应个人信用状况，一般界定为分数越高，提示该人的风险越低，或信用越好。信用评分又分为：风险评分、收入评分、响应度评分、客户流失/忠诚度评分、催收评分；信用卡发卡审核评分、房屋按揭贷款发放审核评分、信用额度核定评分等等。风险评分的应用面最为广泛。如无特别说明，信用评分通常就是指风险评分。风险评分预测风险事件发生的概率，主要用于对客户信用风险的控制。例如，根据消费者的信用历史记录，风险评分模型可以预测其不同群体在今后18个月内发生拖欠行为的不同概率。

3. 职业资格认证的评价方法

目前，人事部全国人才流动中心和职业经理研究中心开发的职业经理资质评价项目的考核评价体系见表6-5[②]。职业经理研究中心与职业经理协会在统一评价内容与标准的时还需要统一评价方法。

[①] 上海资信有限公司，http://www.shanghai-cis.com.cn/gsjs.htm。
[②] http://www.szmc.org.cn/cn/etc/jingli/0508162.doc。

表 6-5　　　　　　　　职业经理资质考核评价体系

考核评价科目	权重	考试形式	考核时间
笔试	15	闭卷与开卷结合	3 小时
面试（高级）	30	单独面试	40 分钟
测评	10	闭卷	3 小时
结业设计	25	开卷	
业绩评价	15		
培训机构评价	5		
综合评价	100		

6.2.4　职业经理人信用评价模型

综合上述研究内容，设计如图 6-5 所示的职业经理人信用评价模型。该模型由评价主体、评价内容、评价方法和评价目的四部分内容组成。职业经理人信用评价主体主要包括政府主管部门、中介机构、与职业经理人个人消费行为有关的企业等四大类。人事部人才流动中心和职业经理人协会主要负责职业经理人职业资格认证工作；银行、保险、证券、电信、租赁公司、社会公共服务公司（水、电、暖、煤气等）、公安等政府主管部门和工商税务等机构主要对职业经理人的个人信用进行评价；职业经理人职业信用的评价主体主要有工商税务等机构、职业经理人供职的企业和会计师事务所等中介机构。个人信用和职业信用的评价方法主要有背景调查、信用评分、信用评级等，职业资格认证的评价方法主要有知识考试、面试答辩、心理测验、历史绩效、信用调查、情景模拟等。职业经理人信用评价的目的一方面是对职业经理人进行任职资格等级评定，另一方面为企业对职业经理人进行招聘选拔、人员配置、职位升降、留任解聘等决策提供重要的依据，最终实现"企业内外利益相关者满意"的目标。

构建职业经理人信用评价体系，还需要做好三方面的工作。首先，建立信用等级分类管理制度。建立职业经理人信用等级分类的方法和标准，通过科学评价体系实行分类管理，提高对职业经理人职业行为的监督与约束力度。其次，建立联网共享的基础数据库。各利益相关者广泛收集和及时加工处理职业经理人经营行为和个人信用等方面的信用数据，建立各系统或部门内部共享的信用信息数据库，职业经理人协会通过一定方式实现与相关数据库联网，以便及时获取职业经理人各类信用信息。最后，建立信用信息有偿使用制度。职业经理人协会的职业经理人信用信息数据库有偿向企业和职业经理人个人提供信用评价报告。

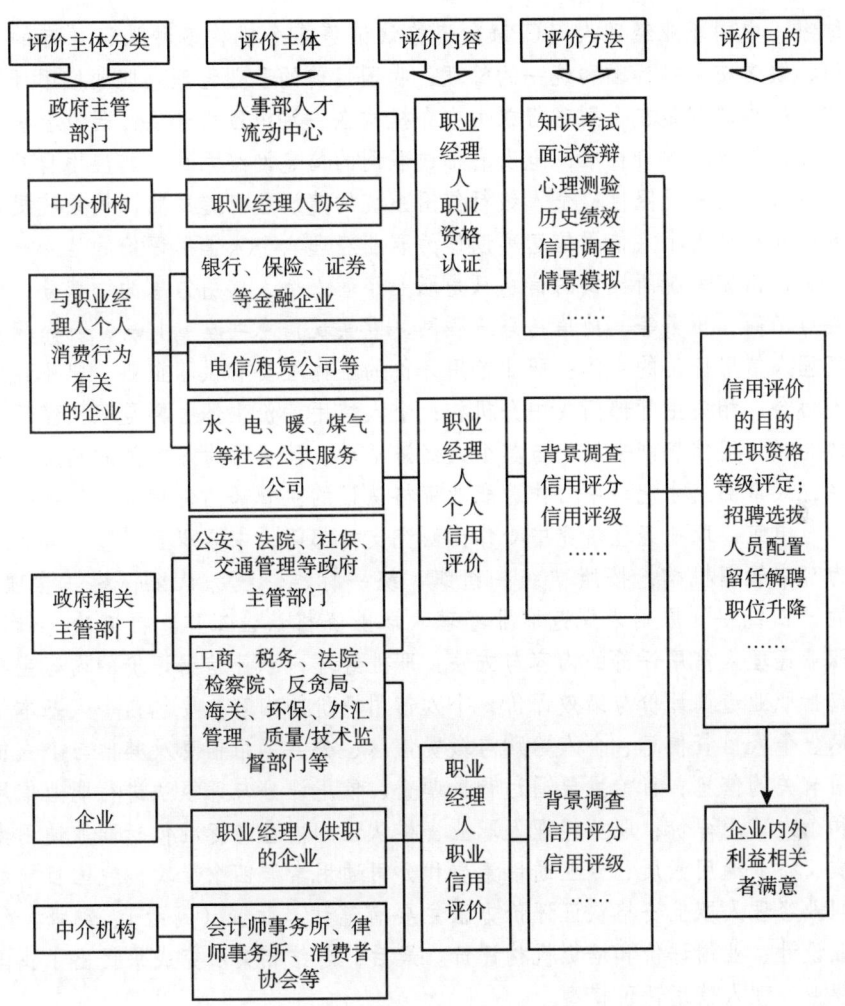

图 6-5 职业经理人信用评价模型

6.3 本章小结

本章主要研究职业经理人信用评价模型的构建。首先对我国目前职业经理人职业信用、个人信用评价与职业资格认证的现状进行研究,发现目前同时存在着中国职业经理人资格认证(CPMC)、职业经理人资格认证(CPMQ)、中国职业经理人资格评价体系(CCMC)、职业经理资质评价体系、中国职业经理人（CPM）资格认证等多个机构多种认证并存的局面，缺乏统一的标准和统一的管理；我国目前的职业经理人职业信用评价体系的构建只是在个别省份或由中介机构在一定范围内开展，既没有统一的评价内容与评价标准，也没有形成联网的信息网络系统，其应用自然也就具有很大的局限性；个人银行信用系统的建设已日趋成熟，该系统提供的职业经理人个人信用信息可以作为职业经理人个人信用评价的信息来源之一，但该系统所提供的信息只是职业经理人个人信用信息的一部分，需要与工商、税务等其他信息系统联网，以实现信息共享。其次，研究职业经理人信用评价的主体：职业信用评价的主体主要有供职企业、职业经理人协会、相关主管部门或中介机构；个人信用评价主体主要是职业经理人协会，信用信息则来源于与其个人经济活动、消费行为等有关的利益相关者；人事部人才流动中心作为职业资格认证的主管部门负责认证的统一领导与组织，职业经理研究中心作为研究支持部门，中国职业经理人协会作为日常管理机构，按照"统一组织、统一标准、统一认证、统一管理"的"四统一"原则来规范职业经理人职业资格认证工作。再其次，研究职业经理人信用评价的内容与方法：职业经理人职业信用评价的内容主要包括职业道德评价与绩效评价，个人信用评价的内容主要包括个人基本信息、个人信贷信息、个人赊购与缴费信息、公共记录信息及其他与个人信用有关的信息，目前主要通过背景调查、信用评分与评级法进行职业信用和个人信用评价；职业经理人职业资格认证的内容与标准包括职业通用素质、行业通用素质、专业通用素质和公司通用素质四个层次，我国目前的职业经理人职业资格认证评价方法主要有笔试、面试（高级）、测评、结业设计、业绩评价和培训机构评价。最后，总结相关研究成果提出了我国职业经理人信用评价模型。

第 7 章
职业经理人综合评价体系模型及其应用

7.1 职业经理人综合评价体系模型及其运行机制

7.1.1 职业经理人综合评价体系模型

前面第 4、5、6 章分别论述了职业经理人胜任素质评价、绩效评价与信用评价三部分内容，并分别构建了评价模型。在此基础上本书构建了由三个子评价模型的主要内容构成的职业经理人综合评价体系模型。如图 7-1 所示。

从图 7-1 可以看出，根据"利益相关者评价模式"对职业经理人进行评价时，评价的主体为企业内外的利益相关者。但是，不同的利益相关者关注的利益点不同，他们评价的侧重点也就存在着差异（见图 4-4、图 5-17、图 6-5），对不同的评价内容采用的评价方法也有差异：（1）胜任素质评价。运用知识考试、情景模拟、信用档案、心理测验、评价中心、信用调查和 360 度评价等方法分别对职业经理人的专业、心理、职业操守和行为胜任素质进行评价，以判断其是否具备企业所提出的胜任素质要求，从而做出是否录用、聘任的决策，并且为后续的人员配置、绩效评价、培训开发、职业发展、薪酬分配、人员调配等人事决策和其他人力资源管理职能提供科学的依据。(2) 绩效评价。主要运用量化评价标准和行为等级描述评价方法按照财务类、客户类、企业运营类、学习创新与行为类指标四个维度对职业经理人进行绩效评价,评价的结果除了用于绩效的改进与提升,从而确保组织目标的实现,还可以为职业经理人个人的职业发展、能力提升、职位升降、薪酬分配、岗位轮换、留任解聘、奖惩激励等提供依据。(3) 信用评价。主要运用知识考试、面试答辩、心理测验、历史绩效、信用调查、情景模拟、背景调查等方法对职业经理人的职业信用、个人信用进行评价,进行职业任职资格认证,确定其任职资格等级,为企业的招聘选拔、人员配置、留任解聘、职位升降等人事决策提供参考。职业经理人综合评价的最终目的是"利益相关者满意,实现企业与职业经理人双方的发展目标"。

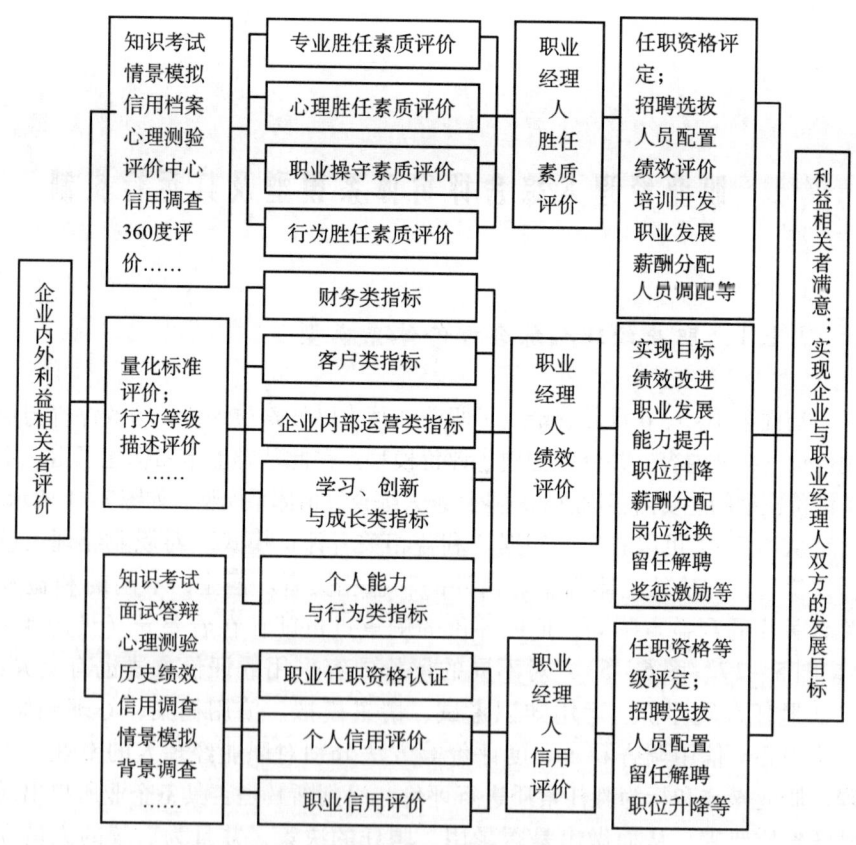

图7-1 职业经理人综合评价体系模型

7.1.2 职业经理人综合评价体系的运行机制

职业经理人评价是一个动态的系统评价过程。在其运行过程中需要与胜任素质评价、绩效评价与信用评价相关信息来源主体之间协调运行。借鉴国际上通行的做法，职业经理人协会应成为对职业经理人及职业经理人市场进行有效监管的主体①。因此，本书设计职业经理人综合评价模型的运行机制见图7-2。

（1）职业经理人协会。职业经理人协会接受人事部人才流动中心的授权负责职业资格认证考试工作并为企业提供职业经理人胜任素质评价服务，也是职业经理人信用档案系统的管理部门。职业经理人档案系统由工作绩效档案、职业信用档案、个人信用档案、工作经历档案四个主体部分构成，其他还可以包括个人基本资料、教育与培训经历等信息。凡是通过考试取得职业经理人任职资格证书的职业经理人协会都为其开设档案账户。通过职业经理人提供相关档案资料、证书、自我申报等方式形成职业经理人的初始档案。该档案需要动态调整与不断完善，信息则来自相关其他评价主体。首先，职业经理人协会定期从职业经理人个人信用信息的来源渠道获取相关信息：从银行、保险、证券等金融公司取得个人信贷金融信用信息；从公安、法院、社保、交通管理等政府部门取得个人遵纪守法方面的信息；从水、电、暖、煤气等社会公共服务公司取得缴费状况的信息；从电信公司、租赁公司等获取缴费情况的信息。其次，职业经理人协会定期从职业经理人职业信用信息来源渠道获取相关信息：从工商、税务、海关、环保、外汇、质量与技术监督部门等政府相关部门获取其是否合法、诚信经商方面的信息；从会计师事务所、律师事务所、消费者协会等中介服务机构获取其诚信经商方面的信息。最后，定期检查职业经理人个人申报、企业提报的相关绩效评价信息，并及时督促信息按时提报。

---

① 西方国家较为成功的经验与做法是，建立职业经理人协会，充分发挥其自治功能，对职业经理和职业经理人市场进行有效监管。如总部设在英国的国际经理人协会（IPMA，The International Professional Managers Association）就是一个国际性职业经理人协会。在发达国家，一般都是由行业协会和中介组织进行这方面的资格认证，比较有权威和被市场认可的有英国皇家特许管理协会的特许经理人认证、英国伦敦城市行业协会的职业经理人认证等。

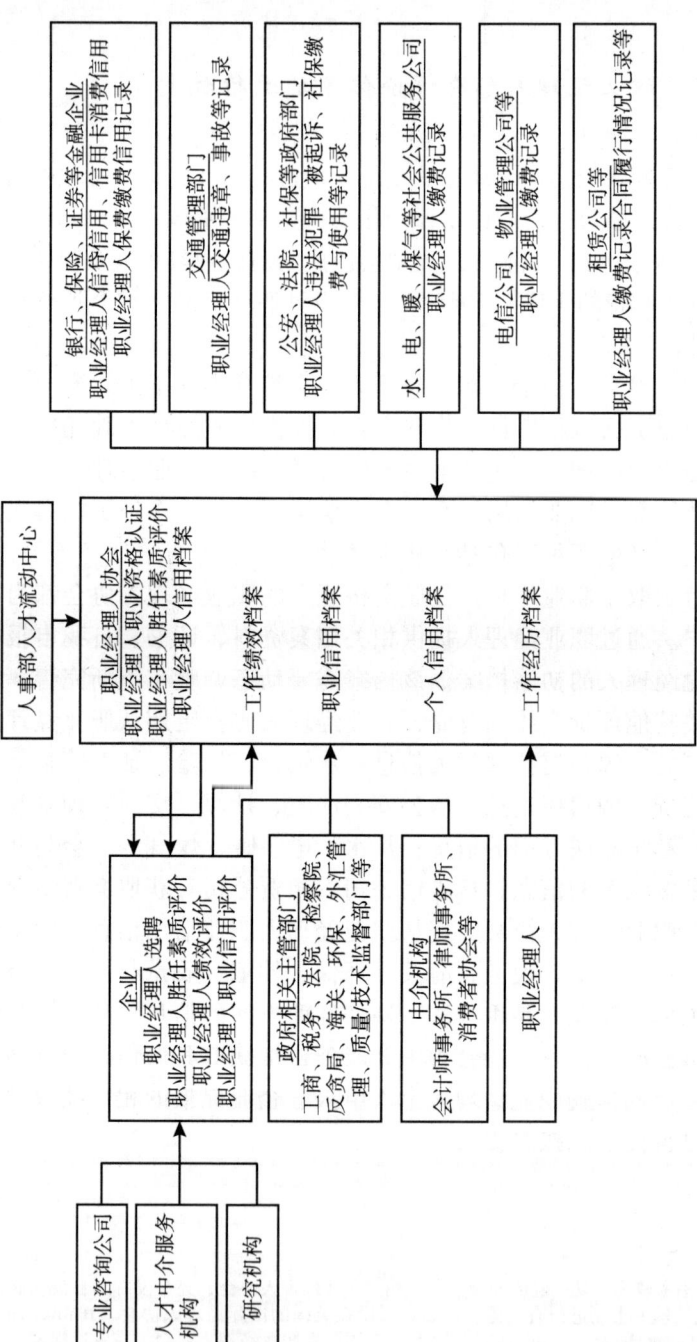

图 7-2 职业经理人综合评价模型的运行机制示意图

（2）企业。一方面，企业在招聘选拔职业经理人时可以通过从职业经理人协会有偿获取候选人信用档案资料作为选聘职业经理人的参考依据。另一方面，定期对录用的职业经理人进行职业信用评价与绩效评价，并将评价结果提报给职业经理人协会。这样企业与职业经理人协会之间就构成了动态的互惠合作关系。

（3）职业经理人。职业经理人定期向协会提报个人供职单位变动、教育与培训经历等信息，以便协会及时更新其信用档案资料。

7.2 职业经理人综合评价体系的应用

7.2.1 职业经理人综合评价体系的应用模型

为了了解职业经理人绩效管理的现状，本书选取了绩效评价结果常用的六个人力资源管理领域进行了问卷调查。调查结果"职业经理人绩效评价结果运用现状"及"职业经理人对绩效评价结果运用重要性评价的均值表"分别见表7-1和表7-2。

表7-1　　　　职业经理人绩效评价结果运用现状统计表

编号	问题	企业现行绩效评价结果运用于相关领域的选择数量（%）	企业现行绩效评价结果未运用于相关领域的选择数量（%）	对此选项没有回答的问卷数量（%）
4.1	评价结果及时反馈	325（85.3）	39（10.2）	17（4.5）
4.2	考核结果作为您的职业生涯规划的依据	223（58.5）	132（34.6）	26（6.8）
4.3	评价结果作为对您的奖惩的依据	326（85.6）	36（9.4）	19（5.0）
4.4	评价结果作为您的薪酬分配的依据	308（80.8）	56（14.7）	17（4.5）
4.5	评价结果作为您的职位升降的依据	285（74.8）	74（19.4）	22（5.8）
4.6	评价结果作为对您培训的依据	210（55.4）	136（35.7）	35（9.2）

由表 7-1 可以看出,"评价结果作为奖惩依据"、"评价结果及时反馈"、"评价结果作为薪酬分配的依据"这三项选择的比例较高,都超过了 80%。"评价结果作为职位升降依据"的选择比例也接近 75%。从绩效管理要求的角度来看,这四项内容是绩效评价结果运用的基本要求。但仍然有 10.2% 的被调查对象得不到绩效评价结果的反馈,9.4% 的被调查对象的奖惩未与绩效考核结果挂钩,14.7% 被调查对象的报酬未与绩效评价结果挂钩,近 20% 被调查对象的职位升降与绩效评价结果无关。而"评价结果作为职业生涯规划的依据"和"评价结果作为培训依据"这两项内容的数量较少,仅占总数比例的 55% 多一些。从上述调查结果来看,企业比较重视绩效评价,而在绩效管理方面做得还比较欠缺。因此,本书对将绩效评价结果在职业经理人素质提升方面的应用进行了深入的探讨。

表 7-2　　　　职业经理人对绩效评价结果运用重要性评价的均值表

项目	考核结果及时反馈	考核结果作为您的职业生涯规划的依据	考核结果作为对您的奖惩的依据	考核结果作为您的薪酬分配的依据	考核结果作为您的职位升降的依据	考核结果作为对您培训的依据
均值	4.47	3.98	4.26	4.24	4.14	3.88

由表 7-2 可知,职业经理人比较关心绩效评价结果与自己当前利益挂钩的应用领域。对于绩效评价结果与个人未来发展的职业生涯规划和培训等方面的关心程度还是比较低。可能的原因有以下三个方面。第一,企业未形成真正的绩效管理体系。第二,受企业现行管理制度与政策的影响。比较表 7-1 与表 7-2,可以发现:职业经理人对各项绩效评价结果应用领域重要性的评价与企业现行管理制度与政策比较一致。说明企业政策与制度对职业经理人选择的导向性作用。这也符合心理学的规律:人们都偏向选择对自己有利的行为。第三,我国还未建立起完善的职业经理人市场,职业经理人的选拔培训还没有完全引进市场竞争机制,对职业经理人的竞争压力较小。

企业不仅应重视绩效评价结果的运用,还应该重视胜任素质评价体系与信用评价体系的运用,将职业经理人综合评价体系与人力资源管理系统的各子系统衔接起来。为此,根据人力资源管理理论,结合问卷调查结果,本书设计了职业经理人综合评价体系的应用模型,见图 7-3。

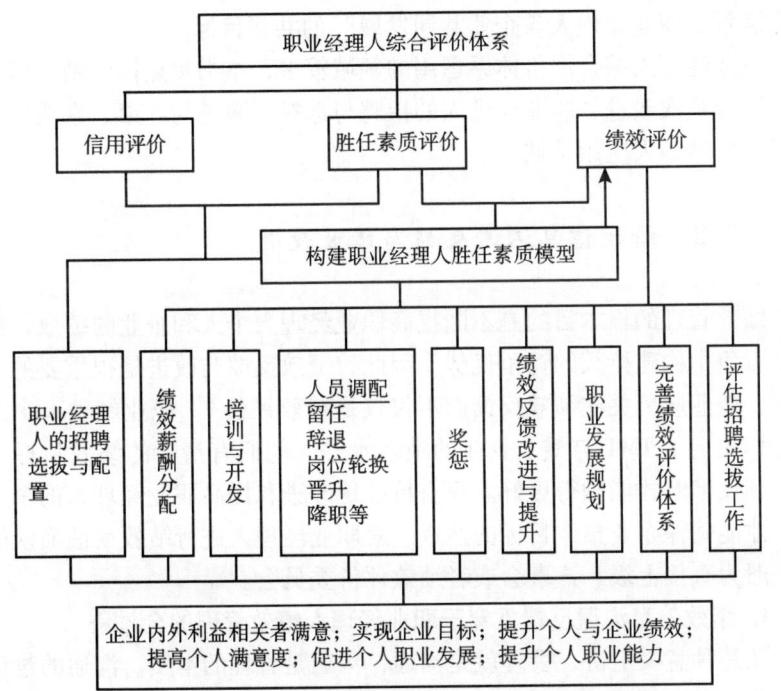

图7-3 职业经理人综合评价体系的应用模型示意图

图7-3表明：首先，职业经理人信用评价、胜任素质评价的信息主要运用于职业经理人招聘选拔环节。其次，企业根据绩效评价结果区分绩效优秀的职业经理人与绩效一般的职业经理人，通过行为事件访谈等方法构建职业经理人胜任素质模型，一方面胜任素质模型中各项胜任素质的要求可以作为企业招聘选拔职业经理人的标准；另一方面胜任素质模型可以作为职业经理人配置、培训与开发、绩效评价、职业发展规划、人员调配等人力资源管理领域的重要依据，这样就构建起基于胜任素质模型的现代企业人力资源开发与管理系统。再其次，绩效评价结果主要运用于绩效薪酬分配、培训与开发、人员调配、奖惩、绩效改进与提升、职业发展规划、评估招聘选拔工作等方面，并通过绩效评价发现企业绩效评价体系存在的问题并予以纠正，从而不断完善企业的绩效评价体系。最后，职业经理人综合评价体系的运用最终达到企业内外利益相关者满意、实现企业目标、提升个人与企业绩效、提高职业经理人个人满意度、提升职业经理人个人职业能力、促进职业经理人个人职业发展六大目标。实现"利益相

关者满意、职业经理人与企业共同发展"的共赢目标。

职业经理人综合评价体系运用的领域较多，本书重点探讨绩效信息沟通反馈与绩效改进、职业经理人的招聘与选拔、激励与约束、素质的提升与职业发展四大应用领域。

7.2.2 绩效信息沟通反馈与绩效改进

绩效管理的根本目的是不断提高职业经理人个人和企业的绩效，在激烈的竞争中构建持久的竞争优势。因此，绩效反馈与改进是很重要的一个环节，企业应更关注绩效反馈而不仅仅是绩效评价[1]。职业经理人个人绩效好坏决定了TMT与整个企业的绩效水平，他们有清晰的绩效目标并定期收到反馈时才能做得更好。只有持续地改进和提高职业经理人的个人绩效，才能确保企业整体目标的达成。对职业经理人进行绩效反馈面谈的主体一般为直接上级、董事会或者绩效评价委员会。

1. 绩效信息沟通反馈贯穿于职业经理人绩效管理的全过程

从某种意义上讲，管理就是沟通，沟通是管理的本质，沟通的过程就是被评价者参与的过程，而相关研究发现，"参与"与"满意度"高度相关[2]。绩效沟通在绩效管理中发挥着举足轻重的作用。绩效沟通的方式主要有：书面报告、定期面谈、团队会议、非正式沟通、培训等。绩效沟通贯穿于绩效管理的整个过程，在不同阶段的重点也有所区别。首先，在绩效计划阶段，沟通的主要目的是双方就工作目标和标准达成一致。董事会为企业确定绩效目标（也就是TMT目标），董事会或企业绩效考核委员会对目标进行分解并确定管理团队中每一位职业经理人的绩效计划，双方就绩效计划和标准进行反复的沟通，达成一致后，签订绩效合同，达成书面承诺，这些计划和标准就成为期末绩效评价的依据和标准[3]。其次，在绩效辅导阶段，沟通的目的主要有两个：一个是职业经理人汇报工作进展或

---

[1] Brigitte W. Schay, In search of the Holy Grail: Lessons in Performance Management, Public Personnel Management, Vol. 22, No. 4 (Winter 1993): 649.

[2] Cawley, Brian D. Keeping, Lisa M. Levy and Paul E, Participation in the Performance Appraisal Process and Employee Reactions: A Meta-Analytic Review of Field Investigations, Journal of Applied Psychology, Aug98, Vol. 83 Issue 4: 615–633.

[3] 土耳其学者Arin Dortok比较"最受尊敬公司"前10位和后10位公司针对"内部沟通与组织声誉之间关系"的比较研究表明：前10位公司很看重内部沟通，它们相信"承诺"对商业结果有重要贡献。Arin Dortok, A Managerial Look at the Interaction Between Internal Communication and Corporate Reputation. Corporate Reputation Review, Vol. 8, No. 4, 2006: 322.

就工作中遇到的障碍向直接上级求助，寻求帮助和解决办法；另一个是直接上级及时提醒职业经理人注意工作进度，并就工作与目标计划之间出现的偏差并共同探讨如何进行调整。最后，在绩效评价和反馈阶段，绩效信息的沟通反馈主要有四个目的：对职业经理人在考核周期内的工作进行合理、公正和全面的评价，双方就评价结果达成共识；认可成绩，找出差距，讨论原因，探讨以后工作改进的重点和计划；探讨个人未来的发展计划；探讨下一个考核周期的绩效计划。因此，绩效评价结果的沟通反馈对企业和职业经理人双方的绩效提升与发展都至关重要。

2. 绩效沟通的内容与方式

职业经理人绩效管理各个阶段进行沟通的具体内容应根据双方的需要来确定，即各自需要什么信息。一般来说，主要包括以下几个方面的内容：就绩效目标和行动计划取得一致；绩效计划的进展情况；职业经理人个人和企业是否朝着正确的实现目标和绩效标准的方向努力，如果有偏离目标的倾向，应采取什么行动；哪些工作进行得很顺利效果很好，哪些工作遇到了困难或障碍，遇到的困难或障碍是否可以解决，应该如何解决；面对目前的情况，需要对工作目标和行动计划做出哪些调整；企业和管理团队可以采取哪些行动来支持职业经理人的工作等。此外，反馈者还应该跟职业经理人沟通个人职业发展的问题，探讨个人职业发展的现状、未来发展的方向、需要做出哪些努力、需要哪些支持等。绩效沟通分为正式沟通和非正式沟通。正式沟通主要有书面报告、会议沟通和正式面谈等方式。正式沟通之外的沟通如节日（周末、闲暇）聚会、非正式会晤、喝咖啡时间（Coffee Time）、公司文化节、周末健身日等都属于非正式沟通。

3. 绩效改进计划

如图7-4所示，考核期末，各利益相关者对照期初的绩效计划与标准对职业经理人进行绩效评价，并将综合评价结果与标准进行比较，确定绩效差距，并分析差距的原因，如果是职业经理人个人的原因，进一步分析确定哪些方面需要改进，并确定改进的方式与方法，如个人参加专业知识与技能培训、制订读书计划、参加研讨会等，企业也可以有针对性地采取一些支持性的措施，如安排相关讲座、企业教练进行管理辅导、户外拓展训练等。制订绩效改进计划表以及改进跟踪和评价方法等。在绩效改进计划实施的过程中，职业经理人的直接上级应随时指导，了解进展情况，并及时帮助解决遇到的困难与问题，绩效改进计划实施的效果主要看下一个考核周期的评价结果是否有改善，以确定是否达到了预期的绩效改进目标。

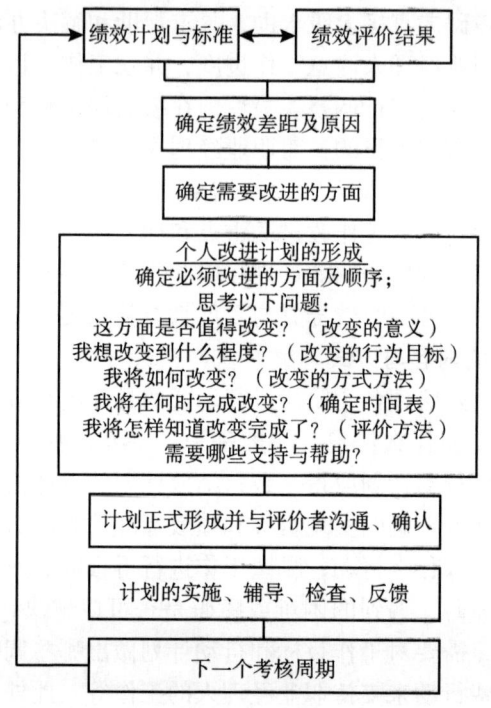

图 7-4 绩效改进计划过程示意图

7.2.3 职业经理人招聘与选拔

企业高层职业经理人产生途径的问卷调查统计结果（见图 7-5）显示：第 1 位是"内部竞争上岗"，占 32%，"上级主管部门任命"、"外部公开招聘"的比例分别为 22%、18%。"内部竞争上岗"和"外部公开招聘"的比例达到了 50%。因此，如何招聘到企业所需要的职业经理人、如何对招聘的职业经理人进行选拔就成为企业应该重视的重要问题。

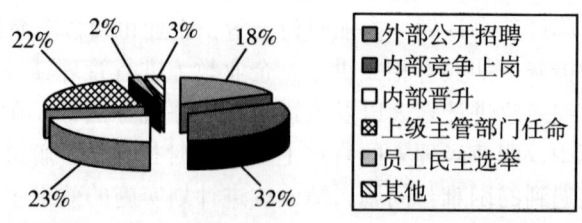

图 7-5 职业经理人任职途径调查统计结果示意图

企业招聘高层职业经理人不仅仅是满足职位空缺的人员需求，更重要是为了保证企业战略目标的实现而从多样化的背景中（文化、教育、经济环境等）甄选与吸引那些能够帮助企业达成当期以及长期战略意图的具有高素质的高级管理人才。基于此，传统的招聘甄选理念与方法显然不能满足企业获得持续竞争力的需要，需要开展基于胜任素质的招聘甄选工作。实际上，胜任素质模型一旦被企业采用，就可以确保所有那些管理人员的面试（以及绩效评估）考虑"同一套能力与特征"[1]。基于胜任素质的招聘选拔可按照图7-6所示的程序进行。首先，企业根据主要利益相关者的要求制定发展战略，人力资源部门则根据企业发展战略制订人力资源战略规划，并据此进行人员调整：晋升、降职、解聘或岗位轮换等。根据人员调整方案，考虑人员自然流失和辞职等情况，提出招聘需求（包括需求数量、职位、结构等）。其次，进行企业需求、职位需求分析，并分析人员现状，提出各职位胜任素质要求。再其次，根据胜任素质要求选择合适的招聘渠道，通常首先在内部招募选拔，然后选择外部渠道，招聘职业经理人时可以委托猎头公司进行招募。根据胜任素质要求选择合适的选拔方法。在此基础上制订招聘规划。最后，实施招聘规划，招聘录用合适的人员上岗，达到"能岗匹配"，并在此基础上构建基于胜任素质的人力资源管理系统，开展培训、绩效管理、薪酬设计等工作，最终实现"利益相关者满意、员工与企业共同发展"的共赢目标。

对职业经理人候选人基于胜任素质的选拔方法主要包括：

1. 职业经理人信用评价

在职业经理人信用评价体系未建立之前，企业主要通过职业经理人的工作经历与职业发展历程、职业资格等级证书、以往任职企业的情况与工作稳定性等判断其信用状况。在做最终录用决定之前通过背景调查了解其以往工作经历中是否存在职业操守问题[2]。职业经理人信用档案系统建立起来以后，企业可以直接有偿从职业经理人协会获取候选人的信用状况。如果候选人在信用方面有严重不良记录，应采取"一票否决"的方法予以拒绝，或者确定企业选拔职业经理人的信用等级，达不到规定等级的不予录用。

---

[1] Schley, Don G., The Art and Science of Competency Models: Pinpointing Critical Success Factors in Organizations, Jun. 2003, Vol. 2, Issue 2: 9.

[2] 景素奇认为，应对职业经理人进行职业背景调查，包括经历真伪调查、职业化程度调查（如是否热衷于政治斗争、是否存在经济问题等）、能力调查、工作态度调查、行为风格调查、离职信息调查、社会关系背景调查、健康调查、重大事件调查九部分内容。景素奇：《职业背景调查，兜出职业经理人的底儿》，载于《人力资源开发与管理》，2008年第10期，第73~75页。

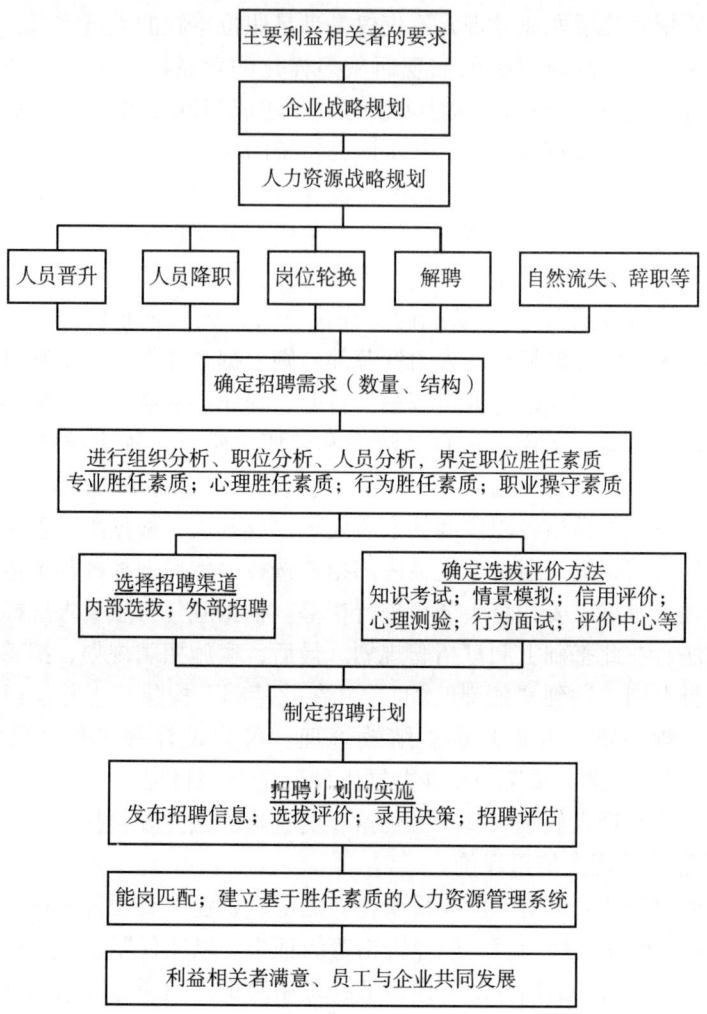

图 7-6　基于胜任素质模型的招聘选拔流程

2. 职业经理人胜任素质评价

职业经理人专业胜任素质评价与心理胜任素质评价方法前面已进行了详细的探讨。如前所述，行为胜任素质评价方法主要是评价中心技术。这里简要探讨一下其中的行为面试技术[1]。行为面试技术是指在对职业经理人职位进行深入分析的基础上，对职位所需的关键胜任素质特征进行清晰

---

[1] 吴志明：《招聘与选拔实务手册》，机械工业出版社 2006 年版，第 136~142 页。

地界定，然后在候选人过去的经历中探测与这些要求的关键胜任素质特征有关的行为样本，在行为胜任素质特征的层次上对候选人做出评价。行为性面试的基本思路：通过过去的行为预测未来的行为；识别关键性的工作要求；探测行为样本。面试设计的行为性问题应该能够让候选人描述四个关键要素——STAR：情境（Situation，S），描述被面试者经历过的特定工作情境或任务；目标（Target，T），描述被面试者在该情境中所要达到的目标；行动（Action，A），描述被面试者为达到该目标所采取的行动；结果（Result，R），描述该行动的结果，包括积极的和消极的结果，生产性的和非生产性的结果。面试主要围绕候选人过去某些情境中的行为表现和可能的将来的某些情境中的行为表现来提问，以过去的行为表现为主。提问的目的是对候选人与工作相关的关键胜任素质特征进行评价，进而判断其在未来类似情境中的行为表现。这种面试方法的假设是一个人过去的行为表现可以成为他在将来的行为表现的预测指标。根据候选人对一系列行为性问题的回答来确定其是否具备应聘职位所需的胜任素质特征。

7.2.4 职业经理人的激励与约束

激励是管理的一个永恒的话题。对职业经理人如何进行激励与约束也一直是理论界和实践界探讨的热门话题。本书主要探讨职业经理人激励约束机制与绩效薪酬。

中国企业联合会会同中国企业家协会北京数字100市场咨询有限公司对中国企联认证系统通过的9000余名各等级职业经理人进行问卷调查，发布了"2007年度职业经理人发展报告"，其中对各类企业职业经理人跳槽的原因进行了汇总（见表7-3），职业经理人跳槽的原因从另外一个角度反映的是对他们激励的不足，反映了他们很重视的因素，也是他们的激励因素。表7-3中三类企业比例都较高的"该企业或行业前景不乐观、薪酬与同行相比较低、个人发挥空间不够"，外资企业的"与企业老板思路不统一、企业不能及时兑现承诺收入"和私营企业的"工作压力太大，精神吃不消"是职业经理人跳槽的主要原因。这也反映了企业愿景、薪酬、个人职业发展、能发挥自己作用体现自我价值的舞台、工作时的心态都是他们非常关注的。这也为本书设计职业经理人激励约束机制提供了实证支持。

表7-3　　　　　　　不同类型企业职业经理人跳槽原因比较

	企业不能及时兑现承诺收入	薪酬与同行相比较低	背景与经验对自己不利	该企业或行业前景不乐观	对企业文化不能认同	内部关系不和谐	与企业老板思路不统一	个人发挥空间不够	与个人兴趣不吻合	工作负荷太大身体吃不消	工作压力太大精神吃不消
国有企业	1%	21%	5%	26%	5%	6%	6%	17%	2%	6%	4%
私营企业	4%	10	0	21%	6%	6%	9%	18%	5%	4%	13%
外资企业	15%	15%	0	8%	0	0	23%	23%	0	8%	0

资料来源：中国企业联合会/中国企业家协会北京数字100市场咨询有限公司联合发布：《2007年度职业经理人发展报告》，2007年第7期，第29页。

1. 职业经理人的激励与约束机制

从激励约束的主体来看，可分为自我激励约束和他人激励约束。在探讨职业经理人激励约束机制时，人们更多地是从他人激励约束的角度来探讨，实际上，对已经取得不菲的职业成就、物质和精神需求满足度都较高的高层职业经理人来讲，其工作动力更多来自自我强大的内驱力。因此，借鉴前人的理论研究成果和实证研究的结果，本书提出影响职业经理人行为的激励约束因素包括两大类：一是职业经理人的自我激励与约束，激励约束力源自其成就欲、职业生涯、事业心、责任感等；二是他人对职业经理人的激励，包括薪酬、控制权、声誉、职业生涯和市场竞争等，这两大类因素共同形成了职业经理人行为激励约束机制。这两类激励约束机制的区别主要表现在：一是如前所述二者的激励约束源不同；二是激励约束效果的影响因素不同，自我激励属于内驱力，其效果受公平、奖惩等其他外在因素的影响较小，他人激励是外驱力（包括推动力、吸引力和压力等），其效果受公平、奖惩等外在因素的影响较大；三是激励约束的持续性不同，自我激励源自内在的动力，因此比较持久，而他人激励持续时间的长短则主要取决于激励的公平性与有效性，持续时间相对较短。当然，两类激励约束机制之间也有一定的内在关联性，职业经理人对企业他人激励约束机制的认同度、职业经理人对企业及其发展前景的认同度、职业经理人个人在企业的职业发展及其取得的职业成就等在一定程度上会影响其个人的自我激励约束水平。因此，两类机制发挥作用的机理是不同的。

（1）自我激励与约束

职业经理人自我激励与约束模式见图7-7。职业经理人自我激励与约束水平由两类因素决定：一是职业经理人个人的个性心理特征、专业知识与技能、工作阅历与经验、职业经历等；二是职业经理人市场竞争的情况。在这两类因素共同作用下，形成了职业经理人的成就欲、职业发展方面的定位、事业心、职业责任感、对自己所从事职业和服务的企业的心理契约、对服务企业的组织承诺等，这些因素是个体行为的内驱力，推动职业经理人积极地、主动地、富有创造性地去工作，从而产生自我激励的积极效果。同时，在这两类因素的共同作用下形成了职业经理人的职业道德、自律意识、职业价值观、职业理想，这些会成为职业经理人行为的规范和约束力，职业经理人的职业生涯规划、职业声誉也会成为其个人的自我约束力。自我激励力会成为职业经理人持续的工作动力来源，自我约束力则确保其行为方向的正确性和行为本身的规范性。

企业可以在招聘选拔职业经理人时测试其成就欲、职业价值观、职业理想等，了解其自我激励与约束水平。还可以通过针对性的特殊培训提高其成就欲，训练形成正确的职业价值观来提高职业经理人的自我激励与约束水平。

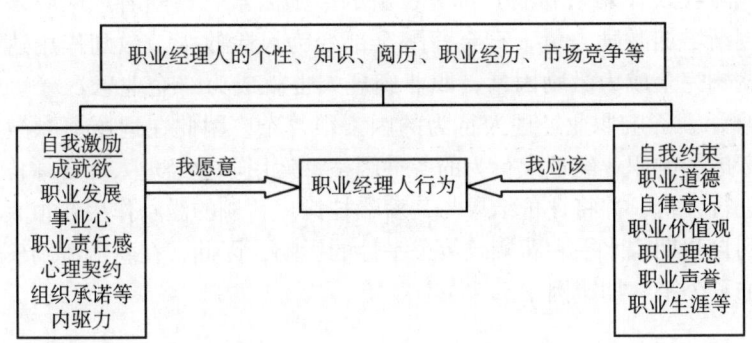

图 7-7　职业经理人自我激励与约束模式

（2）他人激励与约束

他人激励与约束本书主要探讨薪酬、控制权、声誉、职业生涯和市场五大机制。

①薪酬机制。狭义地讲，职业经理人的激励机制就是指薪酬激励机制。薪酬机制解决的主要问题有：薪酬构成、薪酬结构变化对经理人行为的影响及最优薪酬结构的确定；薪酬数量与职业经理人积极性的关系及最优薪酬数量确定；经理人的薪酬与哪些企业业绩指标挂钩，如何挂钩才能

最好地衡量其能力和努力程度等。从人力资本理论的角度来看，薪酬是人力资本投资的收益，是职业经理人人力资本价值的体现，是调动其积极性、激励约束其行为的重要因素；从经营者理论的角度来看，薪酬同时也是职业经理人承担经营风险的不确定性收入；从劳动经济理论的角度来看，职业经理人的薪酬取决于经理人市场的供求关系，也反映了职业经理人在市场竞争中的市场价值；从全面薪酬的观点来看，职业经理人的薪酬不仅包括以工资、奖金、红利、津贴、福利（保险、优惠、带薪休假等）等形式体现的经济薪酬，还包括工作本身（工作的挑战性与趣味性、工作中的责任感与成就感、工作中有能发挥自己作用的舞台、工作中有成长的机会等）、工作环境（良好的同事关系与团队氛围、信息与知识共享等）、企业特征（企业文化、企业的声誉与地位、企业的发展前景等）等非经济薪酬，在经济薪酬激励受资源有限性制约以及经济薪酬满足度提高的背景下，非经济薪酬的激励作用将越来越重要。固定的工资收入对职业经理人来讲只属于保健因素，不会激发其积极性，只能满足其基本的生存需要。如果职业经理人的薪酬结构是多元化的，除了包括固定薪酬外，还包括风险收入（剩余利润）部分，薪酬激励因素就会随着风险收入的增多而逐渐增加激励力量，直至薪酬全部变为风险收入，激励作用达到最大，薪酬完全成为激励因素，职业经理人也就成为"企业家"了。如图7-8所示。影响职业经理人行为的因素很复杂，因此在运用薪酬激励时应该考虑影响职业经理人行为的各种因素，运用职业经理人综合评价体系对其进行评价，并将评价结果与其薪酬挂钩。薪酬的激励作用在很大程度上受到自我期望水平和薪酬政策公平性的影响，因此，在薪酬激励模式中还增加了公平、期望因素。

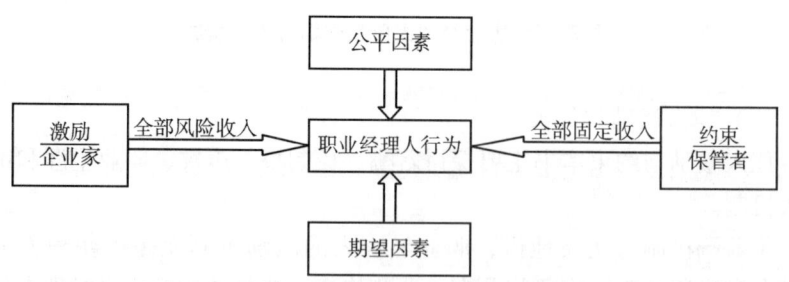

图7-8 职业经理人薪酬激励模式

②控制权机制。从职业经理人激励约束的本意看,薪酬当然是最直接的因素,但实际上控制权更具有根本的决定意义,因为控制权的获取是职业经理人激励约束问题产生的前提,职业经理人的经济薪酬和非经济薪酬可以认为是对其运用经营控制权的回报。如图7-9所示,职业经理人与企业所有者之间的权力关系是一个连续的授权过程,掌握特定控制权不仅可以满足职业经理人控制他人、感觉自己处于负责地位的需要,还使得职业经理人拥有职位特权,享受职位消费,给职业经理人带来经济薪酬以外的物质利益满足。

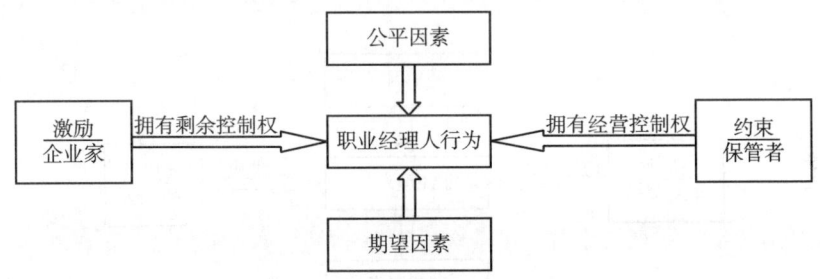

图7-9 职业经理人控制权激励模式

职业经理人在行使其经营控制权的同时也会受到约束并且存在着失去经营控制权的威胁。一方面,企业所有者通过法人治理结构对职业经理人进行监督约束;另一方面,市场竞争和其他企业对企业的接管、兼并或重组等资本市场行为也对其行为产生制约。这两方面的约束可以保证那些为了拥有控制权满足权力需要和职位消费需要的职业经理人约束自己的机会主义行为,按所有者要求的行为去做,但其努力程度只限于不断送其职业生涯,其行为只会是资源管理导向的保管者行为。如果允许职业经理人拥有部分剩余控制权,并且在法人治理结构中拥有股东或董事身份,随着其拥有的剩余控制权的逐渐扩大,其受到的约束会逐渐减弱,权力需要和职位消费需要日益得到更大满足,控制权的激励作用日益增大。发展到极端,职业经理人就成为集剩余所有权和控制权于一身的业主型企业家了,权力激励也达到最大化。现代企业中职业经理人的控制权介于企业家和保管者之间,是通过法人治理结构对职业经理人控制权的授予进行动态调整的。这种激励机制既保证了控制权对职业经理人行为的约束,又能对职业经理人的行为产生激励作用。

③声誉机制。对于职业经理人而言,声誉对其行为的影响尤为重要。声誉机制的形成对其职业生涯发展所起的重要激励作用甚至可以在某种程

度上替代薪酬等所带来的显性激励。我国企业传统的精神激励形式主要表现为荣誉激励，荣誉是贡献的象征，是自身价值的体现，许多经理人往往是得到了许多的精神激励，而没有获得相应的物质激励①，企业经营者的荣誉也不能为其带来真正的经理人市场上的收益（传统体制下企业经营者的市场流动受限制）。而在职业经理人市场上，声誉既是其长期成功经营企业、良好职业信用和个人信用积累的结果，又是经理人职业能力的证明。声誉机制可以作为经理市场中的信息披露机制，用于解决信息不对称所产生的逆向选择问题。职业经理人声誉机制激励约束模式如图7-10所示。

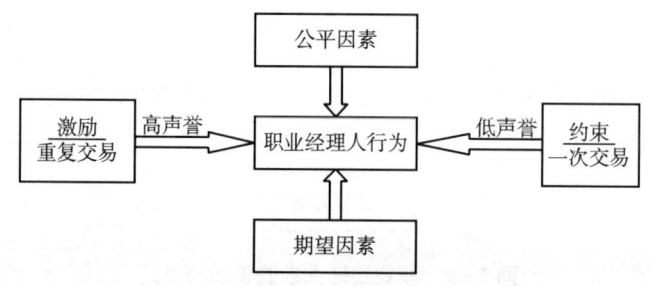

图7-10 职业经理人声誉机制激励约束模式

④职业生涯机制。职业生涯是指一个人一生中从事职业的全部历程。职业经理人职业生涯主要是指从其通过职业资格认证加入职业经理人行列开始，获得职业化的工作、参加职业培训、职业能力与人力资本的提升、职业声誉的获得与积累直至退出职业经理人行列的整个过程。职业经理人的职业生涯更多地受职业经理人协会等职业机构的规范、监督和管理，在其职业生涯中还需要有第三方监管机构——职业经理人协会，该协会主要履行职业培训、职业能力与素质测评、职业资格认证、确定职业规范以及对违反职业规则的职业经理人进行职业性惩罚等职能。当职业经理人的行为符合其职业规范的要求并创造出良好的经济、社会效益时，能够获得市场和企业的认可，得到更多的发展机会，从而使其职业生涯"生态发展②"；

---

① 俞文钊：《中国的激励理论及其模式》，华东师范大学出版社1993年版，第42~53页。
② 职业生涯的"生态发展"是指在职业生涯阶段中能够不断地提升自我、延长职业生命，并大体上向三个方向发展：纵向发展，即沿着职业等级系列由低级向高级提升；横向发展，即能够在多个职能领域内调动，获得更多的技术能力的学习和发挥的机会并增加获得职业报酬的机会，为以后向更高一级的发展创造有利的条件；向核心方向发展，虽然职业等级没有提升，经过个人的努力逐渐成为该领域内的权威，同时担负了更多的责任，有了更多的参加职业化组织的决策活动的机会。

反之，则要受到职业性违规的处罚，甚至强制其退出职业经理人行列。职业经理人的职业生涯激励约束模式如图7-11所示。

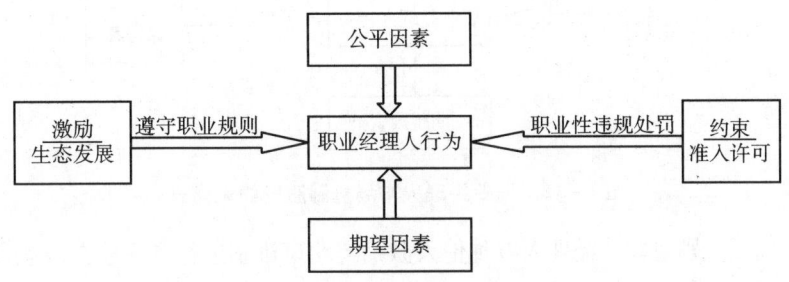

图7-11 职业经理人职业生涯激励约束模式

⑤市场机制。市场机制就是市场竞争机制，它对职业经理人的压力与动力来自两方面：一是市场竞争能够在一定程度上揭示有关职业经理人能力和努力程度的信息，而这原本是职业经理人的私人信息。市场竞争这种信息显示机制为职业经理人薪酬机制、控制权机制和声誉机制作用的发挥提供了信息基础；二是市场竞争的优胜劣汰机制对职业经理人的控制权形成一种威胁。首先，资本市场竞争实质上就是对企业控制权的争夺。因为经营业绩欠佳的企业随时有被收购、重组的可能，这样就对低努力和低能力的职业经理人构成威胁，迫使其提高努力程度，约束自己的机会主义行为。其次，职业经理人市场实质上是职业经理人选拔、培育、评价、淘汰等多种机制的综合，其目的在于将企业内的重要职位交给能力强和努力的职业经理人，为职业经理人提供更好的职业培训和人力资本提升平台。最后，产品市场的竞争对企业而言是最根本的，因为这是企业利润之源。企业在产品市场的盈利能力和盈利水平是反映企业经营状况的一个基本指标，据此可以对职业经理人的能力、努力程度进行基本的判断。利润指标往往作为职业经理人薪酬的主要评价指标，但影响盈利水平的因素很多，有时甚至被人为操纵。因此，通过市场机制可以引入"标杆竞争①"机制，激励并约束职业经理人的行为。但该机制的引入可能会出现"合谋"或"互相拆台"的问题。职业经理人市场机制激励约束模式见图7-12。

---

① "标杆竞争"是一种在类似条件下的职业经理人之间的比赛，通过对类似条件下不同职业经理人业绩的比较，可以在一定程度上了解被测评者的努力程度和能力。

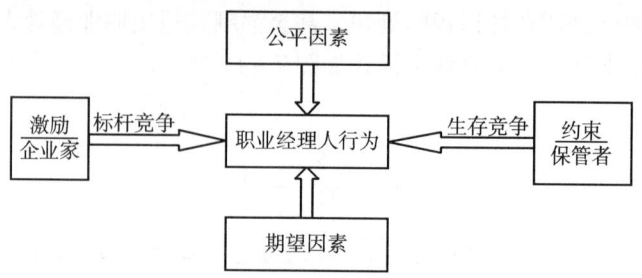

图 7－12　职业经理人市场机制激励约束模式

前面分别对职业经理人五种他人激励与约束机制进行了论述，但现实中它们是替代和互补的关系，综合作用于职业经理人的行为。这些替代和互补的关系体现为需要理论所揭示的各层次或各种需要的关系。薪酬、控制权、声誉、市场和职业生涯机制恰好反映了职业经理人不同层次的需要，并且具有以下特点：①某种机制越是相对缺乏，该机制对职业经理人激励约束的边际作用就愈大。同等条件下，职业经理人的某种需要被满足的程度越低，与此需要相一致的机制就越受到关注，对它的追求越强烈。②各种机制对于需要结构不同的职业经理人的激励约束作用是不同的。当两种或两种以上机制的作用满足于同一需要时，一种机制满足程度的增加会降低其他机制的激励约束作用。现实中，这五种机制是相互关联、共同作用于职业经理人的。由于人的需要的多元化、多层次，更由于职业经理人所从事管理工作的特殊性，要解决职业经理人的激励约束问题，必须将这五种机制进行有效的整合。

整合上述职业经理人激励约束机制，可形成图 7－13 所示的综合激励与约束模型。

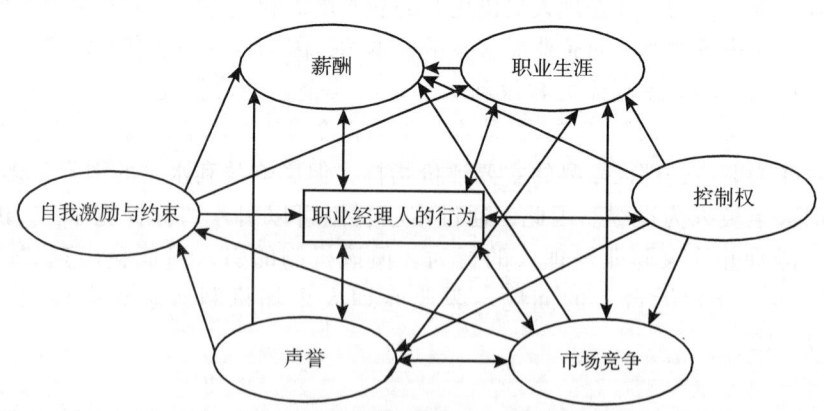

图 7－13　职业经理人激励与约束机制示意图

2. 职业经理人绩效薪酬

职业经理人个人绩效评价结果在薪酬管理中的应用主要体现在职业经理人薪酬收入的确定。其作用机理就是通过高薪、剩余分成以及权力、地位等方式来激励与约束职业经理人,使其管理行为最大限度地符合企业所有者的利益。从另一个角度看,职业经理人的个人绩效评价如果在企业内进行,将得到企业给予的薪酬,如果在经理人市场中进行,将得到市场给予的薪酬(市场声誉等);企业绩效评价中各项指标的增长,我们可以看作是企业总规模的扩大,这里的企业规模是一个广义的概念,是包括无形资产在内的整体扩张。职业经理人的薪酬由货币收入(S_1)和非货币收入(S_2)组成。二者一般情况下会同时存在,具有某种程度的可替代性。职业经理人年货币收入可以表示为:

$$S_1 = Y + \alpha X$$

其中,Y 为按劳分配的年固定薪金,X 是企业的利润,α 是职业经理人的利润分享系数。一般情况下,S_2 由以下因素决定:

S_2 = 权力薪酬 + 声誉薪酬 + 在职消费 + 人力资本的提升
   + 职业生涯的延续

在现代市场经济中,职业经理人已经不满足于货币收入所带来的效用,越来越多的职业经理人已经意识到非货币收入的效用价值,而且非货币收入在职业经理人总收入中的比重也呈现出逐渐递增的态势。由于非货币消费也能给职业经理人带来效用,所以货币收入与非货币消费之间必定存在着某种替代关系,正是由于这种替代关系使得职业经理人行为并非只是单纯地追求货币收入的最大化。所以,即使将其货币收入与企业利润挂钩也不能使经理人行为与所有者行为完全一致。如果假定经理人的货币收入与企业利润成正比,而他除了追求货币收入外,还追求一种非货币消费。利润与企业规模大小组合构成的经理人效用无差异曲线如图 7 – 14 所示。

图 7 – 14 中 U 曲线为职业经理人对企业利润的偏好与对企业规模的偏好组合的无差异曲线[①],无差异曲线上任意组合都使得职业经理人获得最大效用。对职业经理人来说,为了达到其个人效用的最大化,有可能冒着企业利润下降的风险一味追求企业规模的扩大以满足其权力、地位的欲

[①] 在引入职业经理人市场契约设计模型前,我们认为 U 曲线是由这种方式确定的。但是,如果职业经理人与其职业化市场联系起来分析时,职业经理人的无差异曲线还要由市场机构的激励报酬的发放、职业化培训、人力资本的提升等因素来确定。

望。在两权分离的现代企业中，所有者无法直接控制经理人的非货币消费，但可以通过设计经济薪酬契约，促使职业经理人追求企业利润最大化，并抑制职业经理人过度的在职消费。

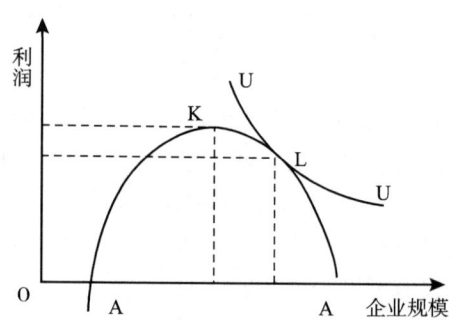

图 7－14　职业经理人效用无差异曲线

资料来源：刘兵：《企业经营激励制约理论与实务》，天津大学出版社 2002 年版。

由于货币收入与非货币消费之间存在着替代关系，企业所有者可以通过调整货币支付来约束职业经理人人为追求非货币消费而牺牲企业利润的行为。假设职业经理人的非货币收入简化为只想追求更大的企业规模以满足权力、地位的欲望，而职业经理人货币收入 W 与利润 X 成正比，即 $W = aX$，那么所有者可以通过薪酬契约设计使得企业利润未达到最大化时，职业经理人所得的货币收入与企业规模所决定的效用总是在一个较低的水平上如图 7－15 所示。

利润达到最大值 X^* 时，所有者支付职业经理人货币收入 P^2，低于 X^* 时，支付额则低于 P^1。但必须将 P^2 和 P^1 确定在这样的水平，即当利润低于 X^*，通过曲线 OD 确定的低于 P^1 的货币收入与任意企业规模所组成的偏好组合点全部落在直线 C 的左侧，其中 C 线是 U 曲线的垂直渐近线，这时职业经理人所获得效用就会小于曲线 U 所表示的效用。当利润达到最大值 X^* 时，通过 P^2 的职业经理人货币收入和企业规模之组合的点将落在 U 曲线上，即使得职业经理人效用最大化。从而职业经理人追求个人效用最大化的行为被转化为追求企业利润最大化的行为，而此时职业经理人将选择的企业规模为 e^*。

职业经理人在单个企业内的激励约束机制很难具备市场的公平性，也很难对其所有的人力资本进行合理有效地评估和分配。因此，本书将研究范围进一步扩大——引入一个职业化的经理人市场机构来对职业经理人的

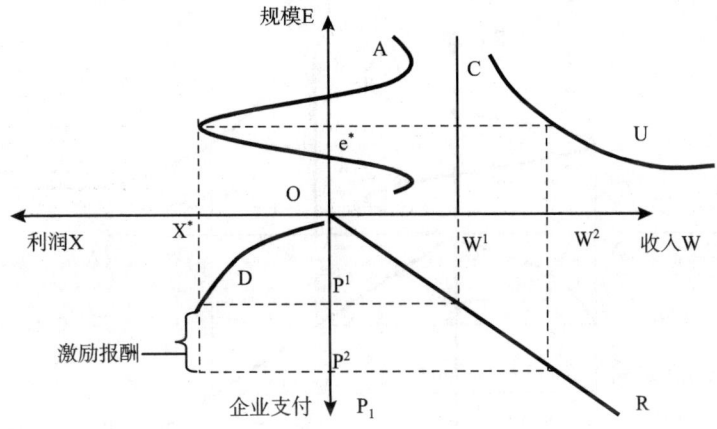

图 7-15　职业经理人的企业薪酬收入

OW：职业经理人从所有者那里获得的货币收入；OP_1：所有者支付给职业经理人的货币收入；45°线 OR：W 与 P 是相等的；OE：企业规模；OX：企业利润；U：图 7-14 中那条与 A 曲线相切的无差异曲线将纵坐标乘以分享系数 a 之后再转置所得，指的是职业经理人货币收入与企业规模之间偏好结构的无差异性。

资料来源：刘兵：《企业经营者激励制约理论与实务》，天津大学出版社 2002 年版，第 39~40 页。

经济行为进行规范。假设职业经理人的薪酬收入来自两部分——企业薪酬收入和市场薪酬收入，在企业薪酬收入设计不变的情况下，职业经理人最终的效用曲线 U 将受到职业经理人市场的业绩评估、职业化培训、人力资本提升等因素的影响，并最终确定职业经理人的总收入。职业经理人激励约束的市场化模型如图 7-16 所示。

职业经理人人力资本的增长需要获得相应的薪酬。在引入职业经理人市场化模型后能够清楚地看出，职业经理人的效用无差异曲线 U 的决定因素除了企业的规模、企业支付的薪酬外，还包括职业经理人市场提供的薪酬。故而，职业经理人的最终收入 W^2 高于企业支付的 W^1，同时又区别于等同 W^2 的货币收入。职业经理人市场提供的薪酬主要根据绩效评价、能力评价、职业培训以及人力资本增长的职业化规划等来确定。

（1）职业经理人人力资本的成长与职业培训。图 7-16 中的 O_2HC 曲线表示人力资本的成长曲线，人力资本的成长曲线是一条折拐的曲线。在该模型中，职业经理人人力资本的增长曲线是严格增长的，呈现阶段性的变化：第一阶段，企业规模较小或者职业经理人职业生涯初期阶段。依靠单个企业或职业经理人个人能力就能实现企业目标与个人目标，HC 曲线

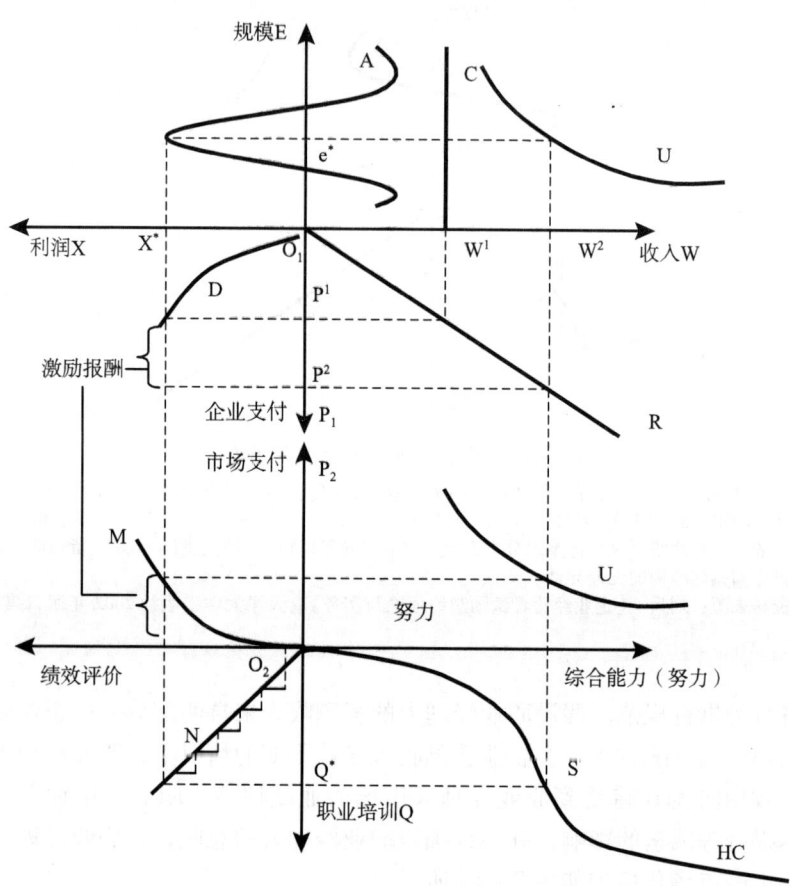

图 7-16 职业经理人激励约束机制的市场化模型

O_1W：代表职业经理人收入；O_1E：代表企业规模；O_1X：代表企业利润；O_1P_1：代表企业支付；e^*：表示企业利润最大化时的企业规模；O_1P^1：表示企业对职业经理人的支付；P^1P^2：表示企业人力资本投资的一部分；O_1W^1：代表职业经理人从企业获得的货币收入；O_1W^2：代表职业经理人从市场上获得的货币收入；曲线 U 表示职业经理人对于企业规模和个人收入偏好的无差异曲线；曲线 A 表示企业规模与企业利润的关系；曲线 D 表示企业利润与企业支付的关系；曲线 R 表示职业经理人的收入与企业支付的关系；O_2—综合能力：代表职业经理人的综合能力；O_2—绩效评价：代表市场对经理人的评价；O_2P_2：代表市场支付；O_2Q：代表职业培训；O_2Q^*：表示市场对职业经理人进行的职业培训；曲线 O_2M 表示市场基于对职业经理人的业绩评价的支付曲线；曲线 O_2N 表示市场对职业经理人进行的职业化培训；曲线 O_2HC 表示职业经理人的人力资本增长曲线。

资料来源：孙卫敏、夏咏冰：《职业经理人报酬的市场化契约模型设计》，载于《山东大学学报》（哲社版），2007 年第 1 期。

以较快的速度递增。第二阶段，企业规模扩大或职业经理人的职业生涯处在某个成熟的阶段。职业经理人逐渐形成独特的管理风格，并对所处环境产生不断强化的预期心理，这种管理风格渐渐定型刚化（直至最后僵化成为企业发展的阻碍），人力资本增长缓慢且进取心出现衰退，曲线 HC 在"拐点"S'的左面急速减缓。第三阶段，职业经理人接受系统的职业培训或职业生涯中的再创业阶段。职业经理人能够主动接受市场的综合培养计划，工作业绩以及个人能力能够得到市场专业机构的认证和考核，能将现阶段具体工作与职业生涯规划相结合。第三阶段的双重优势表现在：企业对职业经理人的人力资本投资增加，运行规范、业绩增长；职业经理人获得经济薪酬和非经济薪酬，工作热情更加高涨，由于职业声誉机制的作用，职业经理人无论在同一个企业还是在多家企业供职都会严格恪守职业操守，自觉减少道德风险和机会主义行为。曲线 HC 在经过拐点 S'后，呈现出继续增长的趋势，并且更加倾向于职业经理人市场的职业培训。职业化培训包括为初次进入者进行的职业化培训和为业内人士进行的继续培训两类。初次进入者的培训是常规性的综合培训，培养职业意识和职业技能；继续培训是业绩评价及分析后有针对性地进行培训，按照企业利润最大化时的最佳规模 e^* 所要求的经营管理能力对职业经理人进行专项培训 Q^*①。曲线 N 有两种形式：直线与梯形曲线。直线表明市场对职业经理人进行的职业化培训是个连续的过程，贯穿于职业经理人职业生涯发展的整个阶段；梯形曲线表明职业培训需要分阶段、分层次进行。

（2）职业经理人市场的职业评价与激励薪酬的发放。曲线 M 为职业经理人协会对职业经理人职业信用等方面进行的职业评估及市场支付的激励薪酬的关系曲线，针对职业经理人不同的人力资本类型级别选择相应的评估系统。职业经理人的市场化职业评估是对企业对职业经理人绩效评价的补充，一方面对职业经理人的经营业绩进行评估，为企业所有者确定绩效奖励工资提供参考；另一方面还对职业经理人的代理资格及信誉进行考核、评估，全面地对职业经理人进行综合打分，并以职业机构的名义发放相应的激励薪酬，当然，这种激励薪酬并不是一般意义上的物质薪酬，可以使信用的提升、信誉的积累、人力资本价值提升、在职业经理人市场上身价的提高等。

---

① 企业在发展过程中其规模是不断变化的，在不同的规模下职业经理人所面对的环境是不同的，同时所需的经营管理能力也是不同的。我们假定职业培训 Q^* 是企业利润最大化时的企业规模 e^* 所需的职业经理人应具备的能力。

7.2.5 职业经理人素质的提升与职业发展

前文所述,职业经理人素质的提升和职业发展是绩效评价结果很重要的应用领域,本书借鉴前人的研究成果,将在实证研究的基础上提出基于职业经理人胜任素质模型与发展战略的系统培训思路。

在进行问卷调查时,首先让答卷者对企业提供的培训项目或内容、培训途径和培训方式三个方面进行判断,然后让他们对这些项目的重要性进行评价。职业经理人培训现状的统计结果汇总见表7-4。

表7-4　　　　　职业经理人培训现状统计表

编号	问题	企业现行培训体系具有下列项目的选择数量(%)	企业现行培训体系没有下列项目的选择数量(%)	对此选项没有回答的试卷数量(%)
6.1	目前公司为您提供的培训项目或内容			
6.1.1	系统的管理知识与技能	258 (67.7)	88 (23.1)	35 (9.2)
6.1.2	分管领域的专业知识与技能	253 (66.4)	95 (24.9)	33 (8.7)
6.1.3	个人潜能开发	152 (39.9)	179 (47.0)	50 (13.1)
6.1.4	新理念的培训	254 (66.7)	96 (25.2)	31 (8.1)
6.2	公司为您提供的培训途径			
6.2.1	专题讲座	320 (84.0)	33 (8.7)	28 (7.3)
6.2.2	研修班(研究生班、MBA研修班等)	174 (45.7)	153 (40.2)	53 (13.9)
6.2.3	成人学历教育(本科、研究生等)	82 (21.5)	224 (58.8)	75 (19.7)
6.2.4	研讨会	201 (52.8)	124 (32.5)	56 (14.7)
6.2.5	进修	99 (26.0)	209 (54.9)	72 (18.9)
6.2.6	到国内其他企业参观学习	214 (56.2)	115 (30.2)	52 (13.6)
6.2.7	出国考察	134 (35.2)	180 (47.2)	66 (17.3)
6.3	公司为您提供的培训方式			
6.3.1	讲座	311 (81.6)	43 (11.3)	26 (6.8)
6.3.2	案例讨论	224 (58.8)	109 (28.6)	46 (12.1)
6.3.3	培训游戏	130 (34.1)	187 (49.1)	62 (16.3)
6.3.4	角色扮演	89 (23.4)	223 (58.5)	68 (17.8)
6.3.5	户外拓展训练	123 (32.3)	195 (51.2)	62 (16.3)
6.3.6	职务轮换(轮岗)	131 (34.4)	185 (48.6)	64 (16.8)
6.3.7	授课	252 (66.1)	87 (22.8)	41 (10.8)

表7-4说明：首先，从培训项目或内容来看，系统的管理知识与技能、分管领域的专业知识与技能和新理念的培训等管理和专业技能比较多，而个人潜能开发方面的培训却较少。其次，从培训途径来看，专题讲座最多，有84%的调查对象选择了专题讲座；到国内其他企业考察、研讨会、研修班也较多，有50%左右的调查对象选择了这些选项；进修、学历教育、出国考察等花费人力、时间、财力比较大的培训途径企业提供得较少。最后，从企业提供的培训方式来看，授课、讲座和案例讨论较多，而培训游戏、拓展训练、角色扮演和职务轮换的方式却较少。可以看出，大多数企业给职业经理人提供的是一些较易操作、比较简单、占用时间较少、费用较低的传统培训方式。这与我国目前的教育状况和人们的学习习惯是相吻合的。

通过计算调查对象问卷中各培训选项重要性评价等级的均值可以说明调查对象对企业提供的培训内容、培训方式和培训途径的偏好情况。

第一，对培训内容重要程度的排序。如表7-5所示，从参与调查的职业经理人对培训项目或内容重要性的排序来看，职业经理人最关心自己的专业知识与技能的提高，然后是管理知识与技能的提升，最后才是自我潜能的开发。但是，这四项的均值的差距并不大，说明职业经理人对这些培训项目或内容都有较高的需求。

表7-5 职业经理人对企业提供的培训项目或内容重要性等级评价的均值表

项目	系统的管理知识与技能	分管领域的专业知识与技能	个人潜能开发	新理念的培训
均值	4.26	4.27	4.08	4.26

第二，对培训途径重要程度的排序。接受调查的职业经理人对培训途径重要性的排序从大到小依次为：专题讲座、到国内其他企业参观学习、研修班（研究生班、MBA研修班等）、研讨会、进修、出国考察、成人学历教育（本科、研究生等）。具体情况如表7-6所示。从排序可以看出，职业经理人更喜欢那些时间比较短、与管理实践结合比较密切的培训途径，这也符合成人培训"从属性"的特点，反映了职业经理人偏好"边工作边学习"这种在职培训途径。

表7-6 职业经理人对企业提供的培训途径认为重要程度均值表

项目	专题讲座	研修班（研究生班、MBA研修班等）	成人学历教育（本科、研究生等）	研讨会	进修	到国内其他企业参观学习	出国考察
均值	4.06	3.84	3.37	3.78	3.68	4.00	3.64

第三，对培训方式重要程度的排序。接受调查的职业经理人对培训途径重要性的排序从大到小依次为：案例讨论、讲座、职务轮换（轮岗）、授课、户外拓展训练、角色扮演、培训游戏。具体情况如表7－7所示。从排序中可以看出，职业经理人还是比较喜欢那些简单、接近管理实践的培训方式。而对那些情景模拟式的培训方式却不是很喜欢，可能的原因有：跟讲座、授课、案例讨论等方式相比，这些培训方式需要较长的时间，而职业经理人工作繁忙难以一次性抽出较多的时间参加类似的培训；户外拓展训练、角色扮演、培训游戏等在国内属于最近几年兴起的体验式培训方式，企业界对此了解不多。

表7－7 职业经理人对企业提供的培训方式重要程度评价均值表

项目	讲座	案例讨论	培训游戏	角色扮演	户外拓展训练	职务轮换（轮岗）	授课
均值	4.00	4.03	3.47	3.49	3.53	3.92	3.88

上述调查结果说明，企业对职业经理人的培训工作还需要强化。但职业经理人素质的提升是一个复杂的系统工程，单靠企业的力量是有限的，需要社会、企业、个人三方面的共同努力。

1. 社会在职业经理人素质提升中的作用

社会在职业经理人素质提升中的作用主要是通过发挥职业经理人协会、职业经理人市场等中介机构的作用来实现。完善的职业经理人市场、有效的职业经理人信用评价体系、规范的职业经理人资格认证工作可以鉴别职业经理人的职业化水平，使优秀的职业经理人能够脱颖而出被企业雇用并获取较高的薪酬，素质差的职业经理人则会逐步被市场淘汰。因此，最终将形成一个公平的竞争环境，这样必将推动职业经理人不断通过提升自身素质、取得优秀绩效来提升自己在市场中的职业竞争力。社会通过构建系统的职业培训体系培养适合企业需要的职业经理人。首先，建立规范的职业经理人培训开发中心。对现有良莠不齐的职业经理人培训基地进行整顿后统一规划、管理，在人事部人才流动中心的统一领导下，由职业经理人协会牵头在各大行政区域建立国家级职业经理培训开发中心，培养具有现代企业经营管理能力的职业经理人；同时，逐步在有条件的省份建立省级培训开发中心，为所在省大中型企业培养合格的职业经理人。其次，根据职业经理人队伍的现状以及未来社会经济发展对职业经理人的要求，制订系统的培训规划。规划应重点确定培训内容与项目、培训师资的来源与培养、培训组织与管理、培训评估等,从而确保培训的质量。再其次,将职业培训与职业经理人资格认证工作有机结合起来。明确规定各级资格认证必须参加的培训项目与内容、必须完成的培训时间以及必须达到的培训考核等级等。最后,针对社会经济和企业界对职业经理人才数量、质量、结构等的要求进行预测研究,分层次有重点地指导职业经理人有针对性地提高自身素质,适应社会经济发展的需要。

2. 企业在职业经理人培训与素质提升中的作用

从本书实证调查的结果来看,职业经理人对培训项目或内容、培训途径、培训方式重要性等级的评价与企业现有培训现状的关联性较大(见表7-8),除了培训方式中的职务轮换①项目以外,排列顺序差异不大。说明企业为职业经理人提供的培训现状对其影响较大,起到了导向作用。因此,在职业经理人培训方面企业应该系统规划,并引导职业经理人本人选择合适的培训内容、途径与方式。

表7-8　　　　企业培训现状与各项目重要性排序的比较

编号	问　题	企业现行培训体系具有下列项目选择比例的排序	各项目重要性排序
6.1	目前公司为您提供的培训项目或内容		
6.1.1	系统的管理知识与技能	1	2
6.1.2	分管领域的专业知识与技能	3	1
6.1.3	个人潜能开发	4	4
6.1.4	新理念的培训	2	3
6.2	公司为您提供的培训途径		
6.2.1	专题讲座	1	1
6.2.2	研修班(研究生班、MBA研修班等)	4	3
6.2.3	成人学历教育(本科、研究生等)	7	7
6.2.4	研讨会	3	4
6.2.5	进修	6	5
6.2.6	到国内其他企业参观学习	2	2
6.2.7	出国考察	5	6

① 虽然在表格中该项目的位次差别不大,但在现状中,选择职务轮换培训方式的比例仅为34.4%。说明职业经理人认为该种培训方式很重要,但近2/3的被调查者所在的企业未采用该方式。而职务轮换一直被很多成功企业作为培养需要具备全面管理知识与技能的高级管理人员的有效方法。企业在这方面应该加强。

续表

编号	问　　题	企业现行培训体系具有下列项目选择比例的排序	各项目重要性排序
6.3	公司为您提供的培训方式		
6.3.1	讲座	1	2
6.3.2	案例讨论	3	1
6.3.3	培训游戏	5	7
6.3.4	角色扮演	7	6
6.3.5	户外拓展训练	6	5
6.3.6	职务轮换（轮岗）	4	3
6.3.7	授课	2	4

"大多数现代企业都面临着同时对提高质量、降低成本、持续创新三方面需求的挑战，因此担任领导角色的管理者们需要经常地提升知识与技能，这也就要求培训专业人员能够准确、快速、有效花费（Cost Effectively）地回应这些技能与知识培训需求，面对这种复杂的需求，培训者经常追随最近流行的培训项目，或者依赖10年甚至20年前的培训项目，这两种方法可能会满足某些人的某些需求，但都不可能应对上述挑战。有一个大企业发现，最好的解决问题的方法是建立企业内部管理者所需要的一个复杂的描述其独特的技能与知识层次（或胜任特征）框架[1]"。当胜任素质模型调整，培训规划与内容也要作相应的完善与修正[2]。如图7-17所示，各企业应该以企业经营哲学与经营战略为依据，明确管理价值理念和管理者胜任素质特征，在此基础上构建系统的管理人员个人和团队培训规划。由此构建基于职业经理人胜任素质模型与企业战略的系统培训规划。

在基于胜任素质的系统（Competency-based System）中进行人力资源开发的工具[3]主要有：详细描述不同层次的胜任特征；评估与反馈，包括个人评估、管理评估和360度反馈；指导制订开发计划；职业生涯规划指导；行动学习项目；与素质匹配的培训；基于胜任素质的薪酬结构；招募与筛选系统等。具体来讲，企业应从以下几方面做好职业经理人培训开

---

[1] Paul Sandwith, A Hierarchy of Management Training Requirements: The Competency Domain Model, Public Personnel Management, Vol. 22, No. 1 (Spring 1993): 43.

[2] Marge Gillis, RN, MSN. Katherine Beauchenin, EdD. Competency-based Training Uses Expert Reps as Role Models, Pharmaceutical Executive, Dec. 2000: 52-60.

[3] Jim Koghanski, Competency-based Management, Training & Development, October 1997: 43.

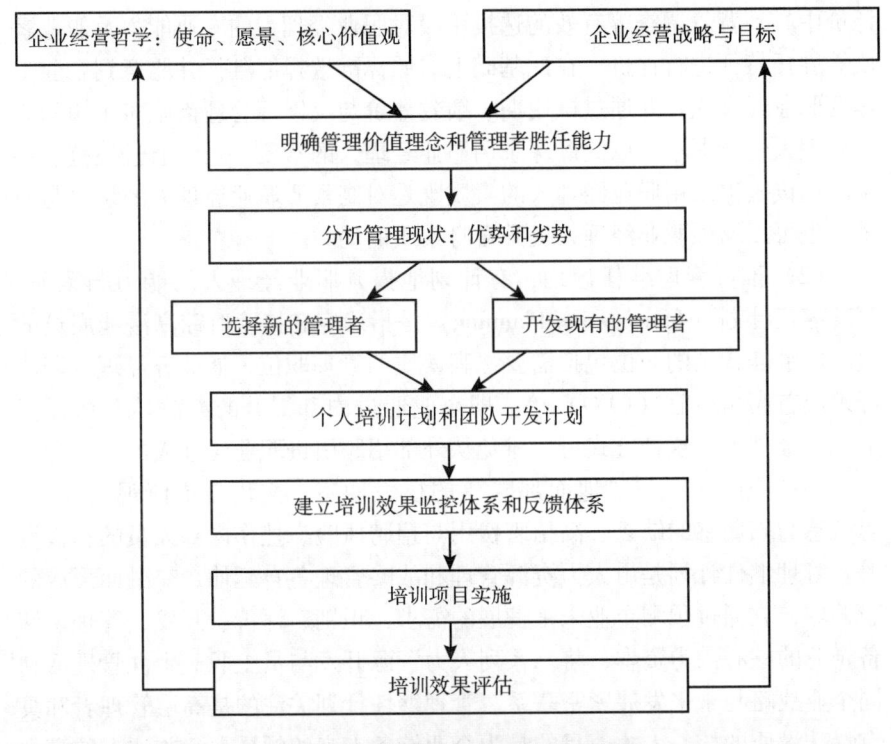

图7-17 管理培训项目流程示意图

资料来源：Lan Beardwell, Len Holden, Human Resource Management—a contemporary approach [M], Prentice Hall, London, 2001: 384.

发与素质提升工作。

（1）规范职业经理人的招聘选拔工作，提高录用质量。前文现行职业经理人与企业之间合作失败的案例说明忽视选拔工作是其中重要的原因。由于企业与职业经理人之间的信息不对称有可能导致逆向选择，招聘到适合于企业的职业经理人的关键要素是尽可能提高双方信息的披露水平。从企业的角度来讲，应通过企业网站、公开的宣传资料、面谈等各种途径向有意向的职业经理人传递企业战略、企业文化、企业发展现状及未来发展潜力、企业相关的薪酬福利政策等人力资源开发管理政策与制度等信息，这些信息有助于职业经理人做出理智的选择。从职业经理人的角度来讲，应通过简历、自荐信、推荐信、提供相关证书等方法向拟应聘的企业展示自己的专业能力及素质。企业一方面通过构建胜任素质模型明确各种类型职业经理人的选拔评价标准；另一方面通过面试、心理测试、管理评价中心、背景调查等有效的选拔手段对职业经理人的专业能力及职业素质等胜任特征进行评价。在此基础上对照标准选择能胜任并愿意到企业工作的职业经理人。并通过试用期、绩效评价与反馈等管理措施对录用的职业经理人进行考察。以此确保录用职业经理人的素质。企业通过规范、科学的选拔确保录用职业经理人的素质既是对高素质职业经理人的认可与激励，也可以增强职业经理人提升自身素质的动力。

（2）推行管理继任计划，有计划地提升职业经理人的能力与素质。管理继任计划①（Succession Planning）是指确定和持续追踪高潜能雇员的过程，继任计划的职位包括需要更高素质的管理职位，如业务经理、职能经理或首席执行官（CEO）等。即企业通过内部提升的办法培养所需要的职业经理人。这种方式可以避免从外部招聘引进职业经理人的一系列问题，如"空降兵"与"地面部队"的权力冲突、文化与价值观的冲突、忠诚感与归属感的缺乏、高招聘费用与招聘风险、挫伤内部人员的积极性等。管理继任计划是由人力资源管理和战略管理各自延伸、交融而形成的新领域，它通过预测企业未来发展的需求，识别、评价、开发、管理、储备企业的核心人力资本，将一系列人力资源开发与员工职业生涯管理活动同企业战略与未来发展紧密联系。管理继任计划关注的是高层管理者和具有特殊潜质的核心人才，目的是为企业储备未来的领导人，关注人的潜力与未来发展，因而其实施效果对企业的现状和未来发展关系重大，影响深远。实施该计划首先需要从企业战略规划引出管理继任计划相关职位为实现企业使命、愿景与目标所需要的行为与能力要求指标，然后对潜在的候选人进行能力评估，在进行能力评估时可借鉴在咨询管理服务方面有着丰富经验的全球性管理咨询公司DDI（Development Dimensions International）提出的评估模型对候选人潜力与发展需要诊断模型（见表7-9）。很多成功实施管理继任计划的企业都为经过评估之后确定的候选人提供加速跑道。候选人在获得有关其绩效及能力评估详细反馈的基础上，根据未来职位的胜任素质模型确定培训需求参加相关培训，从而具备适合组织发展需要及胜任未来职位要求所需要的各种专业知识和能力。如为继任候选人量身定做的与职业生涯发展规划相关的培训项目，包括正式的脱产培训、参与重点项目、有计划的岗位轮换、由上级或专家提供的管理辅导等在职培训项目。同时，工作中为其分配具有挑战性的关键任务，并对各个候选人

---

① 彭剑锋：《人力资源管理概论》，复旦大学出版社2003年版，第481页。

的表现进行比较。这样，双重的压力及动力使真正优秀的未来领导人能够脱颖而出。由此可见，管理继任计划的成功实施可以将其与职业经理人的绩效评价、培训与职业生涯规划等有机结合起来，共同推动职业经理人素质的提升。

表7-9　　　　管理继任计划候选人的评估与判断模型

标准	识别有潜力者	诊断发展需求
组织 赞同组织价值观 表现出对他人的尊重 管理水平		
领导能力 领导动机与期望 能够承担领导责任 充分利用资源和人 领导团队使之士气高昂		
人际关系技能 清晰和有效的沟通能力 有效的表达能力 良好的交际能力 值得信赖受到尊重		
业绩 优秀的团队业绩 成功的指标 （销售额、生产率、利率、质量等） 完成分配的任务		
发展潜力 对自己有清晰的认识 可塑性强，愿意接受意见 在新环境下快速学习的能力 能够从过去的工作中吸取经验教训		
保留的重要性/离职的风险 有单一技能或技能组合 是否是猎头公司的目标		
组织知识		
工作的挑战性		
不规范的行为		

（3）实施职业生涯管理，制订系统的职业经理人培训规划。管理继任计划涉及的职业经理人数量毕竟有限，而在自己擅长的管理领域不断提升职业地位是职业经理人发展需要的普遍体现，因此，企业为职业经理人设计职业发展通道是提升职业经理人能力与素质、调动职业经理人积极性、挖掘职业经理人潜能、稳定优秀职业经理人队伍的重要途径。企业可设计如图7-18所示的职业经理人职业发展通道，该通道的等级相当于企业内部职称，每个等级对应的薪酬有所区别。相应的，企业应确定每个等级的胜任素质要求并据此进行选人、用人、育人决策。

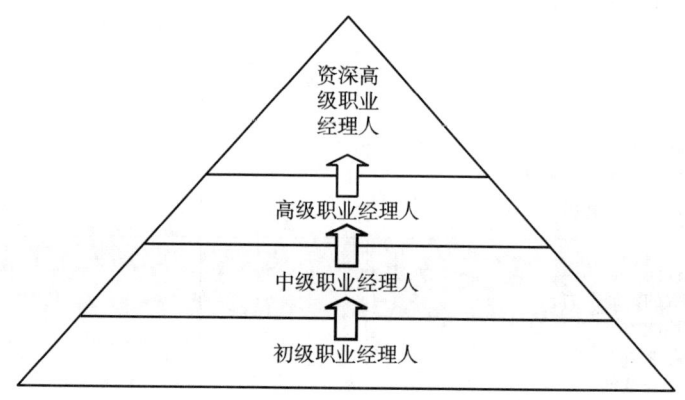

图7-18 职业经理人职业发展通道示意图

设计了职业经理人的职业发展通道，确定各等级职业经理人的胜任素质特征，企业定期对职业经理人的胜任素质等级进行评价，以确定等级晋升。配合胜任素质等级评价工作，企业应该制订系统的培训规划，除了企业比较重视的专业胜任素质培训内容以外，还应该包括职业操守素质、心理胜任素质培训的内容。我们将在后面探讨心理胜任素质培训的问题。

（4）注重知识技能等专业胜任素质的培训，提高职业经理人的专业素质。"素质是影响一个人大部分工作（角色或者职责）的一些相关的知识、技能和态度，它们与工作的绩效紧密相连，并可用一些被广泛接受的标准对它们进行测量，而且可以通过培训与发展加以改善和提高[①]。"管理知识与技能是职业经理人胜任工作的基础素质，企业应通过内训与外训

---

① Parry, S. R., The Quest for Competencies, Training, 1996 (7): 48-56.

相结合的方式使其得以提升，企业在实施培训时应注意以下问题：培训是企业人力资本增值的重要途径，应确保培训投资的资金来源；根据企业发展战略制订职业经理人的培训规划，使其服务于企业总体战略目标的实现；与职业经理人的职业生涯发展规划相结合，制订系统的培训规划；构建学习型的组织，倡导组织学习、团队学习、个人终身学习；在培训中抓好"一个中心两个基本点"，即"以学员为中心"和"培训需求调查与培训效果评估"两个基本点。职业经理人培训属于成人培训，根据成人学习的附属性、目的性、主动性、应用性、自主性等特点，参考我们前面的调查结果，企业设计培训项目或内容时除了与专业胜任素质有关的系统的管理知识与技能、分管领域的专业知识与技能、新理念的培训以外，应重点强化个人潜能开发方面的培训。在培训途径方面，除了普遍采用的专题讲座、到国内其他企业参观学习、研讨会等途径外，还应该选择研修班（研究生班、MBA研修班等）、出国考察等途径。在培训方式方面，在运用传统的讲座、授课、案例讨论方式的同时，还要注重选择职务轮换、培训游戏、角色扮演、户外拓展训练等体验式培训方式。对职业经理人的培训组织可以采取四种形式：一是职业任职资格培训，凡未参加任职资格培训的，应接受培训并取得国家统一颁发的任职资格等级证书；二是适应性短期培训，在进行岗位培训的基础上，以适应性短期培训为主要形式，每年脱产一段时间进行学习研修，还可以根据需要有计划地组织到国外进行专项培训；三是MBA、EMBA等系统的培训；四是有组织的体验式培训，通过体验式学习达到接受现代管理理念、凝聚团队、挖掘个人潜能等效果。

（5）运用评价中心技术，提高职业经理人的管理技能。前面介绍的职业经理人行为素质评价方法——评价中心技术，既是一种管理人员选拔测评技术，同时也可用于管理人员绩效评价和管理技能培训。因为评价中心所包括的情景模拟测评项目既是对管理人员管理能力与素质的判断，也是对他们进行模拟的实战培训，在训练中可以提高他们的管理技能。

（6）引进体验式培训方式，提高管理理念与态度转变的培训效果。传统的培训方式在知识与技能的灌输方面比较有效，而职业经理人的管理理念、态度、信念、价值观、心态等是在长期的社会实践中逐步形成的，一旦形成则难以改变，单纯的授课方式对其影响效果甚微并且见效慢。精心设计的体验式培训项目则可以让职业经理人通过参与游戏亲身体验相关管理理念的作用与价值及其在实践中应如何应用；也可以通过体验式游戏了解自我态度、价值观、信念等个性特征及其对职业发展与事业成功的影响，从而修正对职业发展不利的消极态度和信念，完善自己的人格，发现自己的潜力，最终达到挖掘自身潜能，更有效地实现职业发展目标和事业目标的目的。体验式培训是指个人首先通过参与某项活动获得初步体验，然后在培训师的指导下，与团队成员共同交流、分享个人体验，从体验中归纳一般的规律，提升到理论，再将理论应用于实践以提高个人能力的培训方式①。培训师在培训过程中起着指导作用。从哲学意义上来讲，体验式培训经历了一个"从实践（个人的体验）到理论（包括个人的认识）再到实践（企业的具体活动）"的过程，这一过程也是产生真知的过程，即所谓"实践出真知"。体验式培训有效地把"听—看—做"思维与学习者的行动结合在一起，并在这一过程中促使学习者的角色发生转换，成为积极主动的学习主体。体验式培训与传统培训方式的比较见表7-10所示。

表7-10　　　　　　　　体验式培训与传统培训方式的比较

	体验式培训	传统培训
理论化程度	现实化	理论化
学习方式	领悟与认同	记忆
注重的方面	注重观念与态度	注重知识与技能
知识点方面	知识点高峰体验	知识点单一刺激
差异方面	个性化学习	标准化学习
引导方式	双主体式引导	单主体式引导
中心维度	以学员为中心	以教师为中心
情感交叉	双边情感交互	单边情感交互
学习途径	做中学，强调行动中的即时感受	单纯学习，强调过去知识的学习
学习资源	每个参加者和解决问题的过程	教师和教材
学习的主体	团队互动学习，分享总结经验，解决问题为导向	个人自主学习，接受程序化的知识为导向

体验式培训的直接理论基础是体验式学习理论。体验式学习理论是美国凯斯西储大学维德罕管理学院的组织行为学教授大卫·库伯（David Kolb）于20世纪80年代初提出的。他构建了一个体验式学习模型——体

---

① 体验式培训的概念和表7-10、图7-19的资料来源于本文作者参加"领导力教练技术"训练的学习资料。

验学习圈，见图7-19。

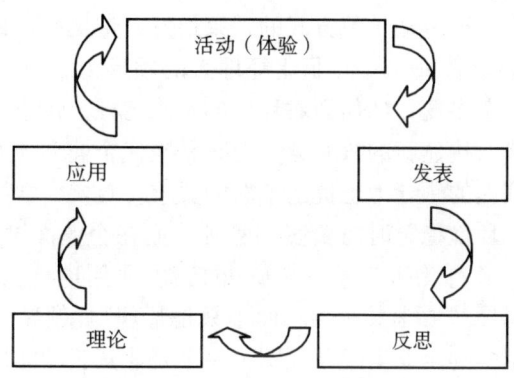

图7-19 体验学习圈示意图

体验式培训的主要内容有沙盘模拟、行为学习法和户外拓展训练。瑞典教育专家克莱斯·梅尔德（KlasMellander）开发的经营模拟训练项目《决战商场（Decision Base）》属于沙盘模拟形式，训练时学员被分配到相互竞争的模拟公司进行经营活动，并通过培训师的指导，他们自己学会如何分析外部环境、如何分析市场和产品、如何提高内部效率、如何核算成本等。行为学习法比较适合解决错综复杂的企业实际问题，一般为企业内训所采用。户外拓展训练通常利用自然环境，通过精心设计的活动达到磨炼意志、熔炼团队等培训目的。目前户外拓展训练项目主要有个人项目、团队项目和管理项目等。个人拓展训练如攀岩、空中断桥、空中单杠、单人钢索等项目的主要目的是帮助参训者了解自我、发现自我潜能、磨炼意志、增强自信、超越自我。团队拓展训练如背摔、盲人方阵、相依为命、信任墙（团队墙）、天梯等项目的主要目的是增进团队成员的相互了解、建立团队信任、提高凝聚力、培养团队合作精神。管理拓展训练如电网、雷阵、孤岛求生、七巧板、红黑博弈等项目的目的是通过游戏让参训者理解资源合理分配的重要性、团队统一领导的重要作用、团队成员合理分工与协作的意义、"竞合"的重要性、目标导向对管理执行力的决定性意义等。通过亲自参与游戏过程中的体验与分享达到改变参加训练者不利于工作与自身发展的自我态度（胜任素质模型中的自我认知，如自信或自卑等）、团队态度，形成自信、负责、主动协作等新的自我认知、团队态度。通过亲自参与游戏让参训者去领悟《管理学》、《人力资源管理》、

《战略管理》、《营销管理》等课程中所讲的很多重要的管理理念，这种学习不同于被动的课堂学习，更容易将其与工作结合起来并达到提高管理绩效的目的。并且这种主动学习方式的效果最好，记忆率可达90%。

（7）引入企业教练，提升职业经理人的领导力。现代企业面临的经营环境越来越复杂多变，如何面对环境的不确定性，快速反应，迅速制定新的战略与策略，构建新的核心竞争力，是当代企业领导人面临的严峻课题，对职业经理人的领导力也提出了新的要求。哈佛大学科特教授与索兹尼克教授提出，环境稳定时需要多些管理，而在企业面对变动的环境时，特别需要领导。被称为世界第一 CEO 的美国通用电气公司前任总裁杰克·韦尔奇也倡导"要学会领导，而不只是管理"。领导更强调激励、创新。因为越来越多的企业实践已证明：一个企业真正的能量蕴藏在广大员工身上。因此如何通过有效的领导激发员工的潜能就成为一个非常重要的课题。从我们前面的调查结果来看（参见表7-4和表7-5），个人潜能开发也是职业经理人重视但企业目前还比较欠缺的培训内容。因此，企业有必要加大这方面的培训力度。领导者具备的激发员工潜能方面的领导力，海菲兹教授将其称为"调适性领导力"。哈佛大学的海菲兹（R. A. Heifetz）教授将传统的领导称为技术性领导，面对新环境提出了"调适性领导"的新概念。传统的技术性领导面临的是明确的问题，对问题的解答也相当明确，领导者的主要任务是把解决问题的技术告诉组员并督导下属执行解决方案。但在快速变动的时代社会面临的问题不明确，解决问题的方案也不具体，所以，领导者的任务就是要帮助人们面对各种价值歧义所引起的冲突，了解采取各种方案所必须付出的代价，学习调整并修正自己的信仰、行为和价值观，然后针对外在环境的变化，拟订行动计划，逐步付诸实施[1]。两种领导的区别见表7-11。调适性领导力[2]的核心在于企业领导者不是被动地适应变化或危机，而是主动地创造或利用危机的环境让员工处于一定限度的压力或不稳定状态，这种压力或不稳定状态会激发员工的活力和创意，正是这种创造力让产生压力的危机迎刃而解并达到突破性发展。从实效来看，调适性领导力在组织系统中发挥的作用类似于鲶鱼效应。由此可见，调适性领导力是应对环境变化的一种新策略，不同于传统的技术性领导力。调适性领导力调适的主要是被领导者的信念和心态。

---

[1] 梁立邦、段传敏：《企业教练：领导力革命》，经济科学出版社2005年版，第16页。
[2] 梁立邦、段传敏：《企业教练：领导力革命》，经济科学出版社2005年版，第173页。

表7-11　　　　　　　技术性领导与调适性领导的比较

功能区分	技术性领导	调适性领导
方向指引	领导者提出问题定义与解答	领导者确认调适性问题的性质，诊断情况，质疑问题的定义与解答，让众人深入探讨
保护	领导者保护大家免于外在威胁	领导者揭露外在威胁的存在，并让大家去亲身体验，诱发大家的调适行为
角色定位	领导者定位各人角色	领导者打乱既有的角色定位，或者拒绝急于为众人做新的角色定位
控制冲突	领导者重建秩序	领导者揭露冲突，或者任其逐渐形成
维护规范	领导者维护秩序	领导者向规范挑战

资料来源：梁立邦、段传敏．《企业教练：领导力革命》．经济科学出版社2005年版，第178页。

领导力的提升是企业应变并引领环境变化的重要因素。但无论采取什么样的领导方式，关键因素有五个：适应不确定的环境，领导持续的变革；领导持续变革的最佳方式是创建学习型组织；创建学习型组织最重要的是达成"心灵的转变"——改变个人的价值观、愿景（而这正是发展调适性领导力）；在心灵转变的基础上，释放团队的巨大潜能；唯有不断学习的组织，才能应对不确定性的环境和持续变革的挑战。这个过程如图7-20所示。在这个循环过程中，"心灵的转变"是关键。但是如何实现心灵的转变在实际操作中难度却很大。

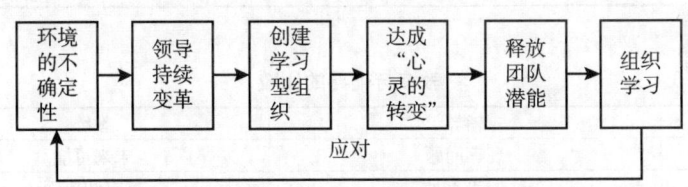

图7-20　组织学习与应对环境不确定性的循环

彼得·圣吉提出了构建学习型组织的五项修炼，但建立学习型组织的进程却很缓慢，对于其中的原因，他认为：学习之道并不是从别人身上得到答案，学习的出现是因人们愿意在反复的操作过程中，不断寻找方法去自我反省——或者雇佣一个具备"学习工具"和"技术"的教练。这些工具或技术是有异于坐享他人的答案，而是帮助培养个人独立思考能力去找出自己的解决方法①。实践证明，企业教练技术是一门如何发展调适性

---

① 梁立邦、段传敏：《企业教练：领导力革命》，经济科学出版社2005年版，第19页。

领导力,如何建立学习型组织的行之有效的技术[①]。由此可见,海菲兹的《调适性领导力》和彼得·圣吉的《第五项修炼》都提到了企业教练的修炼对于提升调适性领导力与创建学习型组织的作用。

教练的概念最早来自体育界,后来被引入企业,并诞生了企业教练。最早将教练技术引入中国的汇才人力技术有限公司对教练的定义[②]是:教练(Coaches)就是以技术反映学员的心态,激发学员的潜能,帮助学员及时调整到最佳状态去创造成果的人。即教练通过一系列有方向性、有策略性的过程,洞察被教练者的心智模式,向内挖掘潜能、向外发现可能性,令被教练者有效达到目标。美国职业与个人教练协会(ACA)把 Coaching 定义为一种动态关系,它意在从客户自身的角度和目的出发,由专人教授他们采取行动的步骤和实现目标的方法,做这种指导的人就是教练。教练不同于顾问与培训师,教练也不同于辅导,它们之间的比较见表 7-12、表 7-13[③]。

表 7-12　　　　　　　　教练与顾问、培训师的区别

	顾问	教练	培训师	教练
区别	给予	取出	没有跟进	持续跟进
焦点	事	(看不清全貌的)人	传授	理清
作用	提供答案	引发对方发现答案	知识技能	取出个人的智慧
方式	寻找	探索	给予	取出
角色	专家	协助者、陪伴者	教师	协助者

表 7-13　　　　　　　　教练与辅导的比较

	辅导	教练
区别	现存问题	未来可能
焦点	偏差不足	优点和成就
作用	修正偏差	发挥优势
方式	针对已发生的问题	在问题出现之前发现
角色	辅导员	协助者

企业教练实际上就是一个调适性领导的角色。教练的过程就是调适性领导的过程,企业教练不知道答案(知道答案也不告诉被教练者),通过对话来调适对方的信念和心态,引发被教练者理清自己未来的目标,明确自

---

① 梁立邦、段传敏:《企业教练:领导力革命》,经济科学出版社 2005 年版,第 19 页。
② 梁立邦、段传敏:《企业教练:领导力革命》,经济科学出版社 2005 年版,第 35 页。
③ 表 7-11、表 7-12 的资料来源于本书作者参加"领导力教练技术"训练的学习资料。

己的现状,并且拟订行动计划,达成未来的目标。在整个过程中,教练是一个协助者的角色。引入企业教练后,通过企业教练对职业经理人的跟踪服务与指导,不断帮助职业经理人认识自我、调整自我,挖掘潜能,激发工作热情,最终实现心智模式的改变,以达到提升领导力的目的。美国一些企业引进"高级管理教练"① 对高级管理人员进行培训与辅导。美国 GE 前任总裁杰克·韦尔奇在退休后成为一名企业教练,实际上也正是他的教练型领导风格成就了他 20 年领导生涯的辉煌。他的领导秘诀"仔细把脉,面对现实"、让员工自由发挥的"合力促进②计划"、充分授权"建立无边界组织"、"去除藩篱的核心价值观"、"便条"文化等都体现了企业教练的风格。我国很多企业也都尝试聘请企业教练,有些企业家也倾向于做企业教练。早在1999年,乐百氏公司就花费 200 多万元对公司高层进行培训,当时的总裁何伯权和管理层其他人员均聘请了私人教练,何伯权本人也提出要做"教练型企业家"。对于具备调适性领导力的职业经理人来讲也需要一个教练,最好是"一对一教练"。教练作为一面"镜子"中立、客观地反映其信念与心态、领导行为及其效果,并激发其及时调整。职业经理人自身在这样的不断行动、反省、纠正中学习领导,就可以不断提高领导力。

此外,有效的激励机制的建立可以为职业经理人素质提升提供积极的推动力。而完善的竞争淘汰机制、约束机制的构建则会对职业经理人的素质提升产生压力。

3. 职业经理人个人在素质提升中的作用

职业经理人作为人力资本的主体,在提升能力与素质方面发挥着不可替代的主观能动性作用。

(1) 进行职业生涯规划,提升职业资格等级。职业经理人的职业定位非常重要。在通过规范的素质测评了解自身的人格特点、职业兴趣与偏好、管理能力、职业风格、领导风格等特点的基础上,进行自我定位,确定是否适合从事管理工作以及适合的管理领域;了解适合自己特点与风格的企业文化、行业与企业环境、企业氛围等,据此进行服务企业的选择,以提高选择的准确率;制订自己的职业生涯规划,参加职业资格认证培

---

① "高级管理教练"是高级管理人员开发专家,他们与管理人员一对一地共同工作 6~12 个月,帮助他们开发表现出更合适的领导者行为所必需的技能和知识。加里·德斯勒著,吴雯芳、刘昕译:《人力资源管理》(第 9 版) 中国人民大学出版社 2005 年版,第 273 页。
② "合力促进"计划主要是倾听员工的意见,其核心目标是建立一种每个人的意见必有其价值的文化。韦尔奇推进该计划的四个重要目标:建立信赖;充分授权;去除不必要的工作;传播通用文化。

训，参加考试获取职业资格证书，并有计划地参加相关培训与学习，参加职业资格升级考试，获得职业资格等级的提升。

（2）注重相关知识技能学习，提高专业胜任能力。首先，善于学习，不断提高专业知识与管理知识水平。职业经理人进入企业以后，需要全面了解企业情况，研究企业的外部环境、内部资源、业务性质与内容、以往经营管理情况等；把握行业技术知识，了解企业核心技术的现状、发展前景及生命周期等；熟悉企业选拔与提升管理人员的标准，如果企业构建了素质模型，了解素质模型各项目等级标准及要求并了解自己目前各项能力等级；在此基础上制订个人的业务知识、管理知识等方面的学习计划，除了参加企业组织的相关培训外，还可以选择 MBA、EMBA、MBA 研修班、研究生进修班等业余在职培训班的学习。这样不仅可以不断提升自身的业务能力与管理知识水平，还有利于提高学习能力。而学习能力将成为企业保持持久竞争优势的源泉。这是因为，随着经济全球化和信息化的发展，企业面临着复杂的外部环境，竞争形势日益激烈，为了适应不断变化的环境，职业经理人必须要善于学习并不断学习。其次，提高管理技能。理论知识水平不代表真实的技能水平。职业经理人应有意识地将所学的管理知识与专业知识运用于管理实践中，并及时了解相关人员的评价反馈（如绩效评价反馈面谈），从而及时调整与改进自己的管理工作，在实践中不断提升自己的管理技能。在提升管理技能时职业经理人尤其应注重人际交往能力的训练：把握人的知觉、情感、态度、个性等个体心理特点，了解其行为规律，研究人际沟通特点与过程，提高人际敏感度，培养和训练与他人沟通的技巧和能力。研究员工的需要与动机，进行有效的激励，以达成既定目标。再其次，学习并实践领导艺术，提高领导技巧。领导艺术是指领导者在非程序化的管理过程中娴熟巧妙地运用领导科学与经验，以实现高效领导的技巧。领导艺术主要包括用人、决策、激励、人际交往与沟通艺术等内容。在识人选人的基础上职业经理人更应重视用人、育人、留人等工作。而用人时"授权"方法的有效运用则同时具备育人与留人的功能。管理的过程实际上就是一个"借力"的过程，职业经理人应学会通过授权来管理。给谁授权、如何授权、在多大范围内授权、对同一层级上的授权如何协调、授权后如何进行监控与评价等都是非常复杂的问题，因此，授权也是一门艺术，领导者应针对下属的人格特点、能力与素质、业务的性质与特点、计划与流程的完善程度等具体情况灵活选择授权对象与方式，在授权管理中不断提高自己的领导技巧。此外，职业经理人管理中还可以通过激发有益的冲突来激发活力与创新。现代相互作用冲突观认为，低水平的过程冲突与中低水平的任务冲突具有建设性的作用，属于功能正常的冲突①。功能正常的冲突可以使工作群体与组织保持旺盛的生命力、善于自我批评和不断推陈出新。由此可见，通过有效冲突管理也可以不断提高领导技巧。最后，职业经理人应根据权变领导理论的要求根据不同的管理情境和下属的特点，选择适当的领导风格，采取相应有效的领导方法。根据菲德勒的情境领导理论，领导活动是领导个人和实际环境作用的结果，领导的效果与三种情境因素相关：上下级关系、工作任务的结构和性质、领导者的职位权力。经研究提出在情景对领导者最有利和最不利时任务导向型的领导风格更有效。在分析确定了管理情境与自己的领导风格之后，在工作中实现二者的匹配有利于实施有效领导。根据赫塞—布兰查德的领导生命周期理论，领导者应根据下属不同的成熟度选择相应的命令式、说服（推销）式、参与式和授权式的领导风格。根据下属的能力与素质、自己掌握信息的多少等决定下属参与决策的程度等。

（3）充分挖掘自身潜能，提升领导力，成为教练型领导。如前所述，领导力的核心是激发员工的潜能。员工潜能的开发除了依赖于企业的激励制度与政策等环境因素以外，职业经理人个人的激励作用不容忽视。而要激发员工的潜能，职业经理人自身的人格魅力、自信、激情等则起着积极的榜样激励作用。现代领导理论研究提出了"领袖魅力的领导理论②"，领袖魅力领导的特点见表7–14。

表7–14　　　　　　　　领袖魅力的关键特点

（1）愿景规划及清晰表述。他们拥有一个愿景规划（表述为一个理想化的目标），其中勾勒出来的未来比现状更美好。他们能使用其他人易于理解的语言清晰地阐述这种愿景的重要性。
（2）个人冒险。他们敢冒风险，不惜高成本，并会为了实现愿景目标而做出自我牺牲。
（3）环境敏感性。他们能够对环境的限制及资源作出现实的评估。
（4）对下属需要的敏感性。他们对他人的能力有深刻了解，并对他人的需要与情感做出回应。
（5）反传统的行为。他们做出的行为常被认为是新奇的和不合规范的。

资料来源：[美]斯蒂芬·P·罗宾斯著，孙健敏、李原译：《组织行为学》（第10版），中国人民大学出版社2005年版，第437页。

---

① [美]斯蒂芬·P·罗宾斯著，孙健敏、李原译：《组织行为学》（第10版），中国人民大学出版社2005年版，第437页。
② J. A Conger and R. N. Kanungo, "Behavioral Dimensions of Charismatic Leadership", in J. A. Kanungo and Associates, Charismatic Leadership (San Francisco: Jossey–Bass, 1988) [M]: 79.

领袖魅力的领导者首先清晰地描述了一个将组织的现状与未来联系在一起的引人入胜的愿景规划,随后向下属表达高绩效期望,并对下属达到这些期望表现出充分的信心,这样就提高了下属的自尊与自信水平。领导者再通过言语与活动向下属传递一种新的价值系统,并通过自己的行动为下属树立效仿榜样。领袖魅力的领导人还会做出自我牺牲和反传统的行为,来表明他们的勇气和对未来前景的坚定信念。相关研究证明,领袖魅力的领导与下属的高绩效与高满意度之间有显著的相关性[1]。有些学者提出,个体可以通过以下三个阶段的学习成为领袖魅力的领导者[2]:首先,个体需要保持乐观态度,运用激情作为激发他人热情的催化剂,运用整个身体而不仅仅是言语进行沟通,通过这些方面可以开发出魅力的光环;其次,个体通过与他人建立联系而激发他人跟随自己;最后,个体通过调动跟随者的情绪而激发他们的潜能。由此可见,激情对于领袖魅力的形成有着重要的影响作用,这一点与图7-21的"九点领导力模型"有相似之处。该模型的起点是激情,有了激情,做出承诺,采取负责任的态度,欣赏身边的一切,心甘情愿地付出,信任他人,开创共赢的局面,这个过程增添更大的激情,可以感召到更多的人,会产生更多的可能性。这九个方面的领导力都是有关人的信念与心态方面的内容。职业经理人领导力的提升过程实际上就是心态调整的过程,心态调整好了,才能行之有效,行中有乐。

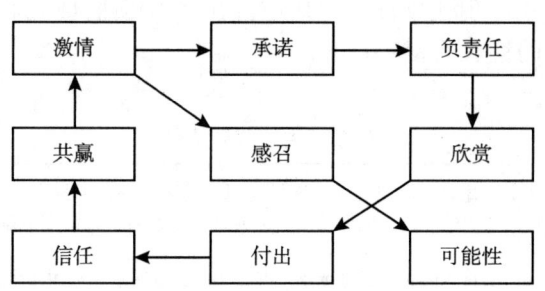

图7-21 九点领导力模型

资料来源:黄荣华、梁立邦:《人本教练模式:领导力革命》,经济科学出版社2004年版,第31页。

前已述及,教练的过程就是调适性领导的过程,职业经理人通过参加

---

[1] J. A Conger and R. N. Kanungo, Charismatic Leadership: 103-104.
[2] R. J. Richardson and S. K. Thayer, The Charisma Factor: How to Develop Your Natural Leadership Ability (Upper Saddle River, NJ: Prentice Hall, 1993).

领导力教练技术的训练成为教练型的领导,自身就具备激发员工潜能的能量。教练技术(Coaching)是一项通过改善被教练者心智模式来发挥其潜能和提升效率的管理技术。教练技术与其他管理技术、训练的主要区别以及教练技术训练的机理见图7-22、图7-23①。

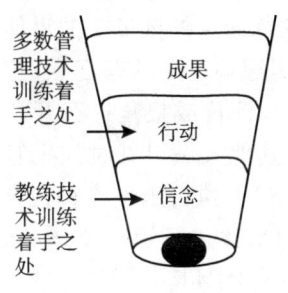 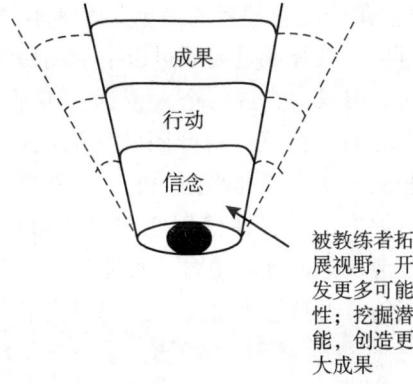

图7-22 教练技术与其他管理技术、训练的区别

图7-23 教练技术的训练机理—拓展信念(心智模式),创造更大成果

目前我国的教练技术训练主要有领导力教练技术(LP)和NLP教练技术两大系列:(1)领导力教练技术。领导力教练技术是将教练技术引入领导力素质训练系统,采用体验式情景结合其他训练模式来提升个体领导力的实用技术。该训练包括认知突破(Coach Leadership Breakthrough Seminar)、行为超越(Coach Leadership Action Transformation Seminar)、领导力实践(Coach Leadership Practice Seminar,LP)三个阶段。LP毕业后受训者就可以成为初级教练。(2)NLP②(N—neuro 神经;L—linguistic 语言;P—programming 程序)被翻译成"身心语言程序学"。NLP就是从破解成功人士的语言及思维模式入手,独创性地将他们的思维模式进行解码后,发现了人类思想、情绪和行为背后的规律,并将其归结为一套可复制可模仿的程序。美国科罗拉多政府曾给出了一个贴切的定义:NLP是关于人类行为和沟通程序的一套详细可行的模式。NLP教练技术就是"NLP

---

① 图7-22、图7-23的资料来源于本文作者参加"领导力教练技术"训练的学习资料。
② 中国NLP学院网站. http://www.nlpu.com.cn/Article_Show.asp?ArticleID=2946.

+教练技术"。两种教练技术的区别在于前者偏重个人素质的提升,是一套"培养人"的训练课程,而 NLP 教练技术更偏重于发挥人的现有资源,并有效地运用,是一套关于如何"用人"的训练课程。参加 LP 或 NLP 训练[1]具备了企业教练的基本素质,掌握了企业教练的基本技能,将自己训练成为教练型的领导。教练型的领导可以运用教练法培养自己的接班人[2]。跟传统管理者的命令式管理不同,企业教练通过挖掘员工的潜能达成目标。教练就是要通过以下活动慢慢地向员工灌输正向的态度[3]:建立使命和愿景;允许每个人说话,不必担心嘲笑、评价或报复;召开"什么是对的"会议;召开团队头脑风暴会议;当其他人做得好时鼓励管理者和雇员,注意并答谢他们(表扬并不花费成本);执行士气检查;再造雇员评价流程;在信用联盟(Credit Union)内部逐步显示出团体感觉;削减会议等,逐渐培育一种能让员工安全快乐工作的环境,提供正向反馈并实施"开放"政策。企业教练与传统管理者的区别见表 7-15。

表 7-15　　　　　　　　企业教练与传统管理者的比较

传统管理者	企业教练
讲话时间多	听的时间多
指示多	提问多
补救多	预防多
控制多	承诺多
假设多	发掘多
距离管理	关系密切
要求解释	要求有成果
员工基于命令去做	基于承诺去做
讲求规范性	发掘可能性
关注事	关注人
"一人救火"	培养"多人防火"

资料来源:梁立邦、段传敏:《企业教练:领导力革命》,经济科学出版社 2005 年版,第 20 页;章义伍:《共赢领导力——提升领导能力的五种技术》,北京大学出版社 2004 年版,第 169 页。

---

[1] 有些职业经理人先参加 LP 训练修炼自我,再参加 NLP 训练掌握如何"用人"的技巧。
[2] 加里·德斯勒著,吴雯芳、刘昕译:《人力资源管理》(第 9 版),中国人民大学出版社 2005 年版,第 269 页。
[3] Management Move from Manager to Coach, Credit Union Executive Newsletter, July12, 2004.

21世纪的领导是教练型的领导。丹尼尔·戈尔曼（Daniel Goleman）在对全球两万个职业经理人数据库的调查，总结出当今全球企业普遍存在的六种领导方式[①]：强制型（Coercive）、权威型（Authoritative）、联盟型（Affiliative）、民主型（Democratic）、带头型（Pacesetting）和教练型（Coaching）。并通过研究认为，一个追求成果的领导人，如果具备四种以上的能力并视不同的情况予以应用，将是一个有效的领导人。同时他也发现，不管一个何种风格的领导，如果对教练型的领导风格不熟悉的话，都会影响下属潜力的发挥和团队的绩效。最近10年来，教练技术作为一种新的管理理念已经在西方管理界特别是美国得到了广泛的应用，并且成为管理顾问业中的一支主要流派，并且已经开始走进大学课堂。

因此，职业经理人应致力于将自己打造成教练型的领导。

前面我们从社会、企业、个人三个方面阐述了如何提高职业经理人的能力与素质，提出了培训与训练的方法，但培训所学的知识技能与理念只有与工作实践结合起来，即实现培训的转移才最终有效，心态的转变也只有与工作有机结合起来才能真正发挥作用。因此，企业应创造良好的有利于培训成果转化（培训转移）的环境，如表7-16所示。

表7-16　　　　　影响培训成果转化的因素

有利于培训成果转化的工作环境特征	（1）直接主管与同事鼓励：受训者使用培训中获得的新技能与行为方式 （2）工作任务安排：工作特点会提醒受训者应用在培训中获得的新技能，可以依据使用新技能的方式重新设计工作 （3）反馈结果：主管应关注那些应用培训内容的受过培训的管理者 （4）不轻易惩罚：对使用从培训获得的新技能和行为方式的受训者不公开责难 （5）外部强化：受训者会因应用从培训中获得的技能与行为方式而受到物质等方面的奖励 （6）内部强化：受训者会因应用从培训中获得的技能与行为方式而受到精神等方面的奖励
阻碍培训成果转化的主要因素	（1）与工作有关的因素（缺乏时间、资金，设备不合适，很少有机会使用新技能） （2）缺乏同事支持 （3）缺乏管理者支持

---

① 梁立邦、段传敏：《企业教练：领导力革命》，经济科学出版社2005年版，第20~21页。

7.3 本章小结

本章首先对第4、5、6章的内容进行整合,构建了由职业经理人胜任素质评价、绩效评价、信用评价三部分构成的职业经理人综合评价体系模型,随后对职业经理人综合评价模型的运行机制进行探讨,提出了运行机制模型。职业经理人评价的目的是为了将其应用于管理实践中,因此,本书研究职业经理人综合评价体系的应用问题,并探讨了四个主要的应用领域。首先,将职业经理人绩效评价结果应用于绩效沟通反馈与绩效改进,重点强调绩效沟通与绩效改进等现代绩效管理理念。其次,将职业经理人综合评价模型与职业经理人的招聘与选拔结合起来,提出了基于职业经理人胜任素质的招聘与选拔观点。再其次,将职业经理人的综合评价模型与激励约束机制的构建结合起来,提出了职业经理人激励与约束包括自我激励约束和他人对职业经理人的激励和约束两大因素。并构建了由薪酬机制、控制权机制、声誉机制、职业生涯机制、市场机制等五个激励约束机制组成的他人激励约束机制,并设计了的职业经理人激励约束的市场化模型。最后,探讨了绩效评价在职业经理人素质提升与职业发展领域的应用,分别研究了社会、企业和职业经理人个人在提升能力与素质方面的作用,并提出了基于职业经理人胜任素质的素质提升与职业发展的观点,在职业经理人培训中引入了有效适用的体验式培训方式,并提出职业经理人素质提升的发展方向为成为21世纪的"教练型领导"。

第 8 章
研究结论及未来研究展望

8.1 研究结论与创新点

8.1.1 研究结论

本书的主要研究结论归纳如下:

1. 职业经理人是受薪职业管理阶层,具有六大特征,承担七大类角色

通过对企业家、企业所有者、职业经理人相关概念的界定与比较,本书认为:职业经理人是具有丰富的经营管理知识与管理经验,具备良好的职业道德,受聘于企业,对法人财产拥有经营管理权并承担保值增值责任,满足企业利益相关者的需要,以经营管理企业为职业的受薪人员。本书所研究的范畴是总经理、副总经理、总监等企业高层职业经理人。职业经理人具有专业技术性、职业化、受薪阶层、契约化、市场化、品牌化六大特征。从现代社会分工和企业内部角色分工角度来看,职业经理人主要承担着以下七种不同的角色:社会分工角色是"职业经理"、公司治理角色是"代理人"、企业内部专业分工角色是"专业经理"、管理分工角色是"领导者"和"教练"、岗位定位角色——上司的职务代理人、同事的内部顾客、下属的授权者。

2. 运用"利益相关者评价模式"对职业经理人进行评价，综合评价体系的框架包括素质评价、绩效评价和信用评价

企业是一个开放的社会系统，职业经理人在履行其角色职责的过程也就是与企业系统内外利益相关者打交道的过程。因此，本书通过运用系统思维方式研究职业经理人的角色定位，界定其利益相关者，提出了职业经理人评价的"利益相关者评价模式"：利益相关者对企业都有相应的要求，企业满足他们的需要，使他们满意，他们就会为企业做出贡献。因此，职业经理人评价的主体是企业的内部和外部利益相关者，从他们对职业经理人要求的角度研究职业经理人综合评价体系的框架应包括素质评价、绩效评价和信用评价三部分，评价的目的是使利益相关者满意。因此，职业经理人综合评价体系的构建有利于企业选聘职业经理人、有利于企业家与职业经理人之间信任的建立与积累、推动经理人职业化的进程、有利于约束职业经理人的行为、提升职业经理人队伍的整体素质。

3. 根据实证研究结果构建了基于胜任素质的职业经理人胜任素质评价模型

首先，通过实证研究构建了包括 15 项胜任特征的职业经理人素质模型。通过运用 SPSS 统计软件对"职业经理人绩效管理现状调查问卷"中第 7 部分"职业经理人应具备的基本能力与素质要求"与第 5 部分"公司业绩"之间的相关性进行统计分析，根据统计分析的结果区分出绩效"好"与绩效"差"两个样本群体的素质特征，构建了职业经理人胜任素质模型。该模型共包括 15 项素质特征：成就欲、主动性、责任心、团队合作、服务意识、影响力、关系建立、培养人才、监控能力、领导能力、沟通能力、归纳思维能力、自信、自我控制能力和职业忠诚度。包含了经理通用模型的主要素质特征，如"成就欲、培养人才、团队协作"等。增加了符合职业经理人职业要求的素质特征"职业忠诚度、沟通能力"。根据问卷调查结果分别构建了总经理、营销副总经理、人事行政副总经理的胜任素质模型。

其次，根据"构建基于胜任素质的人力资源管理系统"的现代人力资源管理理念，从实际操作的角度将上述职业经理人胜任素质模型的 15 个胜任特征分为专业胜任素质、心理胜任素质、行为胜任素质与职业操守素质。通过对上述四方面胜任素质的评价主体、评价方法等进行研究，设计了基于胜任素质的职业经理人胜任素质评价模型（见图 4-4）。

4. 通过实证研究分别构建了六类职业经理人的绩效评价指标体系，设计了职业经理人绩效评价模型

首先通过运用 SPSS 统计软件对"职业经理人绩效管理现状调查问卷"中第 3 部分"考核指标"的设计进行聚类分析，对指标进行了合理的分类。然后分类进行统计分析，了解目前职业经理人绩效评价指标设计的现状，运用"矩阵图"分析在指标设计现状中存在的问题。通过现状研究得出以下结论：目前职业经理人绩效评价指标体系的设计并不完整，有一定比例的被调查职业经理人所在企业没有对职业经理人进行绩效评价，有些职业经理人认为重要的指标却没有被考核。本书以被调查职业经理人对所设计绩效评价指标重要性评价的均值统计结果，根据管理理论与实践的规律对相关指标进行调整，分别设计了总经理、生产副总经理、营销副总经理、人事行政副总经理、研发副总经理、财务副总经理六类职业经理人的绩效评价指标体系。在探讨了职业经理人评价指标的选择及标准的确定、职业经理人评价主体选择的基础上设计了职业经理人绩效评价模型（见图 5-17）。

5. 通过现状研究设计了职业经理人信用评价模型

通过对我国目前职业经理人职业资格认证现状的研究，发现存在着多机构运作、认证标准不统一等问题，因此提出按照"统一领导、统一组织、统一认证、统一管理"的"四统一"原则来规范职业资格认证工作，从而提高认证的可信度。通过对我国目前职业经理人职业信用评价现状的研究，发现我国目前的职业经理人职业信用评价体系的构建只是在个别省份或由中介机构在一定范围内开展，既没有统一的评价内容与评价标准，也没有形成联网的信息网络系统，因此提出建立职业经理人协会与相关职业信用信息来源渠道联网的职业经理人职业信用档案信息系统。通过对我国目前职业经理人个人信用评价现状的研究，发现我国个人银行信用系统的建设已日趋成熟，该系统提供的职业经理人个人信用信息可以作为职业经理人个人信用评价的信息来源之一，但该系统所提供的信息只是职业经理人个人信用信息的一部分，因此提出以银行信用信息为主，建立与工商、税务、公安等其他信息系统联网的职业经理人个人信用信息网络，个人信用信息的汇总部门仍然是职业经理人协会。在上述研究的基础上本书设计了职业经理人信用评价模型（见图 6-5）。

6. 整合三个子评价模型构建职业经理人综合评价体系模型

首先按照"利益相关者评价模式"设计了职业经理人综合评价体系

的框架,然后通过研究职业经理人胜任素质评价、绩效评价和信用评价,构建了三个子评价模型,最后整合上述研究成果,构建了由三个子评价模型构成的职业经理人综合评价体系模型(见图7-1)。该模型的设计思路与内容:由利益相关者运用多种评价方法对职业经理人进行胜任素质评价、绩效评价和信用评价,最终的目的是使利益相关者满意、实现企业与职业经理人双方的发展目标。职业经理人评价是一个动态的过程,本书通过研究综合评价体系的运行机制构建了运行机制模型。

7. 研究职业经理人综合评价体系在人力资源管理系统中的应用,拓展了职业经理人评价的研究领域

通过对职业经理人绩效评价的应用情况进行实证研究,发现目前职业经理人绩效评价结果主要用于结果反馈与绩效改进、薪酬分配、奖惩等方面,而在职业经理人培训与职业发展等方面运用很少。根据实证研究结果及人力资源管理理论研究职业经理人综合评价体系的应用,从而将职业经理人评价与人力资源管理各子系统衔接起来。职业经理人评价结果的应用,本书主要探讨了绩效信息沟通反馈与绩效改进、职业经理人招聘与选拔、职业经理人的激励与约束、职业经理人素质的提升与职业发展四大主要应用领域。

(1)根据人力资源管理的绩效管理理念,提出了绩效信息沟通反馈贯穿于职业经理人绩效管理的全过程,设计了绩效改进计划制定与实施过程的流程图。将绩效评价拓展到绩效管理领域。

(2)设计了基于胜任素质的职业经理人招聘选拔流程。三个子评价体系的信息作为职业经理人招聘选拔时的"信号传递机制"可以在一定程度上解决"信息不对称"的问题,从而有利于企业做出科学的录用决策。

(3)提出职业经理人的激励与约束包括自我激励约束和他人激励约束两类因素。构建了由自我激励与约束薪酬机制、控制权机制、声誉机制、市场机制、职业生涯机制等构成的职业经理人激励约束机制,设计了职业经理人激励约束的市场化模型。

(4)根据"职业经理人绩效管理现状调查问卷"中第4部分"绩效评价结果的应用"的统计结果,研究了社会、企业和职业经理人个人在职业经理人素质的提升与职业发展方面的作用,提出了基于职业经理人胜任素质的素质提升与职业发展的观点。对职业经理人态度与理念的转变提出引入有效适用的体验式培训方式。通过相关文献研究发现海菲兹的

《调适性领导力》和彼得·圣吉的《第五项修炼》都提到了企业教练的修炼对于提升调适性领导力与创建学习型组织的作用，因此提出通过引入企业教练的方式培训职业经理人，职业经理人素质提升的发展方向为成为21世纪的"教练型领导"。

8.1.2 本书的主要创新点

1. 构建了职业经理人综合评价体系模型

运用系统思维方式研究企业系统中的职业经理人评价问题，本书提出了职业经理人评价的"利益相关者评价模式"：利益相关者对企业都有相应的要求，企业满足他们的需要，他们满意，就会为企业做出贡献。因此，职业经理人评价的主体是企业的内部和外部利益相关者，从他们对职业经理人要求的角度研究职业经理人综合评价体系的框架应包括胜任素质评价、绩效评价和信用评价三部分，评价的目的是使利益相关者满意。按照体系框架的思路，本书通过实证研究构建了基于胜任素质模型的职业经理人素质评价模型。根据实证研究结果和管理理论与实践的要求分别构建了总经理、生产副总经理等六类职业经理人的绩效评价指标体系，设计了职业经理人绩效评价模型。在对我国职业经理人信用评价现状进行研究的基础上提出了职业经理人信用评价的设想并构建了信用评价模型。各模型中反映了评价主体、评价内容、评价方法与评价目的等内容。在上述三个职业经理人体系评价子模型的基础上，本书按照"利益相关者模式"构建了职业经理人综合评价体系模型。

2. 研究职业经理人综合评价体系的应用，拓展了职业经理人评价的研究领域

职业经理人评价的最终目的是为了使企业内外利益相关者满意、实现企业目标、提升企业绩效、提高个人满意度、促进个人职业发展、提升个人职业能力等，必须将其与其他人力资源管理子系统衔接起来。因此，本书研究了职业经理人综合评价体系在绩效改进与提升、职业经理人招聘与选拔、职业经理人的激励与约束、职业经理人素质提升与能力发展等领域的应用，从而将人力资源管理绩效管理的理念运用于职业经理人评价的研究，拓展了职业经理人评价的研究领域。

3. 构建了基于职业经理人胜任素质的人力资源管理系统

本书通过问卷调查实证研究方法对职业经理人具备的基本能力与素质

等级与企业绩效之间的关系进行了统计分析，通过 T 检验结果区分出与高绩效有关的职业经理人能力与素质，构建了职业经理人胜任素质模型并将其应用于职业经理人的招聘选拔、素质评价等环节。探讨了基于胜任素质的职业经理人招聘选拔、素质评价、绩效评价和素质提升与职业发展等问题，构建起了基于胜任素质的人力资源管理系统，据此可提高职业经理人管理的科学性、规范性、针对性。

8.2 研究的不足及未来研究设想

虽然本书通过相关文献研究和实证研究，按照一个新的"利益相关者评价模式"研究职业经理人综合评价体系，构建了评价模型，取得了一些创新性的研究成果。但是，该研究仍存在着不足之处。这些不足之处正是笔者将来需要进一步研究的内容。

8.2.1 研究的不足之处

1. 职业经理人信用评价模型的构建缺乏实证研究结果的支撑

本书设计了职业经理人胜任素质评价、绩效评价和信用评价三个子评价模型。前两个模型是在实证研究和规范分析的基础上构建的，模型构建有较可信的依据。但职业经理人信用评价模型只是在现状研究、提出设想的基础上构建的，缺乏实证研究的支撑。

2. 未对调查问卷进行深入分类分析

为了了解职业经理人绩效管理现状，本书设计了内容比较全面的调查问卷，并通过试测完善了问卷。篇幅所限本书只根据被调查职业经理人的职位分类研究设计了总经理、生产副总经理等 6 类职业经理人的一般绩效评价指标体系。未分类研究不同所有制、不同规模、不同治理结构企业在绩效评价方面存在的差异。

8.2.2 未来研究设想

1. 通过实证研究完善职业经理人信用评价模型

设计调查问卷，面向职业经理人的利益相关者和学者进行调查，了解他们对职业经理人信用评价现状的判断和对信用评价体系构建的设想。根据调查的结果来完善本书构建的职业经理人信用评价模型，提高其信度和可操作性。

2. 分类研究不同类型企业的绩效评价问题

对问卷调查结果进行进一步的分类统计分析，比较研究不同所有制、不同规模、不同治理结构公司在绩效评价方面的异同，分类设计绩效评价指标体系，完善现有的研究成果，提高其实用价值。

3. 跟踪进行实证研究

（1）进行规范的体验式培训效果实证研究。从实践的角度来看，本书提出的体验式培训已经越来越体现出其在态度与心态转变方面的优越性，笔者设想对其中的拓展训练效果进行实证研究。

（2）跟踪进行教练技术（包括目前国内流行的 LP 和 NLP 训练）训练效果的实证研究。教练技术是近几年国内新兴的训练方法，本书通过文献研究和实践应用研究提出了通过教练技术训练对职业经理人进行培训的措施。笔者设想对教练技术训练效果进行实证研究，以完善本书的研究成果。

附件 1

职业经理人绩效管理系统研究调查问卷

尊敬的女士/先生：

您好！

素仰贵公司经营卓越，且热心支持学术研究，令人尊敬。烦请您于百忙之中填写本问卷。

职业经理人的绩效管理问题已成为理论界和实业界面临的重要课题。本研究试图对职业经理人的职业能力与素质、绩效评价指标、职业能力提升途径等进行调查。在此基础上构建企业职业经理人的绩效管理系统，为职业经理人的绩效管理提供理论指导。特此恳请您协助填答本问卷。

您的支持是本研究非常重要的部分，故恳请您审慎全部填答，您所提供之资料仅提供学术研究之用，绝不对外披露。在本研究完成后，若贵公司需要，请留下联系方式，我们将奉赠研究摘要一份，以答谢贵公司的热情协助。

非常感谢您花费宝贵时间填写这份问卷！

顺祝事业顺利，万事如意！

山东大学管理学院职业经理人绩效管理系统研究课题组

2006 年 6 月

一、个人基本信息（请在相应的选项上打"√"）

1. 您的性别：□男　　　□女
2. 您的年龄：□30 岁以下；□31～35 岁；□36～40 岁；□41～45 岁；□46～50 岁；□51～55 岁；□56～60 岁；□60 岁以上
3. 您的最高学历：□高中以下；□高中或中专；□大专；□学士；□硕士；□博士
4. 您参加工作的时间：□0～3 年；□3～5 年；□5～10 年；□10～20 年；□20 年以上
5. 您已经在本单位中工作了：□2 年以下；□2～5 年；□5～10 年；□10 年以上
6. 您所在行业的性质：□制造业；□批发与零售业；□房地产业；□建筑业；□住宿和餐饮业；□采矿业；□交通运输、仓储和邮电业；□金融业；□电力、燃气和水的生产和供应业；□信息传输、计算机服务和软件业；□农、林、牧、渔业；□其他＿＿＿＿＿＿（请您填写）

7. 您所在企业的性质：□ 国有企业；□ 民营企业；□ 合资或外商独资企业
8. 您所在企业的总人数：□ 100 人以下；□ 100～300 人；□ 300～500 人；□ 500～1000 人；□ 1000～2000 人；□ 2000～3000 人；□ 3000 人以上
9. 您所在企业的年销售额：□ 1000 万以下；□ 1000 万～3000 万元；□ 3000 万～15000 万元；□ 15000 万～30000 万元；□ 30000 万元以上
10. 你所在公司的股权结构：□ 个人独资公司；□ 有限责任公司；□ 无限责任公司；□ 股份有限公司；□ 其他_____（请您填写）
11. 您的职位及职责分工：□ 董事长（企业所有者）；□ 总经理；□ 生产副总；□ 营销副总；□ 财务副总；□ 人事行政副总；□ 研发副总；□ 人力资源经理（部长）；□ 其他_____（请您填写）
12. 您任现职的途径：□ 外部公开招聘；□ 内部竞争上岗；□ 内部晋升；□ 上级主管部门任命；□ 员工民主选举；□ 其他_____（请您填写）

（如果您是人力资源经理，请填写您公司选聘职业经理人时常用的途径）

二、绩效评价者（请在相应的选项上打"√"）

1. 对您的绩效进行考核的有哪些？（可多选）
   □ 直接上级；　□ 自己；　□ 同事；　□ 直接下级；　□ 间接下级；　□ 董事会；
   □ 绩效评价委员会；　□ 职代会；　□ 上级主管部门；　□ 其他_____（请您填写）

三、考核指标

以下是常用的考核指标，在公司对您的考核体系中，有没有这些指标，如果有，在"有"后面的"□"里打"√"，如果没有，请在"无"后面的"□"里打"√"。然后，您认为这些指标对于考核您的工作来说重要程度如何，请您在后面相应的方框里打"√"。另外如果还有未列出的指标，请在后面的空格里添写。

（如果您是董事长或人力资源经理，请您选择对公司各职位职业经理人评价时通用的考核指标，并对各指标的重要性进行评价）

编号	问题	公司对您的考核指标中是否有该指标	您认为该指标的重要程度				
			很不重要	较不重要	一般	比较重要	非常重要
1. 财务类指标							
1.1	销售目标完成率	有□　无□					
1.2	销售利润率	有□　无□					
1.3	净资产收益率	有□　无□					
1.4	总资产报酬率	有□　无□					
1.5	总资产周转率	有□　无□					
1.6	流动资产周转率	有□　无□					
1.7	存货周转率	有□　无□					
1.8	应收账款周转率	有□　无□					

续表

编号	问题	公司对您的考核指标中是否有该指标	您认为该指标的重要程度				
			很不重要	较不重要	一般	比较重要	非常重要
1. 财务类指标							
1.9	资产负债率	有□ 无□					
1.10	流动比率	有□ 无□					
1.11	现金流动负债率	有□ 无□					
1.12	总资产增长率	有□ 无□					
1.13	销售增长率	有□ 无□					
1.14	货款回收率（回款率）	有□ 无□					
1.15	资金周转率	有□ 无□					
其他							
2. 客户类指标							
2.1	客户满意度	有□ 无□					
2.2	市场占有率	有□ 无□					
2.3	客户开发率	有□ 无□					
2.4	客户维持率	有□ 无□					
2.5	客户利润率	有□ 无□					
其他							
3. 企业内部运营类指标							
3.1	员工培训目标达成的程度	有□ 无□					
3.2	人才引进计划的完成程度	有□ 无□					
3.3	费用预算的执行情况	有□ 无□					
3.4	事故发生率	有□ 无□					
3.5	分管领域制度建设	有□ 无□					
3.6	项目、产品开发计划完成的程度	有□ 无□					
3.7	交货期	有□ 无□					
3.8	设备维护	有□ 无□					
3.9	会计核算准确性	有□ 无□					
3.10	资金安全性	有□ 无□					
其他							
4. 学习、创新与成长类指标							
4.1	员工满意度	有□ 无□					
4.2	员工留住率	有□ 无□					

续表

编号	问题	公司对您的考核指标中是否有该指标	您认为该指标的重要程度				
			很不重要	较不重要	一般	比较重要	非常重要
4. 学习、创新与成长类指标							
4.3	人才战略规划	有□ 无□					
4.4	骨干人才适用率	有□ 无□					
4.5	员工合理化建议的次数、采纳程度及带来的效益	有□ 无□					
4.6	新产品（项目）收入占总收入的比率	有□ 无□					
4.7	技术改造创造的收益	有□ 无□					
其他							
5. 个人能力与行为指标							
5.1	决策能力	有□ 无□					
5.2	沟通协调能力	有□ 无□					
5.3	授权与激励能力	有□ 无□					
5.4	学习与创新能力	有□ 无□					
5.5	人才培养能力	有□ 无□					
5.6	个人影响力（个人魅力）	有□ 无□					
5.7	专业知识技能	有□ 无□					
5.8	工作主动性	有□ 无□					
5.9	团队协作意识	有□ 无□					
5.10	成就动机（追求高绩效、做事追求尽善尽美的程度）	有□ 无□					
5.11	自信	有□ 无□					
5.12	责任心	有□ 无□					
其他							

四、绩效评价结果的应用

绩效评价结果的应用情况如何，请在相应的选项后面的"□"打"√"。您认为以下各种选项的重要程度如何，请在相应的选项里打"√"。

（如果您是董事长或人力资源经理，请您客观评价目前公司在对职业经理人绩效评价结果的应用以及为职业经理人的培训方面的现状，并对各项目的重要性进行评价）

编号	问　　题	是否应用（有）	您认为的重要程度				
			很不重要	较不重要	一般	比较重要	非常重要
1	考核结果及时反馈	是□　否□					
2	考核结果作为您职业生涯规划的依据	是□　否□					
3	考核结果作为对您奖惩的依据	是□　否□					
4	考核结果作为您的薪酬分配的依据	是□　否□					
5	考核结果作为您的职位升降的依据	是□　否□					
6	考核结果作为对您培训的依据	是□　否□					
6.1	目前公司为您提供的培训项目或内容						
6.1.1	系统的管理知识与技能	是□　否□					
6.1.2	分管领域的专业知识与技能	是□　否□					
6.1.3	个人潜能开发	是□　否□					
6.1.4	新理念的培训	是□　否□					
	其他培训项目或内容						
6.2	公司为您提供的培训途径						
6.2.1	专题讲座	是□　否□					
6.2.2	研修班（研究生班、MBA 研修班等）	是□　否□					
6.2.3	成人学历教育（本科、研究生等）	是□　否□					
6.2.4	研讨会	是□　否□					
6.2.5	进修	是□　否□					
6.2.6	到国内其他企业参观学习	是□　否□					
6.2.7	出国考察	是□　否□					
	其他培训途径						
6.3	公司为您提供的培训方式						
6.3.1	讲座	是□　否□					
6.3.2	案例讨论	是□　否□					
6.3.3	培训游戏	是□　否□					
6.3.4	角色扮演	是□　否□					
6.3.5	户外拓展训练	是□　否□					
6.3.6	职务轮换（轮岗）	是□　否□					
6.3.7	授课	是□　否□					
	其他培训方式						
	考核结果的其他用途						

五、公司业绩

贵公司近两年来的业绩及您分管领域的工作情况如何，请您在相应的选项中打"√"。（如果您是董事长或人力资源经理，请您客观评价目前公司在下述各方面工作业绩的现状）

编号	问题	您认为与贵公司现状及您分管工作符合的程度				
		完全不符合	较不符合	一般	比较符合	完全符合
1	贵公司的业绩呈增长趋势					
2	贵公司的生产经营费用呈减少趋势					
3	贵公司市场占有率逐步提高					
4	贵公司社会形象逐步提高					
5	贵公司顾客满意度逐步提高					
6	贵公司的内部作业流程效率逐步提高					
7	贵公司员工满意度逐步提高					
8	贵公司骨干人才流失率逐步降低					
9	贵公司的财务安全状况逐步提高					
10	贵公司的财务运营状况逐步提高					
11	贵公司的各种管理制度逐渐完善					
12	贵公司新产品、新技术的研发逐步提高					
13	贵公司的人员引进、员工培训效果逐步提高					

六、企业环境

贵公司是否把环境因素考虑到绩效评价指标内，请在后面的"□"打"√"，您认为这些指标的重要程度如何，请在相应的选项打"√"。

编号	问题	是否有此指标	您认为的重要程度				
			很不重要	较不重要	一般	比较重要	非常重要
1	外部市场环境对实现组织目标的影响	是□ 否□					
2	宏观政策、经济环境对组织目标的影响	是□ 否□					

七、职业经理人应具备的基本能力与素质要求

以下是职业经理人基本能力与素质要求的选项，这些能力与素质由低到高划分为10个等级，您认为自己在各项能力与素质方面达到了哪个等级，请在相应的等级下打"√"。（如果您是董事长或人力资源经理，请选择您公司绩效优秀的职业经理人在各项能力方面达到的等级）

编号	项目	您认为本人具备该项能力与素质的等级									
		1	2	3	4	5	6	7	8	9	10
1	成就欲										
2	主动性										
3	责任心										
4	人际理解力										
5	服务意识										
6	人才培养										
7	团队合作										
8	沟通能力										
9	监控能力										
10	领导能力										
11	专业知识技能										
12	演绎思维能力										
13	归纳思维能力										
14	自信										
15	自我控制能力										
16	正直										
17	诚信										
18	职业忠诚度										
19	影响力										
20	关系建立能力										
其他		……									

再次感谢您花费宝贵时间填写这份问卷!

附件 2

胜任素质与绩效之间关系的分类 T 检验结果

一、总经理胜任素质与绩效指标之间关系的 T 检验结果表

以财务类绩效指标为样本的 T 检验结果如表 4-3-1（1）所示。由表 4-3-1（1）可以看出，责任心、人际理解力、人才培养等 8 项素质在进行 T 检验时概率小于 0.05，说明财务类绩效指标"好"与"差"两个群体在这些素质方面存在着差异，它们可以被选择作为与财务类绩效指标相关的总经理胜任素质。

表 4-3-1（1）　　　　以财务类绩效指标为样本的 T 检验结果表

指标	F 的相伴概率	方差相等假设下的均值 T 检验结果		
		T 值	自由度数（df）	双尾 T 检验概率（Sig. (2-tailed)）
成就欲	0.012	-0.614	61	0.541
主动性	2.626	-2.002	61	0.050
责任心	7.297	-2.280	62	0.026*
人际理解力	1.656	-2.422	62	0.018*
服务意识	1.783	-1.674	62	0.099
人才培养	6.565	-2.164	62	0.034*
团队合作	1.663	-2.112	62	0.039*
沟通能力	0.417	-2.392	62	0.020*
监控能力	3.245	-1.879	62	0.065
领导能力	8.166	-1.936	62	0.057
专业知识技能	1.261	-1.180	62	0.243
演绎思维能力	3.815	-1.210	62	0.231
归纳思维能力	3.470	-1.201	61	0.234
自信	2.376	-1.159	62	0.251
自我控制能力	2.379	-0.614	62	0.542
正直	1.844	-2.184	62	0.033*
诚信	4.029	-2.106	62	0.039*
职业忠诚度	8.413	-3.227	61	0.002*
影响力	0.000	-1.286	53.392	0.204
关系建立能力	0.545	-1.738	61	0.087

注：表中双尾 T 检验概率表中概率小于 0.05 的指标用"*"表示。

以客户类绩效指标为样本的 T 检验结果如表 4-3-1 (2) 所示。由表 4-3-1 (2) 可以看出，责任心、人际理解力、服务意识等 13 项素质在进行 T 检验时概率小于 0.05，说明客户类绩效指标 "好" 与 "差" 两个群体在这些素质方面存在着差异，它们可以被选择作为与客户类绩效指标相关的总经理胜任素质。

表 4-3-1 (2)　　以客户类绩效指标为样本的 T 检验结果表

指标	F 的相伴概率	方差相等假设下的均值 T 检验结果		
		T 值	自由度数（df）	双尾 T 检验概率（Sig. (2-tailed)）
成就欲	0.863	-0.648	60	0.519
主动性	2.897	-1.922	60	0.059
责任心	6.125	-2.190	61	0.032*
人际理解力	2.757	-2.297	61	0.025*
服务意识	3.598	-2.072	61	0.042*
人才培养	13.187	-2.978	61	0.004*
团队合作	2.673	-2.017	61	0.048*
沟通能力	0.321	-2.919	61	0.005*
监控能力	4.804	-2.348	61	0.022*
领导能力	3.586	-2.544	61	0.014*
专业知识技能	13.531	-2.399	61	0.020*
演绎思维能力	5.798	-2.130	61	0.037*
归纳思维能力	4.801	-2.261	61	0.027*
自信	4.790	-1.103	61	0.274
自我控制能力	6.697	-1.615	61	0.111
正直	0.769	-1.711	61	0.092
诚信	1.662	-1.666	61	0.101
职业忠诚度	1.517	-2.378	61	0.021*
影响力	0.098	-1.437	61	0.156
关系建立能力	0.540	-2.881	60	0.005*

注：表中双尾 T 检验概率表中概率小于 0.05 的指标用 "*" 表示。

以企业内部运营类绩效指标为样本的 T 检验结果如表 4-3-1 (3) 所示。由表 4-3-1 (3) 可以看出，人才培养、领导能力等 6 项素质在进行 T 检验时概率小于 0.05，说明财务类绩效指标 "好" 与 "差" 两个群体在这些素质方面存在着差异，它们可以被选择作为与企业内部运营类绩效指标相关的总经理胜任素质。

表 4-3-1（3）　　以企业内部运营类绩效指标为样本的 T 检验结果表

指标	F 的相伴概率	方差相等假设下的均值 T 检验结果		
		T 值	自由度数（df）	双尾 T 检验概率（Sig.(2-tailed)）
成就欲	0.728	-0.778	61	0.440
主动性	7.486	-0.991	61	0.325
责任心	8.971	-1.717	62	0.091
人际理解力	3.842	0.084	62	0.934
服务意识	9.021	-0.968	62	0.337
人才培养	6.375	-3.382	62	0.001*
团队合作	7.444	-1.322	62	0.191
沟通能力	3.290	-0.999	62	0.322
监控能力	1.878	-1.352	62	0.181
领导能力	1.242	-2.516	62	0.014*
专业知识技能	3.816	-2.434	62	0.018*
演绎思维能力	0.926	-1.977	62	0.052
归纳思维能力	2.928	-2.665	61	0.010*
自信	4.101	-2.383	62	0.020*
自我控制能力	3.744	-2.733	62	0.008*
正直	4.655	-1.217	62	0.228
诚信	6.259	-0.959	62	0.341
职业忠诚度	9.268	-1.964	61	0.054
影响力	3.259	-0.400	62	0.691
关系建立能力	0.823	-0.837	61	0.406

注：表中双尾 T 检验概率表中概率小于 0.05 的指标用"*"表示。

以学习、创新与成长类绩效指标为样本的 T 检验结果如表 4-3-1（4）所示。由表 4-3-1（4）可以看出，人才培养、监控能力等 6 项素质在进行 T 检验时概率小于 0.05，说明学习、创新与成长类绩效指标"好"与"差"两个群体在这些素质方面存在着差异，它们可以被选择作为与学习、创新与成长类绩效指标相关的总经理胜任素质。

表 4-3-1（4）　　以学习、创新与成长类绩效指标为样本的 T 检验结果表

指标	F 的相伴概率	方差相等假设下的均值 T 检验结果		
		T 值	自由度数（df）	双尾 T 检验概率（Sig.(2-tailed)）
成就欲	1.160	-0.541	60	0.590
主动性	4.342	-0.083	60	0.934
责任心	2.998	-0.878	61	0.383

续表

指标	F的相伴概率	方差相等假设下的均值T检验结果		
		T值	自由度数（df）	双尾T检验概率（Sig.(2-tailed)）
人际理解力	7.832	-0.325	61	0.746
服务意识	3.360	-0.048	61	0.962
人才培养	5.305	-2.556	61	0.013*
团队合作	2.740	-0.659	61	0.513
沟通能力	2.538	-0.573	61	0.569
监控能力	3.938	-2.787	61	0.007*
领导能力	5.633	-3.092	61	0.003*
专业知识技能	0.473	-1.624	61	0.109
演绎思维能力	2.844	-2.392	61	0.020*
归纳思维能力	1.871	-2.402	60	0.019*
自信	0.704	-2.053	61	0.044*
自我控制能力	4.925	-1.664	61	0.101
正直	1.096	-0.140	61	0.889
诚信	1.269	-0.636	61	0.527
职业忠诚度	6.195	-2.274	60	0.027*
影响力	1.162	0.290	61	0.773
关系建立能力	3.212	-0.096	60	0.923

注：表中双尾T检验概率表中概率小于0.05的指标用"*"表示。

二、营销副总经理胜任素质与绩效指标之间关系的T检验结果表

以财务类绩效指标为样本的T检验结果如表4-3-2（1）所示。由表4-3-2（1）可以看出，人际理解力、团队合作等11项素质在进行T检验时概率小于0.05，说明财务类绩效指标"好"与"差"两个群体在这些素质方面存在着差异，它们可以被选择作为与财务类绩效指标相关的营销副总经理胜任素质。

表4-3-2（1）　　　　　以财务类绩效指标为样本的T检验结果表

指标	F的相伴概率	方差相等假设下的均值T检验结果		
		T值	自由度数（df）	双尾T检验概率（Sig.(2-tailed)）
成就欲	4.053	-1.888	46	0.065
主动性	3.562	-1.957	46	0.056
责任心	0.011	-0.709	46	0.482

续表

指标	F 的相伴概率	方差相等假设下的均值 T 检验结果		
		T 值	自由度数（df）	双尾 T 检验概率 （Sig.（2 - tailed））
人际理解力	8.629	-2.518	45	0.015*
服务意识	2.040	-1.969	46	0.055
人才培养	3.270	-1.549	44	0.129
团队合作	2.648	-2.638	46	0.011*
沟通能力	9.567	-2.338	46	0.024*
监控能力	3.218	-2.348	46	0.023*
领导能力	6.241	-2.596	46	0.013*
专业知识技能	6.855	-2.183	46	0.034*
演绎思维能力	8.073	-2.309	46	0.025*
归纳思维能力	3.406	-1.715	46	0.093
自信	5.169	-1.960	46	0.056
自我控制能力	12.111	-2.095	45	0.042*
正直	4.941	-1.843	46	0.072
诚信	4.705	-1.914	46	0.062
职业忠诚度	9.623	-2.500	46	0.016*
影响力	8.942	-2.204	46	0.033*
关系建立能力	12.115	-2.842	46	0.007*

注：表中双尾 T 检验概率表中概率小于 0.05 的指标用 "*" 表示。

以客户类绩效指标为样本的 T 检验结果如表 4-3-2（2）所示。由表 4-3-2（2）可以看出，"自我控制能力" 在进行 T 检验时概率小于 0.05，说明客户类绩效指标 "好" 与 "差" 两个群体在这方面存在着差异，它们可以被选择作为与客户类绩效指标相关的营销副总经理胜任素质。

表 4-3-2（2）　　　以客户类绩效指标为样本的 T 检验结果表

指标	F 的相伴概率	方差相等假设下的均值 T 检验结果		
		T 值	自由度数（df）	双尾 T 检验概率 （Sig.（2 - tailed））
成就欲	5.372	-1.988	49	0.052
主动性	0.320	-0.844	49	0.403
责任心	0.147	-0.298	49	0.767
人际理解力	1.412	-1.448	48	0.154
服务意识	0.031	-0.615	49	0.542
人才培养	0.715	0.078	47	0.938

续表

指标	F 的相伴概率	方差相等假设下的均值 T 检验结果		
		T 值	自由度数 (df)	双尾 T 检验概率 (Sig. (2 - tailed))
团队合作	0.582	-0.952	49	0.346
沟通能力	1.735	-1.220	49	0.228
监控能力	1.948	-1.218	49	0.229
领导能力	0.398	-1.656	49	0.104
专业知识技能	0.458	-0.372	49	0.711
演绎思维能力	0.049	-0.329	45.377	0.744
归纳思维能力	0.196	-1.578	49	0.121
自信	0.158	-1.127	49	0.265
自我控制能力	4.710	-2.158	48	0.036*
正直	0.250	-1.108	49	0.273
诚信	0.910	-1.710	49	0.094
职业忠诚度	0.543	-1.676	49	0.100
影响力	0.309	-1.042	49	0.303
关系建立能力	1.107	-1.462	49	0.150

注：表中双尾 T 检验概率表中概率小于 0.05 的指标用 "*" 表示。

以企业内部运营类绩效指标为样本的 T 检验结果见表 4-3-2 (3)。由表 4-3-2 (3) 可以看出，成就欲、人际理解力等 5 项素质在进行 T 检验时概率小于 0.05，说明财务类绩效指标"好"与"差"两个群体在这些素质方面存在着差异，它们可以被选择作为与企业内部运营类绩效指标相关的营销副总经理胜任素质。

表 4-3-2 (3)　　以企业内部运营类绩效指标为样本的 T 检验结果表

指标	F 的相伴概率	方差相等假设下的均值 T 检验结果		
		T 值	自由度数 (df)	双尾 T 检验概率 (Sig. (2 - tailed))
成就欲	1.255	-2.173	46	0.035*
主动性	0.057	-1.637	46	0.108
责任心	0.244	-0.474	46	0.637
人际理解力	0.228	-2.059	45	0.045*
服务意识	0.728	-1.371	46	0.177
人才培养	1.054	-1.375	44	0.176
团队合作	1.026	-2.614	46	0.012*
沟通能力	0.312	-1.645	46	0.107
监控能力	0.217	-1.678	46	0.100

续表

指标	F 的相伴概率	方差相等假设下的均值 T 检验结果		
		T 值	自由度数（df）	双尾 T 检验概率（Sig. (2 - tailed)）
领导能力	2.483	-1.211	46	0.232
专业知识技能	0.529	-1.066	46	0.292
演绎思维能力	0.004	-2.287	44.290	0.027*
归纳思维能力	0.007	-1.917	42.353	0.062
自信	0.067	-1.471	46	0.148
自我控制能力	1.065	-2.141	45	0.038*
正直	0.038	-0.950	46	0.347
诚信	0.579	-0.628	46	0.533
职业忠诚度	0.417	-1.121	46	0.268
影响力	0.766	-1.054	46	0.298
关系建立能力	0.119	-1.914	46	0.062

注：表中双尾 T 检验概率表中概率小于 0.05 的指标用"*"表示。

以学习、创新与成长类绩效指标为样本的 T 检验结果见表 4-3-2（4）。由表 4-3-2（4）可知，服务意识、自我控制能力等 3 项素质在进行 T 检验时概率小于 0.05，说明学习、创新与成长类绩效指标"好"与"差"两个群体在这些素质方面存在着差异，它们可以被选择作为与学习、创新与成长类绩效指标相关的营销副总经理胜任素质。

表 4-3-2（4） 以学习、创新与成长类绩效指标为样本的 T 检验结果表

指标	F 的相伴概率	方差相等假设下的均值 T 检验结果		
		T 值	自由度数（df）	双尾 T 检验概率（Sig. (2 - tailed)）
成就欲	0.485	-1.378	46	0.175
主动性	3.072	-1.642	46	1.107
责任心	0.320	-0.468	46	1.642
人际理解力	3.218	-1.843	45	0.072
服务意识	2.805	-2.139	46	0.038*
人才培养	1.655	-1.404	44	0.167
团队合作	0.053	-1.498	46	0.141
沟通能力	0.261	-0.851	46	0.399
监控能力	0.154	-1.503	46	0.140
领导能力	0.230	-1.467	46	0.149
专业知识技能	0.798	-1.790	46	0.080

续表

指标	F 的相伴概率	方差相等假设下的均值 T 检验结果		
		T 值	自由度数（df）	双尾 T 检验概率（Sig. (2-tailed)）
演绎思维能力	8.224	-3.062	46	0.004*
归纳思维能力	2.733	-1.718	46	0.093
自信	3.294	-1.793	46	0.080
自我控制能力	6.218	-2.133	45	0.038*
正直	6.147	-1.617	46	0.113
诚信	2.699	-1.085	46	0.284
职业忠诚度	2.856	-1.368	46	0.178
影响力	5.136	-1.965	46	0.055
关系建立能力	0.967	-2.010	46	0.050

注：表中双尾 T 检验概率表中概率小于 0.05 的指标用 " * " 表示。

三、人事行政副总经理胜任素质与绩效指标之间关系的 T 检验结果表

以财务类绩效指标为样本的 T 检验结果如表 4-3-3（1）所示。由表 4-3-3（1）可知，责任心、服务意识等 12 项素质在进行 T 检验时概率小于 0.05，说明财务类绩效指标"好"与"差"两个群体在这些素质方面存在着差异，它们可以被选择作为与财务类绩效指标相关的人事行政副总经理胜任素质。

表 4-3-3（1） 以财务类绩效指标为样本的 T 检验结果表

指标	F 的相伴概率	方差相等假设下的均值 T 检验结果		
		T 值	自由度数（df）	双尾 T 检验概率（Sig. (2-tailed)）
成就欲	0.008	0.921	18.493	0.369
主动性	0.173	-1.925	26	0.065
责任心	0.951	-3.240	26	0.003*
人际理解力	1.221	-1.588	26	0.124
服务意识	0.551	-2.674	26	0.013*
人才培养	0.508	-2.448	26	0.021*
团队合作	0.195	-2.953	26	0.007*
沟通能力	6.006	-3.402	26	0.002*
监控能力	0.463	-3.994	26	0.000*
领导能力	10.761	-2.630	26	0.014*

续表

指标	F 的相伴概率	方差相等假设下的均值 T 检验结果		
		T 值	自由度数（df）	双尾 T 检验概率（Sig.（2-tailed））
专业知识技能	1.796	-2.211	26	0.036*
演绎思维能力	0.000	-0.499	18.534	0.623
归纳思维能力	3.243	-1.507	26	0.144
自信	1.524	-4.016	26	0.000*
自我控制能力	0.378	-1.308	26	0.202
正直	5.411	-1.240	26	0.226
诚信	6.954	-2.218	26	0.035*
职业忠诚度	0.931	-1.114	26	0.275
影响力	2.132	-2.694	26	0.012*
关系建立能力	1.665	-2.070	26	0.049*

注：表中双尾 T 检验概率表中概率小于 0.05 的指标用"*"表示。

以客户类绩效指标为样本的 T 检验结果如表 4-3-3（2）所示。由表 4-3-3（2）可以看出，责任心、自信等 3 项素质在进行 T 检验时概率小于 0.05，说明客户类绩效指标"好"与"差"两个群体在这些素质方面存在着差异，它们可以被选择作为与客户类绩效指标相关的人事行政副总经理胜任素质。

表 4-3-3（2） 以客户类绩效指标为样本的 T 检验结果表

指标	F 的相伴概率	方差相等假设下的均值 T 检验结果		
		T 值	自由度数（df）	双尾 T 检验概率（Sig.（2-tailed））
成就欲	2.010	0.675	26	0.505
主动性	3.413	-1.318	26	0.199
责任心	5.418	-3.292	26	0.003*
人际理解力	2.391	0.000	26	1.000
服务意识	1.844	-1.793	26	0.085
人才培养	1.397	-1.018	26	0.318
团队合作	3.764	-1.092	26	0.285
沟通能力	2.825	-1.054	26	0.302
监控能力	1.544	-0.701	26	0.490
领导能力	2.172	-1.079	26	0.291
专业知识技能	0.428	-1.465	26	0.155
演绎思维能力	0.204	0.608	26	0.549
归纳思维能力	0.235	-0.177	26	0.861

续表

指标	F 的相伴概率	方差相等假设下的均值 T 检验结果		
		T 值	自由度数（df）	双尾 T 检验概率（Sig. 2-tailed）
自信	1.199	-2.483	26	0.020*
自我控制能力	0.023	-1.177	22.142	0.252
正直	2.468	-1.396	26	0.175
诚信	4.340	-2.373	26	0.025*
职业忠诚度	0.152	-0.636	26	0.530
影响力	7.073	-1.656	26	0.110
关系建立能力	0.043	-0.596	21.976	0.557

注：表中双尾 T 检验概率表中概率小于 0.05 的指标用"*"表示。

以企业内部运营类绩效指标为样本的 T 检验结果见表 4-3-3（3）。由表 4-3-3（3）可知，责任心等 2 项素质在进行 T 检验时概率小于 0.05，说明财务类绩效指标"好"与"差"两个群体在这些素质方面存在着差异，它们可以被选择作为与企业内部运营类绩效指标相关的人事行政副总经理胜任素质。

表 4-3-3（3）　　以企业内部运营类绩效指标为样本的 T 检验结果表

指标	F 的相伴概率	方差相等假设下的均值 T 检验结果		
		T 值	自由度数（df）	双尾 T 检验概率（Sig. 2-tailed）
成就欲	0.759	1.080	26	0.290
主动性	1.560	-0.096	26	0.924
责任心	1.971	-3.772	26	0.001*
人际理解力	2.285	0.000	26	1.000
服务意识	0.409	-0.390	26	0.700
人才培养	0.018	-0.738	25.443	0.467
团队合作	1.101	-2.293	26	0.030*
沟通能力	0.732	-1.726	26	0.096
监控能力	0.010	-1.116	24.847	0.275
领导能力	0.045	-1.445	25.440	0.161
专业知识技能	0.107	-0.769	26	0.449
演绎思维能力	0.490	-0.959	26	0.347
归纳思维能力	0.047	-0.877	24.935	0.389
自信	3.815	-2.095	26	0.046*
自我控制能力	1.527	-3.070	26	0.005*
正直	11.682	-2.737	26	0.011*

续表

指标	F 的相伴概率	方差相等假设下的均值 T 检验结果		
		T 值	自由度数（df）	双尾 T 检验概率（Sig.（2-tailed））
诚信	8.570	-3.212	26	0.003*
职业忠诚度	0.531	-1.649	26	0.111
影响力	5.267	-2.805	26	0.009*
关系建立能力	0.016	-1.784	25.051	0.087

注：表中双尾 T 检验概率表中概率小于 0.05 的指标用"*"表示。

以学习、创新与成长类绩效指标为样本的 T 检验结果见表 4-3-3（4）。由表 4-3-3（4）可知，"责任心"素质在进行 T 检验时概率小于 0.05，说明学习、创新与成长类绩效指标"好"与"差"两个群体在该素质方面存在着差异，它们可以被选择作为与学习、创新与成长类绩效指标相关的人事行政副总经理胜任素质。

表 4-3-3（4）　　以学习、创新与成长类绩效指标为样本的 T 检验结果表

指标	F 的相伴概率	方差相等假设下的均值 T 检验结果		
		T 值	自由度数（df）	双尾 T 检验概率（Sig.（2-tailed））
成就欲	0.513	2.700	26	0.012*
主动性	0.414	0.784	26	0.440
责任心	2.443	-1.353	26	0.188
人际理解力	7.645	0.294	26	0.771
服务意识	1.945	-0.584	26	0.564
人才培养	0.046	-0.456	23.361	0.653
团队合作	0.664	-0.046	26	0.964
沟通能力	0.395	-0.185	26	0.854
监控能力	1.229	0.730	26	0.472
领导能力	0.258	-0.180	26	0.859
专业知识技能	0.750	0.144	26	0.887
演绎思维能力	6.397	1.051	26	0.303
归纳思维能力	0.707	0.351	26	0.729
自信	7.933	-0.402	26	0.691
自我控制能力	1.020	-0.278	26	0.783
正直	5.535	-0.325	26	0.748
诚信	2.671	-0.746	26	0.462
职业忠诚度	0.633	-0.256	26	0.800
影响力	6.364	-0.896	26	0.379
关系建立能力	0.084	-0.427	26	0.673

注：表中双尾 T 检验概率表中概率小于 0.05 的指标用"*"表示。

附件 3

董事长与人力资源经理对本企业绩效优秀职业经理人各项素质评价等级的均值

胜任素质要素	评价等级的均值
成就欲	7.68
主动性	8.29
责任心	9.05
团队合作	7.81
服务意识	8.3
影响力	8.36
关系建立	8.82
培养人才	8.67
监控能力	7.86
领导能力	7.95
沟通能力	7.29
归纳思维能力	7.75
自信	8.27
自我控制能力	8.9
职业忠诚度	7.52

参考文献

一、中文部分

1. 张维迎:《博弈论与信息经济学》,上海人民出版社1996年版。
2. 徐向艺:《现代公司组织与管理》,经济科学出版社1999年版,第46~50页。
3. 张体勤:《知识团队的绩效管理》,科学出版社2002年版,第26页。
4. 魏杰:《中国企业到底需要怎样的治理结构》,引自《企业裂变——魏杰教授演讲集》,中国经济出版社2005年版,第228~233页。
5. 彭剑锋:《人力资源管理概论》,复旦大学出版社2003年版。
6. 王益明:《人员素质测评》,山东人民出版社2004年版,第400页。
7. 郑晓明:《人力资源管理导论》,机械工业出版社2005年版,第295~297页。
8. 费英秋:《管理人员素质与测评》,经济管理出版社2004年版,第59页。
9. 国际人力资源管理研究院编委会:《人力资源经理胜任素质模型》,机械工业出版社2005年版,第12页。
10. 杨大跃:《职业经理人:企业领袖与管理精英》,中国发展出版社2003年版,第8页。
11. 吕有晨:《工业企业管理新编》,吉林大学出版社1997年版,第90页。
12. 秦杨勇:《平衡记分卡与绩效管理》,中国经济出版社2005年版,第14页。
13. 付亚和、许玉林:《绩效管理》,复旦大学出版社2003年版。
14. 李笑天:《国际职业经理人培训教程》,中央编译出版社2006年版,第14~18页。
15. 杨杰:《有效的招聘》,中国纺织出版社2003年版,第84页。
16. 饶征、孙波:《以KPI为核心的绩效管理》,中国人民大学出版社2003年版。

17. 徐芳：《团队绩效测评技术与实践》，中国人民大学出版社2003年版。

18. 《辞海》（缩印本），上海辞书出版社1989年版，第280页。

19. 彭剑锋、荆小娟：《员工素质模型设计》，中国人民大学出版社2003年版，第55~78页。

20. 吴志明：《招聘与选拔实务手册》（第2版），机械工业出版社2006年版，第206页。

21. 彭剑锋、刘军、张成露：《管理者能力评价与发展》，中国人民大学出版社2005年版，第136页。

22. 郑晓明：《人力资源管理导论》，机械工业出版社2005年版，第323页。

23. 毛为：《经理革命——中国经理职业化趋势》，中国城市出版社1999年版，第7页。

24. 俞文钊：《中国的激励理论及其模式》，华东师范大学出版社1993年版，第42~53页。

25. 廖泉文：《人力资源管理》，高等教育出版社2003年版。

26. 刘兵：《企业经营者激励制约理论与实务》，天津大学出版社2002年版。

27. 梁立邦、段传敏：《企业教练：领导力革命》，经济科学出版社2005年版，第19页。

28. 黄荣华、梁立邦：《人本教练模式：领导力革命》，经济科学出版社2004年版，第31页。

29. 金波：《职业经理概论》，高等教育出版社2004年版，第7页。

30. 王泽彩：《企业家职业化》，经济科学出版社1999年版。

31. ［美］罗伯特·卡普兰、大卫·诺顿著：《战略地图：化无形资产为有形成果》，经济出版社2005年版。

32. 理查德·威廉姆斯著，蓝天星翻译公司译：《组织绩效管理》，清华大学出版社2002年版。

33. 戴维斯·杨：《创建和维护良好的企业声誉》（中译本），上海译文出版社1997年版。

34. ［美］斯蒂芬·P·罗宾斯著，孙健敏、李原译：《组织行为学》（第10版），中国人民大学出版社2005年版，第37页。

35. ［美］小艾尔弗雷德·D·钱德勒著，重武译：《看得见的手——

美国企业的管理革命》，商务印书馆1987年版，第531页。

36. [日] 池本正纯：《企业家的秘密》，辽宁人民出版社1985年版，第4~5页。

37. [法] 萨伊：《政治经济学概论》，商务印书馆1963年版，第354~372页。

38. [美] 彼得·德鲁克：《创新和企业家精神》，企业管理出版社1989年版。

39. 钱德勒：《看得见的手——美国企业的管理革命》，商务印书馆1987年版。

40. 安迪·尼利、克里斯·亚当斯、迈克·肯尼尔利著，李剑锋等译：《战略绩效管理——超越平衡计分卡》，电子工业出版社2004年版，PIX（前言）。

41. Lyle M. Spencer, Jr. and Sige M. Spencer. 魏梅金译：《才能评鉴法（Competence at work: Models for superior performance）》，汕头大学出版社2003年版，第34~111页。

42. 加里·德斯勒著，吴雯芳、刘昕译：《人力资源管理（第9版）》，中国人民大学出版社2005年版，第273页。

43. [美] 安托尼特·D·露西亚、理查兹·莱普辛格著，郭玉广译：《胜任——员工胜任能力模型应用手册》，北京大学出版社2004年版，第7页。

44. 周其仁：《市场里的企业：一个人力资本与非人力资本的特别合约》，载于《经济研究》，1996年第6期。

45. 中国企业联合会、中国企业家协会课题组：《企业经营者问卷调查》，2000年。

46. 王云昌、陈芳：《论我国职业经理人的报酬问题》，载于《世界经济与政治论坛》，2001年第4期。

47. 刘晓午、何经华：《难题：中国企业发展面临的一道坎》，载于《人才资源开发》，2005年第5期，第58页。

48. 朱火弟、蒲勇健：《企业经营者绩效评估体系研究》，载于《管理世界》，2003年第6期，第148页。

49. 李平莉：《经营者业绩评价——利益相关者模式》，浙江人民出版社2001年版，第84页。

50. 王超：《我国社会信用体系建设问题与对策》，载于《科学与管理》，2006年第2期，第35~37页。

51. 孔庆梅、李清玲：《论社会信用体系建设的问题与对策》，载于《科技与管理》，2006年第3期，第114~117页。

52. 安贺新：《对加快我国个人信用制度建设有关问题的思考》，载于《技术经济》，2006年第6期，第67~69页。

53. 梁昌盛：《对构建我国个人信用体系的思考》，载于《财经研究》，2006年第11期，第63~65页。

54. 吴君茂：《我国个人信用制度的法制化建设》，载于《中国信用卡》，2006年第5期，第60~64页。

55. 曾文革：《论个人信用体系建设中对隐私权的法律保护》，载于《行政与法》，2006年第5期，第108页。

56. 黄波：《浅谈职业信用制度的建立》，载于《特区经济》，2004年第6期，第96~97页。

57. 刘武、王东颖：《拆解商业信用与职业信用》，http://www.cnki.net。

58. 丁娟娟、陈新辉：《企业管理人员职业信用等级模糊综合评判》，载于《管理现代化》，2006年第4期。

59. 赵明非、冯冬燕：《个人职业信用制度探讨》，载于《发展》，2006年第8期，第95~96页。

60. 魏杰：《职业经理人制度建设中的一个重要问题》，载于《财贸经济》，2001年第6期，第51页。

61. 刘嫦娥：《加速我国经理人职业化进程的政策建议》，载于《湖南商学院学报》（双月刊），2006年第6期，第37页。

62. 牛国良：《企业经营者职业化的条件作用及最终路径》，载于《经济管理理论》，2004年第9期，第4页。

63. 贺翔：《民营企业与职业经理人之间的囚徒困境分析》，载于《经济论坛》，2006年第8期，第83页。

64. 唐斌：《职业经理人的职业道德分析》，维普咨询，http://www.cqvip.com。

65. 胡卫东：《创造职业经理人成长发展的环境》，载于《市场论坛》，2005年第3期，第32页。

66. 武勇：《民营企业家与职业经理人的协调与约束机制》，载于《当代经济研究》，2005年第8期，第41~45页。

67. 张雄林、合金生、刘洪伟：《职业经理人的声誉效应》，载于《长安大学学报》（社会科学版），2006年第3期，第32页。

68. 丁慧：《中小企业职业经理人信誉问题的中国特色》，载于《商场现代化》，2005年第11期，第218页。

69. 马博：《职业企业家素质分析及评价办法》，载于《深圳大学学报》（人文社会科学版），2002年第7期，第48~52页。

70. 仲理峰、时勘：《家族企业高层管理者胜任特征模型》，载于《心理学报》，2004年第36期，第110~115页。

71. 王重鸣、陈民科：《管理胜任力特征分析：结构方程模型检验》，载于《心理科学》，2002年第5期。

72. 姚翔、王垒、陈建红：《项目管理者胜任力模型》，载于《心理科学》，2004年第6期，第1497~1499页。

73. 邢伟：《企业中高层管理人员员工评价模型研究》，载于《经济师》，2006年第3期，第136页。

74. 陈畴镛、景秀平、陈琦：《多因素层次模糊综合评价方法在职业经理人素质评判中的应用》，载于《经济论坛》，2005年第22期。

75. 谷向东、郑日昌：《基于胜任特征的人才测评》，载于《心理与行为研究》，2004年第2期，第634~639页。

76. 樊宏、韩卫兵：《构建基于胜任力模型的评价中心》，载于《科学与科学技术管理》，2005年第10期，第111~113页。

77. 张慧琴：《基于胜任特征的素质测评模型的运用分析》，载于《商场现代化》，2006年第4期（上月旬），第142页。

78. 余鸣、夏瑞峰：《基于素质模型的决策者素质评价研究》，载于《市场周刊（研究版）》，2005年第12期，第77页。

79. 于永达、林向峰、张远东：《基于PLS的领导人才胜任力测评方法研究》，载于《改革》，2005年第1期，第104页。

80. 时勘、王继承、李超平：《企业高层管理者胜任特征模型评价的研究》，载于《心理学报》，2002年第34期，第306~311页。

81. 陈俐同、Jim Concelman and Scott Burton：《新一代职业经理人的领导力要素》，引自胡宏峻：《成为职业经理人》，上海交通大学出版社2004年版，第126页。

82. 李峰：《如何对中高级管理人才实施有效评估》，引自胡宏峻：《成为职业经理人》，上海交通大学出版社2004年版，第114~116页。

83. 中国四达上海测评咨询中心：《职业经理人素质结构研究》，引自胡宏峻：《成为职业经理人》，上海交通大学出版社2004年版，第34~39页。

84. LiLiya：《团队·流程·职业经理人——访胡蔚燕女士》，引自胡宏峻：《成为职业经理人》，上海交通大学出版社2004年版，第56页。

85. 张蕊：《企业经营业绩评价理论与方法的变革》，载于《会计研究》，2001年第12期，第46~50页。

86. 于永达、林向峰、张远东：《基于PLS的领导人才胜任力测评方法研究》，载于《改革》，2005年第1期，第103页。

87. 马博：《职业企业家素质分析及评价办法》，载于《深圳大学学报》（人文社会科学版），2002年第7期，第48~52页。

88. 王化成、刘俊勇：《企业业绩评价模式研究——简论企业业绩评价模式选择》，载于《管理世界》，2004年第4期，第82页。

89. 郑美群、王曼莹：《企业家评价指标体系的建立与模糊综合评价》，载于《东北师范大学学报》（哲学社会科学版），1999年第4期，第53页。

90. 张维全：《企业家素质的层次分析与模糊综合评价》，载于《宁夏大学学报》（自然科学版），1997年第9期，第229页。

91. 史书玲：《企业家贡献考核指标体系的构建及评价》，载于《经济与管理研究》，2000年第2期，第59页。

92. 杜兴强：《对企业家绩效评价的综合评价体系》，载于《中国劳动》，2003年第9期，第34页。

93. 管军、段兴民：《企业家人力资本业绩评价与期权定价》，载于《河北经贸大学学报》，2003年第3期，第58页。

94. 黄群慧：《业绩评价与国有企业经营者报酬制度的激励性》，载于《中国工业经济》，2002年第6期，第80页。

95. 郑德程、刘正芳：《EVA——上市公司高层管理人员绩效评估的重要方法》，载于《Forward Position In Economics 金融与投资》，2002年第4期，第33页。

96. 张慧青：《国有企业经营者经营综合评价指标体系的探析》，载于《人才天地》，第35页。

97. 国务院国有资产监督管理委员会令第2号：《中央企业负责人经营业绩考核暂行办法》，2003年11月25日。

98. 苏贺：《绩效评价与建立有效的经营者选择机制》，载于《现代管理科学》，2003年第6期，第65页。

99. 王鲁捷、钟磊：《企业经营者绩效评价研究》，载于《工业企业管理》,2004年第9期,第82页。

100. 陈岩:《浅析经营者报酬契约中业绩评价标准的选择》,载于《华东经济管理》,2003年第12期,第148页。

101. 胡乐江、高峻峻:《基于可能性理论的经营者业绩评价研究》,载于《南开管理评论》,2004年第7期,第35页。

102. 蒋晓荣、崔俊凯:《一种国有企业经营者绩效评价的方法》,2003年第1期,第94~95页。

103. 宋力、王小蕾:《论企业经营者业绩评价体系的设置》,载于《工业企业管理》,2002年第5期,第93页。

104. 周文辉:《经理人是怎样"炼"成的——"保洁"模式及其对我国的启示》,载于《经贸导刊》,2002年第7期。

105. 尹丽萍:《构建职业经理人业绩评价的指标体系》载于《技术经济与管理研究》,2002年第3期,第68页。

106. 梁巧转、徐细雄、淦未于:《基于EVA、RPE的职业经理人业绩评估》,载于《预测》,2003年第5期,第26页。

107. 王冰洁、李传昭、弓宪文:《用平衡计分卡设计经理人的业绩指标》,载于《决策参考》,2004年第2期。

108. 欧阳润平:《伦理信用与经济信用的关系》,载于《湖湘论坛》,1999年第3期。

109. 陈晓、侯永周:《信用评级:给投资者一张保票》,载于《中外管理导报》,2001年第7期。

110. 李依凭:《"信用观"与"义利观"之比较——兼论有关"信用"的几个问题》,载于《税务与经济》,2006年第4期,第40页。

111. 张维迎:《企业家与职业经理人:如何建立信任》,载于《北京大学学报》,2003年第9期,第31~35页。

112. 福山:《信任》,海南出版社1998年版。

113. 深圳市个人信用征信及信用评级管理办法,自2002年1月1日起实施。

114. 中国新闻网,http://news.sina.com.cn,2006-02-28。

115. 张吉光:《美国个人征信体系的发展与启示》,载于《经济纵横》,2003年第4期。

116. 尚鸣:《发达国家征信制度管窥》,载于《中外企业文化》,2004年第3期。

117. 中企联：《职业经理人资格认证标准（通用）》（2005 年修订）。
118. 山东职业经理人网，http://www.sdceo.org/jysz/aaa/200602/87.html。
119. 李苹莉、宁超：《关于经营者业绩评价的思考》，载于《会计研究》，2000 年第 5 期，第 22~27 页。
120. 朱国成：《基于团队的企业绩效管理体系研究》，载于《CNKI 学位资料整理》，2004 年第 1 期。
121. 熊英、涂玲、马海燕：《基于团队的企业绩效管理体系设计与实施研究》，载于《企业改革与发展》（理论月刊），2006 年第 7 期。
122. 王彦伟：《六西格玛管理与团队建设》，载于《中国人力资源研究》，2006 年第 24 期。
123. 刘有贵、蒋年云：《委托代理理论述评》，载于《学术界》，2006 年第 1 期，第 69~78 页。
124. 米加宁、高德想：《企业家阶层的社会学含义》，载于《社会学研究》，1997 年第 4 期。
125. 李新春：《经理人市场失灵与家族企业治理》，载于《管理世界》，2003 年第 4 期。
126. 中国职业经理培训认证网，http://www.zyjl-china.com/tixi/tx5a.htm。
127. 孙卫敏、夏咏冰：《职业经理人的界定及其人力资本类型分析》，载于《山东经济》，2005 年第 4 期，第 60 页。
128. 宋学宝：《职业经理人的游戏规则》，载于《IT 经理世界》，2001 年 8 期，第 83 页。
129. 赵曙明：《职业、市场、国际化——国企职业经理人发展之思》，引自胡宏峻：《成为职业经理人》，上海交通大学出版社 2004 年版，第 56 页。
130. 傅浩：《铸造"品牌"职业经理人——访林正大先生》，引自胡宏峻：《成为职业经理人》，上海交通大学出版社 2004 年版，第 47 页。
131. 全笑蕾、盛靖之：《超越平衡计分卡的绩效管理新框架——绩效棱柱》，载于《科技创业》，2006 年第 3 期，第 87 页。
132. 安徽省企业管理协会、合肥工业大学课题组：《企业家的评价体系与激励机制》，载于《华东经济管理》，1995 年第 1 期。
133. 宋力、王小蕾：《论企业经营者业绩评价体系的设置》，载于《工业企业管理》，2002 年第 5 期，第 93 页。
134. 白玉、陈建华：《职业经理人价值评价模式探讨》，载于《武汉理工大学学报》，2002年第11期，第104页。

135. 王化成等：《上市公司经理人业绩提升与公司治理结构》，载于《东南大学学报》（哲学社会科学版），2001年8期，第42页。

136. 方军雄、李雪颖：《上市公司高级管理人员业绩考评方格》，载于《中国人力资源开发》，2001年第12期。

137. Nowiski：《职业经理人的发展是一项系统工程——访职业经理研究中心主任温亚震主任》，引自胡宏峻：《成为职业经理人》，上海交通大学出版社2004年版，第126页。

138. 于正东：《论中小企业管理者胜任力的培育与提升》，载于《经济与管理》，2005年第12期，第55页。

139. 孙卫敏、夏咏冰：《职业经理人报酬的市场化契约模型设计》，载于《山东大学学报》（哲社版），2007年第1期。

140. 《职业经理人信用征集与评价规范》，中国职业经理人评价网，http：//www. chinaccmc. org/lhh/news/info。

141. http：//www. cec-ceda. org. cn/zyjlr/zl/glrz/fj/zheng. 中企联合网。

142. 中国劳动和社会保障部职业技能鉴定中心国家职业资格工作网，http：//www. osta. org. cn/siteApp/htm/1890_5326_76841_79b03912b0d57dc76c60c7483686c85e. html。

143. 《CPMC中国高级职业经理资格认证培训》，http：//www. boraid. com/training/list. asp? id=445。

144. 《职业经理人资格认证组织管理办法》（2005年修订），（中国企业联合会—中国企业家协会）职业经理人职业资格认证网，http：//www. cec-ceda. org. cn/zyjlr/rzgl. htm。

145. 中国职业经理人认证网，http：//www. chinaccmc. org/ccmczong1/ccmcnew/ccmcnew20. htm。

146. 职业经理研究中心温亚震主任的讲话，中国职业经理培训认证网，http：//www. zyjl-china. com/news/news10. htm。

147. 中国职业经理培训认证网，http：//www. zyjl-china. com/tixi/tx1. htm，http：//www. zyjl-china. com/tixi/tx2. htm。

148. 中国商业职业经理人认证网，http：//www. chinaccpm. com/xmjs/xmjj. htm。

149. 《职业信用管理介绍》，中国劳动争议网，职业信用管理区，http：//www. btophr. com。

150. 《谁来认定职业经理人的执业资格》, http://sports.eastday.com/epublish/gb/paper368/20030413/class036800002/hwz1080699.htm。

151. 中国职业经理人评价网, http://www.chinaccmc.org/lhh/news/info.asp? aunid=890。

152. 上海资信有限公司, http://www.shanghai-cis.com.cn/gsjs.htm。

153. 该试行办法是以上海市人民政府第15号令的形式于2005年12月28日颁布的, http://www.law-lib.com/law/law_view.asp? id=82384, 法律图书馆。

154. 无忧在线法律查询系统, http://www.69law.com/Article/LAW_lar/84726.htm。

155. http://www.gov.cn/gongbao/content/2006/content_363687.htm。

156. 人力资源报, http://scjob.scol.com.cn/2005/04/04/200504042102164178857.htm。

157. 中国NLP学院网站, http://www.nlpu.com.cn/Article_Show.asp? ArticleID=2946。

158. 章义伍:《共赢领导力——提升领导能力的五种技术》, 北京大学出版社2004年版, 第169页。

159. 中国企业联合会/中国企业家协会北京数字100市场咨询有限公司联合发布《2007年度职业经理人发展报告》。

160. 景素奇:《职业背景调查, 兜出职业经理人的底儿》, 载于《人力资源开发与管理》, 2008年第10期, 第73~75页。

二、英文部分

1. Sappington, Incentive in Principal-agent Relationships. Journal of Economic Perspective, 1991: 45-66.

2. Davis, J. H., Schoorman, F. D., & Donaldson, L. (1997). Toward a Stewardship Theory of Management. The Academy of Management Review, 22: 20-47.

3. Lyle M. Spencer and Signe M. Spencer, Competence at Work: Models for Superior Performance, New York: John Wiley & Sons, Inc, 1993.

4. Kaplan, R. S. and D. P. Norton (1992), The Balanced Scorecard: Measures That Drive Performance. Harvard Business Review, 70 (1): 71-79.

5. Giles, William F. Mossholder and Kevin W., Employee Reactions to Contextual and Session Components of Performance Appraisal. Journal of Applied

Psychology, Aug90, Vol. 75 Issue 4: 371 - 377.

6. Fama E. Agency Problems and the Theory of the Firm. Journal of Political Economy, 1980 (88): 288 - 307.

7. Lan Beardwell and Len Holden, Human Resource Management-a Contemporary Approach: 384, Prentice Hall, London, 2001.

8. S. R. Parry, The Quest for Competencies. Training, 1996 (7): 48 - 56.

9. R. J. Richardson and S. K. Thayer, The Charisma Factor: How to Develop Your Natural Leadership Ability (Upper Saddle River, NJ: Prentice Hall, 1993).

10. Boxall P. T. The strategic HRM debate and the Resource-based View of the Firm. Human Resource Management Journal, 1996 (6): 59 - 75.

11. Lawler and Edward E, The Multitrait-multirater Approach to Measuring Managerial Job Performance. Journal of Applied Psychology, Oct67, Part1, Vol. 51 Issue 5: 369 - 381.

12. Brunner J. A. and Koh. , Chinese Negotiating and the Concept of Face. Joumal of International Consuming Marketing, 1988 (1): 27 - 33.

13. Donald C. Hambrick and Gregory D. S. Fukutomi. The Seasons of a CEO's Tenure. Academy of Management Review, 1991 (4): 719 - 742.

14. Lan Beardwell and Len Holden, Human Resource Management-a Contemporary Approach: 384, Prentice Hall, London, 2001.

15. Borman WC and Motowidio SJ. , Expanding the Criterion Domain to Include Elements of Contextual Performance. 1993: 71.

16. Cawley, Brian D. Keeping, Lisa M. Levy and Paul E. , Participation in the Performance Appraisal Process and Employee Reactions: A Meta-Analytic Review of Field Investigations. Journal of Applied Psychology; Aug98, Vol. 83 Issue 4: 615 - 633.

17. Lyle M. Spencer and Signe M. Spencer, Competence at Work: Models for Superior Performance. New York: John Wiley & Sons, Inc, 1993.

18. McClelland, D. C. , Testing for Competence rather than for Intelligence, American Psychologist, (1973) 28, 1: 1 - 14.

19. Yeung, A. , Competencies for HR professionals: An Interview with Richard B. Boyatzis, Human Resource Management, 1996, 35, 1: 119 - 131.

20. Boyatzis, A. R. , The Competent Manager: A Model for Effective

Performance, New York: J. Wiley, 1982: 20 – 29.

21. Lyle M. Spencer, Jr. and Signe M. , Spencer. Competence at Work: Models for Superior Performance. New York: John Wiley & Sons, Inc, 1993.

22. Mirabile and Richard J. , Everything You Wanted to Know about Competency Modeling, Training & Development, 1997, Vol. 51 Issue 8: 73 – 78.

23. Hays. J. , A New Look at Managerial Competence: The AMA Model for Worthy Performance, Management Review, 1979, 59: 2 – 3.

24. Sanchez, The Art and Science of Competency Models (book review), Personnel Psychology. Summer 2000, Vol. 53 Issue2: 509 – 512.

25. Walter C. Borman and Stephan J. Motowidlo, Task Performance and Contextual Performance: The Meaning for Personnel Selection Research. Human Performance, 1997: 9 – 109.

26. Brigitte W. Schay, In search of the Holy Grail: Lessons in Performance Management. Public Personnel Management Vol. 22 No. 4 (Winter 1993): 649.

27. Dean Tjosvold, James A. Halco, Performance Appraisal of Managers: Goal Interdependence, Ratings, and Outcomes. The Journal of Psychology, 2001, 132 (5): 629 – 639.

28. Conway, James M, Distinguishing Contextual Performance From Task Performance for Managerial Jobs. Journal of Applied Psychology, Feb99, Vol. 84 Issue1: 3 – 13.

29. Motowidlo. Stephan J and van Scotter. James R, Evidence That Task Performance Should Be Distinguished From Contextual Performance. Journal of Applied Psychology; Aug94, Vol. 79 Issue 4: 475 – 480.

30. Marge Gillis, RN, MSN. Katherine Beauchenin, EdD. Competency-based Training Uses Expert Reps as Role Models. Pharmaceutical Executive, Dec2000: 52 – 60.

31. Paul Sandwith, A Hierarchy of Management Training Requirements: The Competency Domain Model. Public Personnel Management Vol. 22 No. 1 (Spring 1993): 43.

32. Sayed M. Elsayed-Elkhouly, Core Competency as a Competitive Advantage in Service Operations Management: A Comparative Study, JGC Vol. 9 (1), 2001.

33. Webster's Third New International Dictionary, Meriam-Webster, Chicago, IL, 1981: 63.

34. Maxine Dalton, Are Competency Models a Waste?, Training & Development, October 1997: 48.

35. Jim Koghanski, Competency-based Management. Training & Development, October 1997: 43.

36. Schley, Don G., The Art and Science of Competency Models: Pinpointing Critical Success Factors in Organizations, June 2003, Vol. 2, Issue 2: 9.

37. Machael P. O'Driscoll, James L. Eubanks, Behavioral Competencies, Goal Setting, and OD practitioner Effectiveness. Group & Organization Management, Vol. 18 No. 3, Sep. 1993: 308 – 327.

38. Management Move from Manager to Coach. Credit Union Executive Newsletter, July12, 2004: 6.

39. Ron Polaniechi, Cae. CEO Assessment. Credit Union Management, June 2006: 26.

40. Arin Dortok, A Managerial Look at the Interaction Between Internal Communication and Corporate Reputation. Corporate Reputation Review, Vol. 8, No. 4, 2006: 322.

41. Clive Fletcher, Perfomance Appraisal and Management: The Developing Research Agenda, Journal of Occupational and Organizational Psychology (2001), 74: 473 – 487.

42. Bonnie G. Mani, Performance Appraisal Systems, Productivity, and Motivation: A Case Study Public Personnel Management, Volume31 No. 2 Summer 2002: 141.

43. Susanne G. Scott and Walter O. Einstein, Strategic Performance Appraisal in Team-based Organizations: One Size does not Fit all. Academy of Management Executive, 2001, Vol. 15, No. 2: 107 – 116.

44. Lauren Keller Johnson, The Ratings Game: Retooling 360s for Better Performance, harvard management update, A Newsletter from Harvard Business School Publishing January 2004 Volume 9: 1 – 4.

45. Gary E. Roberts, Employee Performance Appraisal System Participation: A Technique that works. Public Personnel Management Volume 32 No. 1

Spring 2003: 89 - 98.

46. Doug Cederblom, Dan E. Pemerl, From Performance Appraisal to Performance Management: One Agency's Experience. Public Personnel Management Volume 31 No. 2 Summer 2002: 131 - 140.

47. Janice S. Miller, High Tech and High Performance: Managing Appraisal in the Information Age. Journal of Labor Research, Volume XXIV, Number 3, Summer 2003: 409 - 424.

48. Angela D. Benson, Jashoda Bothra and Priya Sharma, TPMS: A performance Support Tool for Cisco Training Program Managers. TechTrends, Volume 48, Number 2: 54 - 58.

49. H. H. Spangenberg, C. C. Theron, Adapting the Systems Model of Performance Management to major changes in the external and internal organizational environments. S. Afr. J. Bus. Manage. 2001, 32 (1): 35 - 47.

50. Paul E. Levy and Jane R. Williams, The Social Context of Performance Appraisal: A Review and Framework for the Future. Journal of Management, 2004, Vol. 30, No. 6: 881 - 905.

51. David Martone, A Guide to Developing a Competency-Based Performance-Management System. Published online in Wiley InterScience (www. interscience. wiley. com). DOI. 2003 Wiley Periodicals, Inc.

52. Rajesh K. Aggarwal and Andrew A. Samwick, Executive Compensation, Strategic Competition and Relative Performance Evaluation: Theory and Evidence. The Journal of Finance, Vol. LIV, No. 6, Dec. 1999: 1999 - 2043.

53. Susan C. Borkowski, International Managerial Performance Evaluation: A Five Country Comparison. Journal of Inernational Business Studies, 30, 3 (Third Quarter 1999): 533 - 555.

54. Paul P. Baard, Performance Evaluations as a Motivational Tool. Long Island Business News, Jan. 7 - 13, 2000, 7B.

55. Chi-Wen Jevons Lee, Laura Yue and Li Heng Yue, Discussion of "Performance, Growth and Earnings Management", Rev Acc Stud (2006) 11: 335 - 337, Published online: 20 May 2006.

56. Andr'e A. de Waal, The Role of Behavioral Factors and National Cultures in Creating effective Performance Management Systems. Systemic Practice and Action Research, Vol. 19, No. 1, February 2006: 61 - 79.

57. Simons, R. (2000), Performance Management and Control Systems for Implementing Strategy: Text and Cases, Prentice Hall, New York.

58. Kaplan, R. S. and Norton, D. P. (1996), Translating Strategy into Action-The Balanced Scorecard, Harvard Business School Press, Boston.

后　　记

本书是在我博士毕业论文的基础上修改、补充完成的。回顾四年的在职博士学习历程，很多细节都一一呈现在眼前：课堂上聚精会神听课的静谧和师生一起讨论问题的热烈；深夜在灯下冥思苦想时的困惑和导师指点时的豁然开朗；我和女儿在房间安静地学习和窗外此起彼伏的辞旧迎新的鞭炮声……其中的酸甜苦辣只有亲历才能有深刻的体验。随着回忆的思绪呈现在我面前的是很多熟悉的面孔，他们曾经给了我太多的支持、帮助和感动，此刻我对他们所有的感受都凝聚成两个字——感激。也只能在此抱着感恩的心对他们表示感谢之情。

首先要感谢我敬爱的导师徐向艺教授。第一次听徐老师的课是在1986年，那时我还是大三的学生，当时徐老师给我和同学们留下印象最深的是上课时的那份认真、洒脱和自如，尤其是极富逻辑性的严谨的授课风格、一丝不苟的工作态度至今我都在努力学习。从厦门大学硕士毕业回到山大，工作中得到了徐老师很多帮助和指导，其中对我职业生涯帮助最大的有两件事：一是1996年承蒙徐老师的厚爱带领我们几个年轻老师第一次给齐鲁石化齐华集团做企业发展整体策划方案，也就是从那时开始我从徐老师那里更多地学习专业知识和如何为人处事，从那时开始我才有了更多地跟企业打交道的机会，从管理实践中学习到很多书本上没有的东西，同时也为授课积累了大量鲜活的案例；二是2003年我有幸成为徐老师的博士生，徐老师渊博的知识、严谨的学风和一丝不苟的学术与工作风格、勤奋耕耘的学术态度和丰硕的研究成果等都潜移默化地影响着我，鞭策着我，成为我在承担大量教学任务的同时完成博士论文的巨大动力。尤其是我的论文从选题、开题、拟订写作大纲、设计调查问卷到论文写作的整个过程徐老师都给予了悉心指导，在论文修改的过程中徐老师既高屋建瓴地对整个论文结构提出建设性修改意见，又细致入微地指出论文体例存在的问题，当写作遇到困难有畏难情绪和逃避心理时徐老师还及时给予我鼓励，因此，博士论文倾注了徐老师太多的心血，博士论文答辩以后，徐老师又多次关心本书的完成情况，博士论文和本书都是在徐老师的悉心指导、关心、鼓励和支持下完成的。此外，徐老师为人处事的宽容大度、对年轻人的关怀和支持、对事业和家庭的责任感，尤其是多年来他跟师母的相敬如宾、和谐幸福都给我们这些弟子们留下了深刻的印象，也是我学习的榜样。在此，我对徐老师和师母王汶女士真诚地道一声"谢谢"。

感谢山东大学管理学院的杨蕙馨教授、张体勤教授、胡正明教授、王兴元教授、赵景华教授、丁荣贵教授、卢新德教授等，他们在我学习期间传授给我知识，在论文写作和预答辩过程中给予我很多有价值的建议，使我受益匪浅。感谢陈志军教授、钟耕深博士后、杨婷蓉博士、王德胜博士在我论文开题、写作过程中给予的建设性建议、支持和鼓励；感谢刘岗教授、赵炳新教授、吉小青副教授、刘洪渭教授、戚桂杰教授、潘爱玲教授、谢永珍教授、张鸿萍博士等多次关心我的论文写作，他们的关心给了我写作的动力；感谢王益明教授、王怀明博士在我设计调查问卷和处理实证研究结果时给予的大力帮助；感谢研究生教务室的全体工作人员特别是张伟红老师和司梦荣老师对我的支持和帮助。

几位师兄师姐马国臣博士、卞江博士、陈振华博士、柳丽华博士，我的同门师兄弟谢明亮博士、叶逊博士、曾宪文博士、高军博士和其他同学陈家奎博士、朱廷柏博士、李宁博士等给论文的写作提出了很好的建议，感谢他们的支持与鼓励。感谢师弟李鑫远在日本留学时还帮我查阅英文资料。

感谢一大批企业界和政府主管部门的领导和朋友，是他们对我进行问卷调查提供的大力支持和帮助才使得我完成了论文的实证研究部分，篇幅所限我仅列出他们中的代表：山东鸿嘉集团有限公司蒋志英总裁、董杰副总裁；山东鸿嘉置业有限公司刘新韬副总经理；万达集团股份有限公司巴洪军董事长；胜通集团陈勇总经理；科达集团韩晓明总经理；济南柴油机厂贾胜军副总经理；东方实业集团朱月福总经理；三联集团投资部赵伟总经理；中国人寿山东省公司李国栋副总经理、人力资源部李学锋经理；胜利集团人力资源部宋文强经理；东营市广饶县经贸局刘新元副局长；奥诚公司程崇山总经理；重汽集团、山东省商业集团MBA研修班的学员们。感谢我参加领导力教练技术训练的LP导师、教练和同学们，他们为我进行问卷调查提供了大量的帮助。

感谢我可爱的研究生们，他们帮助我查阅论文写作资料、进行问卷调查基础数据的录入和初步数据处理。他们的自律、勤奋、好学上进使我能安心地忙于论文写作，他们鼓励的眼神、关心的短信和邮件都是我写作的动力。尤其是我指导的已经毕业的研究生赵金国牺牲周末休息时间跟我一起加夜班处理数据让我很感动，在本书完成的过程中他们也帮助查阅了大量最新的资料。感谢已毕业和在校的所有研究生为我所做的一切。

感谢参加我博士论文答辩的中国社会科学院研究生院李海舰教授、山东财政学院曹红军教授、山东大学管理学院杨蕙馨教授、胡正明教授、王兴元教授，他们对我的论文给予了充分的肯定，并提出了建设性的修改建议，为本书的写作和今后的研究指明了方向。

感谢经济科学出版社的吕萍女士、李晓杰女士在书稿出版过程中付出的辛勤劳动和给予的无私帮助。

最后还要感谢我的家人们，我的丈夫李华明先生工作很忙，经常需要晚上加班完成一些制度建设、方案设计等文字性工作，但是为了支持我的学业他总是默默地承担着照顾全家人的重担，尤其是我修改论文最紧张的2006年春节，他和我贤淑的小姑子承担了所有的家务，照顾婆婆和我的父母，是他的付出和辛苦才使我能够顺利按期完成论文的写作。感谢我可爱的女儿，她的善良、懂事让我感到很欣慰，她在学习上的进步给了我莫大的鼓励和支持。感谢疼爱我的婆婆和理解我的父母，他们用自己的方式支持我，我都铭记在心。家人们是我完成学业、论文写作和本书的坚强后盾，我是在他们博大的爱的包围中幸福地完成艰苦的论文和本书的写作工作的。

感谢所有帮助过我的人们，衷心地祝福他们快乐、健康、幸福！

书中不足之处，敬请批评指正。

孙卫敏

2008年10月于山东大学